广东省优秀社会科学家文库（系列一）

蓝海林自选集

蓝海林 ◎ 著

·广州·

版权所有　翻印必究

图书在版编目（CIP）数据

蓝海林自选集/蓝海林著． —广州：中山大学出版社，2015.11
［广东省优秀社会科学家文库(系列一)］
ISBN 978－7－306－05438－8

Ⅰ.①蓝…　Ⅱ.①蓝…　Ⅲ.①企业管理—文集　Ⅳ.①F270－53

中国版本图书馆CIP数据核字（2015）第217913号

出 版 人：	徐　劲
策划编辑：	嵇春霞
责任编辑：	嵇春霞
封面设计：	曾　斌
版式设计：	曾　斌
责任校对：	曹丽云
责任技编：	何雅涛
出版发行：	中山大学出版社
电　　话：	编辑部 020－84110283，84111996，84111997，84113349
	发行部 020－84111998，84111981，84111160
地　　址：	广州市新港西路135号
邮　　编：	510275　　传真：020－84036565
网　　址：	http://www.zsup.com.cn　E－mail：zdcbs@mail.sysu.edu.cn
印 刷 者：	广州家联印刷有限公司
规　　格：	787mm×1092mm　1/16　19.5印张　319千字
版次印次：	2015年11月第1版　2015年11月第1次印刷
定　　价：	60.00元

如发现本书因印装质量影响阅读，请与出版社发行部联系调换。

蓝海林

1959年8月生,广东大埔人。华南理工大学工商管理学院教授、博士生导师。曾任华南理工大学工商管理学院院长、教育部高校管理科学与工程类学科专业教学指导委员会委员。先后两次获得国家自然科学基金重点项目和一次获得教育部哲学社会科学研究重大攻关项目资助,所取得的研究成果先后获得过五次教育部高等学校人文社会科学优秀成果一、二、三等奖和四次广东省哲学社会科学优秀成果一、二、三等奖。是我国最早从事企业战略管理教学和研究的学者之一,是中国企业战略管理学术成长和发展的核心学者。在中国企业战略管理领域取得了若干学术界公认的原创性成果,保持了广东在中国企业战略管理领域的领先地位,提高了中国企业尤其是广东企业战略管理实践的水平。参与对中国企业特别是广东企业的战略咨询和培训工作,对提高广东企业的战略管理实践能力做出了重要贡献。

"广东省优秀社会科学家文库"（系列一）

主　任　慎海雄

副主任　蒋　斌　王　晓　李　萍

委　员　林有能　丁晋清　徐　劲

　　　　魏安雄　姜　波　嵇春霞

"广东省优秀社会科学家文库"（系列一）

出 版 说 明

　　哲学社会科学是人们认识和改造世界、推动社会进步的强大思想武器，哲学社会科学的研究能力是文化软实力和综合国力的重要组成部分。广东改革开放30多年所取得的巨大成绩离不开广大哲学社会科学工作者的辛勤劳动和聪明才智，广东要实现"三个定位、两个率先"的目标更需要充分调动和发挥广大哲学社会科学工作者的积极性、主动性和创造性。省委、省政府高度重视哲学社会科学，始终把哲学社会科学作为推动经济社会发展的重要力量。省委明确提出，要打造"理论粤军"、建设学术强省，提升广东哲学社会科学的学术形象和影响力。2015年11月，中共中央政治局委员、广东省委书记胡春华在广东省社会科学界联合会、广东省社会科学院调研时强调："要努力占领哲学社会科学研究的学术高地，扎扎实实抓学术、做学问，坚持独立思考、求真务实、开拓创新，提升研究质量，形成高水平的科研成果、优势学科、学术权威、领军人物和研究团队。"这次出版的"广东省优秀社会科学家文库"，就是广东打造"理论粤军"、建设学术强省的一项重要工程，是广东社科界领军人物代表性成果的集中展现。

　　这次入选"广东省优秀社会科学家文库"的作者，均为广东省首届优秀社会科学家。2011年3月，中共广东省委宣传部和广东省社会科学界联合会启动"广东省首届优秀社会科学家"

评选活动。经过严格的评审，于当年7月评选出广东省首届优秀社会科学家16人。他们分别是（以姓氏笔画为序）：李锦全（中山大学）、陈金龙（华南师范大学）、陈鸿宇（中共广东省委党校）、张磊（广东省社会科学院）、罗必良（华南农业大学）、饶芃子（暨南大学）、姜伯勤（中山大学）、桂诗春（广东外语外贸大学）、莫雷（华南师范大学）、夏书章（中山大学）、黄天骥（中山大学）、黄淑娉（中山大学）、梁桂全（广东省社会科学院）、蓝海林（华南理工大学）、詹伯慧（暨南大学）、蔡鸿生（中山大学）。这些优秀社会科学家，在评选当年最年长的已92岁、最年轻的只有48岁，可谓三代同堂、师生同榜。他们是我省哲学社会科学工作者的杰出代表，是体现广东文化软实力的学术标杆。为进一步宣传、推介我省优秀社会科学家，充分发挥他们的示范引领作用，推动我省哲学社会科学繁荣发展，根据省委宣传部打造"理论粤军"系列工程的工作安排，我们决定编选16位优秀社会科学家的自选集，这便是出版"广东省优秀社会科学家文库"的缘起。

本文库自选集编选的原则是：（1）尽量收集作者最具代表性的学术论文和调研报告，专著中的章节尽量少收。（2）书前有作者的"学术自传"或者"个人小传"，叙述学术经历，分享治学经验；书末附"作者主要著述目录"或者"作者主要著述索引"。（3）为尊重历史，所收文章原则上不做修改，尽量保持原貌。（4）每本自选集控制在30万字左右。我们希望，本文库能够让读者比较方便地进入这些岭南大家的思想世界，领略其学术精华，了解其治学方法，感受其思想魅力。

16位优秀社会科学家中，有的年事已高，有的身体欠佳，有的工作繁忙，但他们对编选工作都非常重视。大部分专家亲自编选，亲自校对；有些即使不能亲自编选的，也对全书做最后的审订。他们认真严谨、精益求精的精神和学风，令人肃然起敬。

在编辑出版过程中，除了16位优秀社会科学家外，我们还得到中山大学、华南理工大学、暨南大学、华南师范大学、华南农业大学、广东外语外贸大学、广东省社会科学院、中共广东省委党校等有关单位的大力支持，在此一并致以衷心的感谢。

广东省优秀社会科学家每三年评选一次。"广东省优秀社会科学家文库"将按照"统一封面、统一版式、统一标准"的要求，陆续推出每一届优秀社会科学家的自选集，把这些珍贵的思想精华结集出版，使广东哲学社会科学学术之薪火燃烧得更旺、烛照得更远。我们希望，本文库的出版能为打造"理论粤军"、建设学术强省做出积极的贡献。

"广东省优秀社会科学家文库"编委会
2015年11月

目录

学术自传 / 1

发挥大规模的优势是搞好大中型企业的有效战略 / 1
地方国有商业企业集团的出路：调整、改造、重组 / 10
企业集团的多元化发展战略 / 17
制定企业集团战略的新思考 / 25
竞争性行业大型国有企业的改革向何处去 / 35
走进核心竞争力 / 47
中国需要"世界级企业" / 52
进攻与反击：从彩电"价格战"看动态竞争 / 57
多点竞争战略 / 64
动态竞争条件下的战略思维模式 / 73
成功企业在技术创新上的两难选择 / 79
重新定义行业与建立竞争优势 / 86
我国工业企业多元化程度与绩效研究 / 101
降低竞争强度的多点竞争协作战略 / 111
经济转型期国有集团公司行为的政治学解读 / 118
中国企业集团概念的演化：背离与回归 / 128
企业战略管理："静态模式"与"动态模式" / 138
案例分析：毕马威公司20世纪90年代的战略转变 / 148
建立"世界级企业"：优势、路径与战略选择 / 155
中国企业战略管理行为的情景嵌入式研究 / 164
基于整合视角的中国企业国际竞争力 / 174

中国经济改革的下一个目标：做强企业与统一市场 / 181
经济全球化与市场分割性双重条件下中国企业战略选择研究 / 187
中国企业的动态竞争与整合战略 / 202
转型升级：来自企业家的推动 / 211
企业根基之道 / 219
情境理论化：基于中国企业战略管理实践的探讨 / 229
动态竞争：竞争动态化的战略新思维 / 238
中国横向整合企业竞争策略组合与组织协调性：转型期制度情境的调节作用 / 246
中国企业战略行为的解释：一个整合情境—企业特征的概念框架 / 263
用国际化战略思维开拓国内市场 / 274

参考文献 / 282

附录　蓝海林主要著述目录 / 291

学术自传

◎ 蓝海林

相对于其他社会科学来说，管理学是一个非常年轻和尚待完善的学科，为此，这个学科中的绝大多数人都满足于被人称为"管理学者"而不敢自称或者坦然接受"社会科学家"的称号。广东省政府能够领风气之先而在"广东省首届优秀社会科学家"的评选中给予我这样一份荣誉，在我看来主要是想表彰转型期广东管理学者在不同阶段上对广东社会发展的贡献，而我则机缘巧合地成为他们中的代表，仅此而已，并非谦虚。

选编出版一本能够反映自己学术成果的论文集，这是一件本不应该是由我而应该是由别人、不应该是现在而应该是很久的将来才做的事情。如果这件事情非得要由本人现在就去做，其有利之处就在于，这将会帮助更多的读者集中了解我的学术成果以及我对这些成果的看法；其不利之处就在于，稍有不慎，我很有可能沾上"自满"之嫌。采取什么样的"策略"选编此书才能够有效地将"不利"变为"有利"呢？这是我思考最多同时也是最想在"学术自传"中加以说明的问题。

自1991年以来，我一直从事中国企业战略管理的教学、咨询和研究工作，期间独立或者与他人合作的研究成果颇多。究竟将哪些论文编入本书，才能够经得起历史的考验，才能够体现我的学术成就，才能够反映我的学术影响呢？在此书的选编过程中，我采取了三个筛选原则。

（1）无论是从客观要求还是从主观需要来看，越来越多的科学研究倡导团队合作，越来越多的学术成果是合作完成的。为了让编入此书的成果主要体现我本人的学术贡献，并且在知识产权上经得起历史的考验，本书在考虑是否收录某一篇论文的时候首先考虑独立性原则，即该论文首先应该是本人独立撰写和署名的论文。即使其中有两三篇论文是本人与博士研究生合作撰写和署名的论文，这些论文的撰写及其所反映的研究工作也必须是本人主导完成的。

（2）中国管理学，尤其是企业战略管理理论，其发展的历史就是一部引进、消化、应用和创新的历史。紧跟管理实践，及时发现需要，引进消化理论，在应用中再创新，是转型期中国对中国一代管理学者的客观要求。为了让本书所收录的论文能够体现转型期特定阶段上本人学术成果的创新性，本书在考虑是否收录某一篇论文的时候要考虑时效性原则，即优先考虑论文所发表的成果是否能够在引进、消化、应用和创新方面做到国内领先，而不是该论文在什么档次的期刊上发表。

（3）一个学者的成就在很大程度上取决于自己的思想在多大范围和程度上影响了其他人，因此，本书在考虑是否收录某一篇论文的时候还需要坚持影响力原则。在中国管理学科发展的初期阶段，我在某期刊上发表论文可以同时影响管理的学术界和实践界。现在中国管理的学术界和实践界有了两种不同的期刊，分为学术性期刊和非学术性期刊。年轻的学者更看重学术期刊的档次，而我这种不需要提职称的学者则更关注对管理实践的影响，经常在一些非学术期刊上发点小论文。在选编此书的过程中，我均选择了发表于上述两类期刊上的论文，兼顾了相关成果在两个不同领域的影响力。

按照出版方的要求和本人提出的上述原则，本书一共收录了我在1994年至2014年期间发表的31篇论文。为了便于读者阅读本书，我将按照论文发表的时间和论文的内容对本书所收录的学术成果做一个简单的介绍。

第一，本书所收录的前13篇论文，发表于2001年以前。这些论文所反映的成果主要源于我在2001年以前的管理实践、战略咨询和定性研究，其主要作用就是通过引进、消化、推广和应用国外先进的管理理论和方法解决转型期某个特定阶段上中国企业战略实践中面临的战略问题。1991—1993年期间，我参加了黄海潮教授所主持的国家自然科学基金面上项目"中国外向型企业战略管理"，出版了《企业战略管理理论与技术》教材，因此成为最早将国外企业战略管理理论全面引入中国的学者之一。但是，当时的我更关注管理实践而不是理论研究，更关注解决企业的问题而不是知识创新，更想做的是企业咨询而不是实证研究。在1994—2000年间，我先后为广东省20多家大型国有、乡镇集体和民营企业提供了战略咨询服务，相关的成果获得了第二届高校人文社会科学优秀成果（咨询报告类）二等奖。

从1992年中期开始，中国经济出现了增长过快、投资过大和通货膨胀的问题，国家控制信贷、收缩银根和改造银行信贷体制导致中国一大批大中型国有和集体企业陷入了资本结构恶化，甚至资不抵债的局面。基于对肇庆南方商业集团、广东太阳神集团等多家企业集团的研究和咨询，我在1994年以后发表的论文中陆续提出了一些在当时具有创新性的学术观点，包括提出过分强调放权搞活的发展思路是导致绝大多数国有和集体企业尤其是企业集团出现战略、管理和资产失控的重要原因；大中型企业集团应该建立和发挥规模优势而不是所谓"小而灵活"的优势，应该做强主业而不是高度多元化发展，应该采取集权而不是分权的管理模式；国有企业的产权改造和资产重组的主要目的应该是推动和支撑国有企业的战略和管理模式的调整。为了指导中国企业集团有效实施战略管理，我还率先引进和消化了国外关于公司级战略（即集团公司）管理的相关理论和方法，并且通过管理咨询和发表论文推动这些理论和方法在国内的应用。

与中国企业普遍存在的过早、过快、过度和盲目多元化问题相关，1994年以后中国多数竞争性行业陷入结构恶化和竞争同质化，"价格大战"频繁爆发。为了从根本上改变这种状况，我引进、消化、应用和推广了美国管理学者威廉·纽曼教授所提出的"世界级企业"的概念，推动了更多的中国企业将提升主业的国际竞争力作为自己的发展目标。为了有效地指导中国企业应对竞争同质化和"价格大战"，我在咨询广东华宝空调器厂和汕头联美化妆品有限公司的过程中，开始引进、消化、应用和推广国外尤其是美国华裔战略管理学者陈明哲教授关于动态竞争的相关研究成果。这个时期所发表的学术成果主要涉及如何应用动态竞争互动和多点竞争理论指导企业制定和实施竞争互动战略，如何通过"创造性破坏"摆脱和超越同质化竞争，如何通过重新定义行业和重新配置资源来改变原有的行业规则和建立新的竞争优势。

第二，本书所收录的中间两篇论文，发表于2002—2006年间。这些论文所反映的学术成果主要来源于我所从事的第一个国家自然科学基金面上项目和重点项目。从1997年开始，我的学术生涯经历了一次从实践导向向学术导向、从定性研究向定量研究、从个人研究向合作研究的艰苦转型，期间所取得的学术成果先后获得了教育部第四、第五届高等学校科学研究（人文社会科学）优秀成果二等奖和一等奖。

在推动中国企业，尤其是大型国有企业集团回归和做强主业的过程中，我越来越清楚地发现影响中国企业，尤其是国有企业集团行为的主要因素不在于企业内部而在于企业外部，不在于战略决策者的决策水平而在于影响他们决策背后的制度因素。从 1998 年开始，我和自己所指导的研究生先后三次对中国企业多元化动因、选择与绩效的关系展开实证研究，首次揭示出中国企业多元化程度与企业绩效的关系越来越明显地表现出负相关关系，多数中国企业依然偏好高度多元化战略的原因主要不是出于经济效益的考虑而是受外部制度环境的影响。简单地说，中国企业在特定时期的多元化程度与这个特定时期中国经济体制改革的力度和市场化程度呈负相关关系。在此基础上，我提出了一个大胆的研究假设：中国国有企业集团本来就不是一个纯粹的经济组织，而是中国政府在经济转型过程中为了同时实现两个相互矛盾的目标——稳定和发展而做出的一种特殊的制度安排；对于国有企业集团战略行为的解释，不仅需要以市场为基础更需要以制度为基础，不仅需要经济学视角也同样需要政治学视角。这个假设在大规模问卷调查的基础上得到实证研究的支持。

第三，本书所收录的最后 16 篇论文，发表于 2007—2014 年间。这些论文所反映的学术成果主要源于这个时期我所从事的第二个国家自然科学基金重点项目和第一个教育部哲学社会科学研究重大课题攻关项目。在完成学术生涯的上一个阶段的重大转型之后，我在这个阶段的研究好像进入了一个所谓"否定之否定"的阶段。在我第一个重点项目结题验收的时候，当时的清华大学经济管理学院院长私下劝我以后少做点实证研究，多出思想。我不知道他当时的本意是批评我还是表扬我，但是他的建议肯定是"点化"了我。从那以后，我就开始侧重发挥自己在历史、哲学的学科基础和中国企业实践经验上的优势，希望在基于中国情境的企业战略管理研究上产生一些思想和方法，结果真的开始感受到从事社会科学研究的真谛。

（1）基于对转型期中国企业集团性质与作用的实证研究，我对企业集团概念的原意、引进该概念的初衷和引进后该概念的演化进行了分析，提出不应该继续在现有的意义上使用这个概念。当前，中国所使用的企业集团概念已经背离了其原本的含义而变成了一个具有法人地位和母子公司结构的实体组织。这种概念的背离是中国经济转型特定历史阶段上的有益尝试和制度创新，曾经发挥过重要的历史作用；但在经济全球化条件下，继续使用这种背离的概念将严重制约中国企业集团回归主业和提升国际竞争力等战略行为。

（2）如果计划还不如变化快，那么还需要战略和战略管理吗？经营环境动态化的趋势给企业战略管理学科的生存和发展造成了致命的威胁。

为了在理论上回应这种来自实践的严峻挑战，我对企业战略管理两大流派所产生的环境、主要的观点和各自的局限性进行了全面深入的回顾、比较和分析，提出理性主义主导的企业战略管理模式，即所谓"点线模式"（即静态模式）在相对动态的环境下应该为"河床模式"（即动态模式）所替代。在这种动态模式下，企业战略管理理性和非理性两大流派的观点实现了对立统一，企业战略包含了事前与事中、主动与被动、理性和非理性等多种决策，企业战略管理追求的是承诺坚定、决策科学、行动迅速和创新的有机结合。

（3）基于对中国世界级企业的案例研究，我发现有效实施横向整合战略有利于中国企业发挥中国的国家特定优势，尤其是国内市场优势，通过"先做中国第一、再做世界第一"的路径发展成为世界级企业；制约多数中国企业提升国际竞争力和发展世界级企业的最大的国家劣势就是国内市场分割及其相关的制度设计与安排。在此基础上，我率先提出将国内市场分割作为新形势下影响中国企业战略行为的重要情境特征，并且和自己所领导的研究团队一起对国内市场分割、中国横向整合企业的战略选择（包括区域选择、进入方式、整合方式和管理模式等）和企业绩效进行情境嵌入式的实证研究。研究结果不仅证实了我所提出的理论假设，而且揭示出少数杰出企业应对市场分割的策略手段。在此基础上，我最近进一步提出有效开拓和整合中国国内市场需要借鉴国际化的战略思维，后续的实证研究正在展开。

（4）根据对经济全球化和国内市场分割影响下中国企业战略选择的深入观察和案例研究，我将当前中国企业的战略选择划分为"坐地虎""徘徊者""先锋"和"玩家"四种类型。如果中国继续推进新一轮的经济体制改革，那么更多的企业将选择"先锋"战略；反之，则更多的企业会选择"坐地虎"战略。为了进一步解释转型期中国企业战略行为上的差异（包括中西方企业、不同特征的中国企业以及具有相同特征企业之间的战略行为差异），我还进一步提出了一个关于中国企业战略行为的解释性模型，希望中国企业战略管理研究的同人们能够在这个模型下展开更深入的情境嵌入式研究。

（5）在对中国国内市场分割、横向整合企业战略选择和绩效的研究中，我逐步明白了这样一个道理：在中国从事企业战略管理研究和研究中国企业战略管理有可能是两种不同的研究，这也许就是今天中国企业战略管理学界和中国企业战略管理实践界存在"各说各话"现象的原因。我和我的研究团队以国内市场分割性为突破口率先在国内开展了中国情境理论化的基础研究工作，从而将对中国情境的一般性研究（经济转型国家、新兴市场经济等）进一步具体化（例如国内市场分割）。同时，我们还根据中国经济转型（包括对外开放和经济体制改革）的特点及其对中国企业战略行为的影响，对研究中国企业战略管理应该采取的研究视角和方法提出了方法论上的建议。

从1991年美国留学归来至今，我在中国企业战略管理学科中应该算是一个"老学者"了。20多年来，我一直紧跟企业战略管理实践，直面企业战略管理的重大问题，总想为中国企业提高企业战略管理的有效性和效率做点事。从这个意义上说，本书的读者如果是同道中的晚辈，那么，有可能借其中的个案从侧面了解中国企业战略管理学科发展史；本书的读者如果是企业战略管理的实践者，那么，有可能借此避免一些战略失误或者理解自己的战略失误，因为历史的发展总是惊人的相似。

我在社会科学领域无论如何也只能算是一个"年轻"的学者。展望未来，在中国企业战略管理研究方兴未艾之际，了解"中国情境"和"中国企业"将成为越来越重要、稀缺、不可替代和难以复制的竞争优势。凭借本人的经历和多年对中国企业的了解，我想我未来的主要研究工作将是多看企业、多出思想，为青年学者做更有意义的实证研究提供帮助。在这个方面，曾任美国管理学会主席的威廉·纽曼教授一直是我仰慕和学习的楷模。1994年，80多岁的纽曼教授在中国承德举办了一个"动态一体化战略研讨班"。他晚上写提纲，白天做讲座，一种新的理论框架就如此简单地诞生了。对他来说，这是厚积薄发；在我看来，这是他信手拈来。当时他曾悄悄地告诉做翻译的我，这个理论的核心概念源自于他对中国人两种文化特质的发现，一是容易产生信任，二是善于自我调节和主动整合。中国企业战略管理学科的发展固然需要高水平的实证研究，但是更需要借鉴中国情境的思想，特别是那些简单、朴素和有生命力的思想。为此，我辈仍需努力。

发挥大规模的优势是搞好大中型企业的有效战略

近年来，我国经济的迅速发展集中表现在已经出现了一些颇具规模、效益和知名度的大中型企业。这些企业一般都是国营或集体所有制的企业。但是，这些企业目前所面临的处境可以说是越来越严峻了。目前，国外的大企业已经进入并开始垄断了中国轻工、家电、食品饮料、服装等各行各业的高档产品市场。这些国外企业通过全球化，利用廉价资源，生产和推销高档、知名、标准化的所谓"全球化产品"，获取了大量利润。所幸的是，这些国外企业受中国关税政策的限制，只能采取高质高价的办法在中国销售，而我国的大中型企业则靠中质中价来生存发展。但是，如果中国加入关贸总协定，国外大企业就可以采用高质中价甚至低价的办法大规模开拓中国市场，到那个时候，我国现有的大中型企业也不得不随之变化，否则就失去了其生存的位置。从另一方面来说，日益壮大的私人企业依靠其政策和管理上的优势已经基本完成其资本积累的阶段（尤其在沿海开放地区），开始向这些国营和集体的大中型企业进行挑战。今天，私营企业与国营、集体企业的市场竞争已经从游击战转入了阵地战。在新的形势下，这些国营和集体企业怎么办呢？对这个问题的回答，一直是当前国家经济体制改革和许多大中型企业进行战略思考的重点。从1993年底以来，国家在经济、财税、金融政策方面所做的一系列调整和对国营、集体企业进行的机制转换工作是从宏观和微观搞活这些企业的重要措施。但是，这些措施只能在宏观政策和所有制上缩小这些企业与国外及私营企业的差距，而这些企业能否生存和发展正是取决于市场竞争以及取决于它们能否在产品、规模和管理上战胜竞争对手。在这方面，我国大中型企业的高层管理者能做些什么呢？本文希望就此提出自己的一些见解。

一

美国著名企业管理学家迈克尔·波特早就提出,由大规模而导致的低成本和高差异性是企业在竞争中取胜的两项最有效的战略。美国另一位管理学家海尔则进一步提出,如果一个企业同时具备大规模、低成本和高差异性两个优势,那么这个企业就处在"伊甸园"中;如果一个企业只具备上述两个优势之中任意一个,那么它就处在竞争的优势地带;如果一个企业不具备上述两项优势中的任何一个,那么这个企业就处于"死亡谷"中。国外管理学家如此重视的大规模、低成本战略,对解决当前我国大中型企业面临的问题具有十分重要的指导意义。

国外大企业进军中国市场靠的是高档、名牌的产品,中国加入关税和贸易总协定以后,国外产品在中国市场上的价格优势会进一步加强。在国外大企业"高质中价"战略的背后,它们所依靠的是强大的研究开发能力、高科技和大规模的生产线、全球范围内利用廉价优质的资源、雄厚的资本实力。针对国外企业的"高质中价"战略,国内企业只能采取"中质低价"的方法,集中于中、低档市场。因为国外企业所依靠的优势恰恰是国内大中型企业的劣势。国内大中型企业一般是引进国外技术、设备生产比较单一或相对落后的产品,它们的产品的关键原材料或零配件可能都是从国外大公司进口的,因此要在外国大企业的竞争下求生存和发展,关键的问题是如何在提高产品质量的前提下将产品的成本和价格降下来。以国内空调机生产行业为例,绝大多数空调机厂都是采用国外技术、国外设备和国外的关键零配件。即使这些企业的产品达到或超过国外大企业,其产品的价格也不可能高过国外企业的产品价格。因此,对付国外大企业的办法只能是在提高现有产品性能和质量的基础上,把产品的成本和价格降下来,把目标市场对准收入较少、价格敏感性较高的消费者。通过大规模生产而带来的成本降低是各种降低成本手段中唯一没有副作用的方法。通过大规模生产可以提高生产规模效益,通过大规模生产可以提高在广告、销售渠道等各方面的规模效益,通过大规模生产可以降低原材料和零配件的购入成本。

对国营和集体大中型企业构成威胁的另一股力量是私营企业。这些私营企业的优势在于政策和经营机制,在于它们"小而灵活"。到目前为止，国营和集体大中型企业对付这些私营企业的办法主要是想通过厂长负责制、承包经营责任制以及各种形式的机制转换来使自身变得灵巧或灵活，但是忽视了保持其"大"的优势。目前，正在推行的以股份制和现代企业制度为主的企业经营机制转换不可能一下子就能使国营和集体的大中型企业变得和私营企业一样灵活，与此同时，机制转换过程中可能会出现人心不稳、人才流失、管理水平下降等问题。如果这些企业在转换经营机制的过程中保持并发挥其灵活性，那么可能采用大规模、低成本的战略来对付来自私营企业的竞争。原来珠江三角洲就曾经有许多的电风扇厂，在激烈的市场竞争中，蚬华、美的、裕华等企业在先后两次"风扇大战"中靠大规模、低成本幸存并进一步壮大，成为年产量几百万台的大企业。过去一两年电风扇市场重新转旺，但是私营企业却不敢或很少涉足电风扇行业，原因就是因为上述企业的规模太大了，私营企业无法只靠"灵活"来与这些大企业抗衡。

中国大中型企业面临的第三个问题是似乎没有哪个行业没有搞乱。每个行业的竞争者都那么多，各个竞争者的规模、实力又那么接近，所以各个行业的利润都很低。造成这种局面的原因有客观上的，也有主观上的。从客观上看，国家没有严格执行行业限制和管理政策；各地政府从自己的政绩出发，不讲经济效益，盲目投资。但是，随着体制改革的深入，客观上的原因会逐渐减弱。从主观上看，我国企业也没有通过采取正确的战略措施去防止上述现象的发展。根据迈克尔·波特的竞争分析理论：①在某一行业内，如果有一两个企业能够率先占据绝对的规模优势，那么就可以为整个行业建立起一定的障碍。新进入者在做出是否进入某一行业的决策之前，都要认真回答两个问题，一是它能否在规模上大过该行业的现存企业，否则没有成本上的优势；二是它能否对付该行业现存企业可能发动的反击。例如，全面削价就可能将新的进入者挤出去。②在某一行业内，如果有两三家大企业能够拥有统治性的市场占有率，那么这个行业的竞争结构就会很容易改变了；同时，这个行业的竞争强度就低，产品销售利润率就比较高。

综上所述，过去顺德乡镇企业总结的"小船好掉头，大船经风浪"的经验对解决国营、集体企业面临的问题具有重要的指导意义。

二

寻求对市场的全面垄断一直是西方企业家的梦想,但是西方国家的反垄断法却使这些梦想难以实现。然而,中国到目前为止还没有颁布反垄断法,但是中国企业家却罕有这种梦想。到目前为止,中国还没有什么可以称得上垄断的企业,也没有什么企业在市场占有率上拥有绝对的优势。我们常常为西方人感到难过,因为西方人在选择商品或服务的时候,他们的选择性总是那么少。相反,我们中国人在选择商品或服务的时候,又总是因为选择性太多而感到痛苦。其实,最难过的应该是中国的企业,因为这种现象所反映出来的是中国企业的规模小、数量多,因此,它们的投资收益率总是那么低。

导致中国企业规模小、数量多、市场占有率低的原因有些是客观的或是在企业外部的,包括现行经济制度、企业经营机制、国家财税制度、产业政策等等。这些客观和外部的因素限制了企业的规模发展。然而,造成上述状况的还有另一组主观方面的原因,它们是与企业的战略思想和战略决策相关的。任何企业的发展都是由客观环境因素和企业战略决策这两组不同的变量相互作用的结果。因此,我们可以从这两组不同变量的相互作用中探讨中国企业的规模效益,尤其是单项产品规模效益大不起来的原因。

(1) 野心不大。相当多的国营企业和集体企业的经营管理者都满足于"三十亩地一头牛"或"进步不大年年有"。许多企业把销售增长或销售增长率看成反映企业发展的最重要指标,而根本不考虑市场占有率的变化。因此,有些企业的年销售和年销售增长率不断增长,但是市场需求在以更大的速度增长,结果是企业的市场占有率、企业在市场竞争中的地位却相反地年年下降。广东有一家以生产热水器而出名的企业,过去几年中每年的销售额成倍增长,但是其市场占有率却从最高的33%逐年下降到10%以下。中国企业家野心不大的原因,有的是来源于现行的企业性质、管理机制方面,也有的是来自于中国传统文化方面。但最明显的是,各级政府在考核企业经济效益和管理干部的绩效时,过分强调短期利润而忽略企业的长期发展,过分强调年销售增长或年销售增长率而忽视了市场占有率。其实,从产品生命周期理论来说,在产品进入成熟期之前,企业不应该过早追求利润而忽视发展,企业应该追求的是市场占有率不断提高或保持销售与需求同步增长,否则就意味着企业把许多机会让给了别人。

(2)"画地为牢。"国外企业的规模效益之所以大,是因为它们在全世界范围内利用各种资源、在全世界范围内投资设厂、在全世界范围内进行销售。它们已经从跨国经营到多国经营、从多国经营进入了全球经营的时代。而到目前为止,我国企业发展的基本模式就是"先画地,后拆墙,实在不行就在对面盖新房"。以广东珠江三角洲地区的一些大企业为例,虽然它们的主要市场在内地,它们的人才是从内地高薪聘请来的,它们所需的部分原材料、零配件也是从内地运来的,然而每一次扩大规模总是首选本地。到目前为止,几乎没有什么广东的大企业在内地投资办厂。造成这种状况的原因,首先是本地政府出于税收和就业的考虑,不希望本地企业到外地投资;其次是外地政府欢迎这些企业去投资的政策、措施不落实;再次是这些大中型企业也不想去,因为异地投资设厂风险太大;最后也是最关键的一点就是缺乏这样做的动机和战略意识。其实,一个企业要想采用产品集中和市场开拓的战略,扩大现有产品的规模和市场垄断地位,应该在打开市场之后,及时就近设厂,以保证产品的供应,降低产品成本。正当国外大企业不远千里在中国各地不断设厂、买厂的时候,国内的企业却在"画地为牢",它们怎么能够和国外大企业进行竞争呢?

(3)过早多元化。我国市场的特点是市场潜力大、消费者的收入差别大,因此产品的生命周期比较长。例如,有的中国人在使用分体式空调的时候,有许多人还买不起电扇。这部分经济收入少的人也许还要过十几年才能成为分体式空调的消费者。这些特点本来应该是中国企业得天独厚的有利条件,但是许多大中型企业却偏偏忽视了这些市场特点。有些企业引进国外生产线才三五年,产品正处在严重的供不应求阶段,就盲目采用什么多元化发展的战略,结果是原来的产品要批条子才能买得到,但新开发的产品却大量库存于仓库。待企业重新调整战略的时候,才发现原来产品的市场上已出现了许多新的竞争者,消费者已经转向购买其他厂家的产品了。有的企业根本不认真分析自己产品的市场潜力,一遇到小小的市场挫折就放弃产品集中、市场集中和市场开拓的战略,转向采用多元化战略以避免风险。其实,因为中国消费者的收入差距比较大,市场波动也比较大,暂时的供过于求并不具有什么代表意义。只要企业努力开拓市场,扩大规模,并把由规模扩大而带来的成本降低全部转移到消费者身上,那么下一个需求高潮就会到来。例如，广东有一家著名的啤酒生产企业。该厂生产啤酒的历史才几年，产品正处在严重的供不应求阶段。就在这种情况下，该企业却分散资金和精力搞矿泉水、天然果汁等市场竞争已经十分激烈的产品。为了配套这两个产品又准备进一步搞两三个包装工业的项目。其实，在这个时候采用这样的多元化战略真的有点"拿着金饭碗要饭"的味道。相反，国外啤酒生产企业的市场那么小，但是这些企业可能几十年都坚持产品集中、市场集中，一直生产和经营同一产品。从产品生命周期理论来看，在产品早期增长阶段，让自己的产品长期处于供不应求的状态或具有过高的利润率只能吸引更多的竞争者，使自己失去垄断市场的机会。从波士顿咨询公司的"四方格"模型来看，如果一个企业的产品都处在"问号"和"新星"阶段，那么这个企业的资金回收和分配会出现严重紧张的状况。一个企业只有不遗余力地将一个产品推到"新星"或"金牛"阶段之后，才有可能再开发其全新产品。国外企业都是在原来所处行业已经进入成熟或衰退之后，才采取多元化战略。当前，国内几乎所有的大中型企业都采取了所谓"大规模、多元化和集团式经营"的战略，似乎不多元化就不是大企业。其实一个企业什么事都办并不难，难的是办好每一件事的方方面面。能够从各个方面或细节去认真满足消费者的某一种需要，这个企业已经可以做到很大了。因此，不要把多元化当成一种逃避的工具，用它逃避对市场的艰苦挖掘和开拓。

（4）庭院过于豪华。这几年，我国企业的厂区建设和室内装修大有过于豪华的趋势。有的企业在产品供不应求、急需扩大生产的时候，却用数千万元人民币去盖什么厂内综合大楼。有的企业从一开始就投入大量的资本搞非生产性设施，结果影响了市场开拓阶段的投入，也限制了价格手段在刺激最初消费中的作用。有的人说，搞好厂区建设是向外国企业学习、搞好企业形象和企业文化的需要。但是，相对于我国企业的规模和效益，我们在非生产性设施方面的投资是不是太多、太早了一些。而且与国外企业相比，我国企业的庭院建设所追求的是富丽堂皇而不是朴素大方，我国企业的形象设计过于偏重视觉形象而不是内在形象，我国企业的文化建设追求的是装饰文化而不是心理文化。结果是非生产性投资上去了，但生产和销售的规模却上不去。企业耗资巨大的综合大楼落成之时，可能也恰恰是企业经营江河日下的开始。

（5）万事从"原始社会"做起。国外企业之所以可以迅速扩大规模，并使生产和销售增长与市场需求上升的速度保持同步或更快,是因为它们在扩大生产和销售规模时,通常采用控股、兼并、出资或特许经营等各种方式。然而,我国企业扩大规模的手段非常单一和原始。一般采取的模式都是"征地—基建—买设备"。这种扩张方式既耗资巨大,又周期过长,往往是在新的工厂还未投产之前,市场的供求关系和竞争状况已经发生了根本性的变化。

（6）"肥水不流外人田。"国外企业之所以可以做到大规模,是因为它们善于充分利用社会分工和协作,无论企业规模多大,总是把一些次要的零配件委托其他企业加工,甚至将自己的技术、商标有偿转让或特许某些企业经营以扩大企业的规模和影响。而我国大中型企业一旦稍具规模,就总是害怕"肥水流到外人田"。于是,就在自己产品供不应求或处在早期增长阶段的时候,投资去搞原材料、零配件加工,甚至自己生产包装物和印刷商标。其实,搞工业不同于种田,肥水不流外人田,自己的"田"就会被"污染"。别的企业能生产的东西,不一定就适合你生产,因为人家投资早、专业化、大规模。而且一旦自己设分厂为主厂供应材料,主厂就无法与分厂论质价了,到那个时期,你将陷入"手心是肉,手背也是肉"的两难处境。为了"肥水不流外人田",企业必然要采用"前项联合"的战略,而这种战略有很大的风险。因此,除非主产品已立于不败之地或原材料、零配件的确供不应求或质量不好,否则不要采用这种战略。

三

为了改变我国大中型企业的规模小、规模效益差和市场占有率低的问题,需要企业客观环境因素和企业战略决策这两组因素的共同努力,否则我国大中型企业即使转换了经营机制也无法在短期内应付来自私营企业和国外企业的竞争。

目前正在进行的以发展股份制企业和实行现代企业制度为主要内容的企业经营机制转换对于从根本上解决企业扩大规模和市场占有的动机问题具有关键作用。由于产权明确了,企业的战略决策不是由政府而是由股东通过董事会做出。企业的股东出于自身利益的考虑,会更好地平衡企业长期和短期目标、长期发展和短期利润之间的关系,如果企业和董事会能够根据企业发展的不同阶段为企业发展制定正确的目标，那么中国企业一定会重视大规模、发挥规模经济的效益。

过去一年中，中央和地方各级政府所提出的一系列改革措施对打破我国目前存在的各种地方保护主义具有重要意义。目前的财税、工商和人事制度都比以前更有助于企业进行跨地区、跨省经营。另外，金融市场的建立和完善，产权交易中心的建立为企业扩大提供了更多的手段。现在，企业进行大规模经营的客观条件已有较大的改善。

当前迫切需要做的工作是让更多的企业管理者理解大规模经营的好处以及采用大规模、低成本战略的具体方法。笔者认为，企业在采用上述战略的过程中，要注意五个问题。

第一，企业经营机制的调整和转换并不是包治百病的灵丹妙药。当前，正在进行的企业经营机制转换是从明晰产权关系和所有制上彻底解决国营和集体企业的动力和活力问题。但是，即使这项工作进行得十分顺利，它也只能缩小或消灭国营和集体企业在经营机制上与其竞争对手的差距。市场竞争最终还是表现在产品、技术、规模和管理上。因此，在机制转换的过程中，不要忽视产品结构的调整和保持大规模的优势，否则还是要在市场竞争中被击败。

第二，在产品进入成熟期之前，企业一定要把扩大市场占有率而不是利润当作企业最重要的目标。如果从产品推出到成熟阶段之前的时间越短，那么企业就越能阻止其他企业的进入，扩大自己的市场占有和形成垄断。如果一个企业能够在产品成熟之前占据某一行业的统治地位，那么进入成熟期之后，其统治地位就不那么容易被动摇了。因此，在整个成熟期内企业就可以在不投资的前提下获取大量的利润。

第三，不能盲目采用多元化化发展的战略。一般地说，多元化战略可以在降低整个企业经营风险的同时，给企业带来与市场平均水平相同或略高的投资收益率。但是，采取这种战略是有前提条件的，不能不分情形、不讲阶段、不讲条件地采用多元化发展的战略。采用多元化战略的基本条件是：①企业所处的行业增长缓慢或已进入衰退阶段；②企业已经积累了大量的资本；③企业已培养了一大批人才，他们可以转入新的行业；④企业确实面临一个很有吸引力的投资机会；⑤新旧行业或新旧产品之间存在着某种互补关系，如季节性互补、对经济波动的反证互补。

第四，企业扩大规模的手段要多元化。当前，我国大多数企业都面临资金十分短缺的压力，都有进行经营机制转换的可能。因此，那些目前经济效益好、产品质量好的企业完全可以不必遵循原来的扩张模式，即一切从征地和土建开始。它们可以通过参股、控股或兼并来扩大自己的规模，也可以通过合资或特许经营等其他方式来控制市场。采用这些手段去扩大企业的规模具有以下好处：①可以在很短的时间内扩大生产能力；②可以解决企业发展过程中的人才不足问题；③可以减少投资额和投资压力，因为它避开了漫长的基建周期；④从目前的形势看，当前是固定资产转移成本最低的时候；⑤可以同时减少同行业内部的竞争对手，优化竞争结构，减少竞争强度；⑥可以获得一些现成的销售渠道。但是，采取这些手段的企业必须有一支很强的管理队伍，同时有能力在兼并过程中妥善处理好人的问题。

第五，企业要想不断地扩大规模，必须学会"让利"。企业刺激市场需求的最有效办法，就是在能够提供满足顾客需求的产品的同时，注意使用价格手段。国外企业进行大规模经营的一条重要经验，就是将企业由于扩大规模效益所导致的成本降低全部转移给消费者，那么就在规模、成本、价格和需求之间建立起一个良性的循环。而我国企业一般是在产品滞销或遇到价格竞争的时候才降价，而在产品供不应求或供求平衡的时候总是涨价。这种价格策略严重抑制了市场需求的迅速扩大，同时也在客观上吸引了许多新的竞争者。由于市场上有许多投资者在寻求有利可图的产品，他们一旦发现某一企业产品的单位利润率太高、市场潜力巨大，那么他们就会采取"跟进战略"，参与竞争。除此之外，企业要扩大规模还要学会在产品生命周期的不同阶段采取不同的方法让利给经销商。一般地说，在产品生命周期的推出阶段，由于企业产品还不能马上为市场接受，因此企业主要通过拉大出厂价和销售价的差距或通过较高的佣金来让利给经销商。在产品进入早期和后期增长阶段，由于市场需求大增，企业要逐渐把出厂价和销售价的差距或佣金降下来，让利的办法主要是保证供货。那么，经销商的主要办法是降低经销商的库存成本，最好是采取零库存的供货办法。

（原载《技术经济与现代管理》1994年第2期，第4～8页）

地方国有商业企业集团的出路：
调整、改造、重组

一

地方国有商业企业集团改革和发展所面临的首要问题是选择正确的企业战略，没有正确的战略，组织设计和资产配置的优化重组就没有依据。针对当前我国各地方国有商业企业集团的实际和所面临的问题，选择正确的企业战略必须解决好以下两个问题：①发展什么，是走集中发展商业的道路，还是走跨行业、多元化发展的道路；②怎样发展，是走分散经营、灵活作战的道路，还是走集中经营、统一作战的道路。

（一）地方国有商业企业集团应该集中资源，重点发展商业

从对外部环境的分析来看，地方国有商业企业集团发展商业所面临的机会明显多于威胁。①经过十几年连续高速的发展，我国居民收入水平已经有了明显的提高，而且"九五"期间我国经济和居民收入的增长速度仍然会保持在较高的水平之上，这为我国商业尤其是零售业的发展提供了广阔的前景；②我国市场经济体系正在进一步完善和法治化，这将有利于国有商业企业以平等地位和手段与大量国有商业企业进行正面对抗；③消费者在饱受假冒、伪劣商品以及不负责任的服务之后，已经出现了比较明显的"回归国有"的趋势；④由于国有商业企业的网点多、位置好、信誉高，越来越多的大企业，尤其是国外大企业都倾向于选择国有商业企业批发和零售其产品；⑤商业行业出现了许多有利于集中管理与规范经营的营销和管理技术，例如大型购物中心的管理技术、连锁店的管理技术、仓储式商场的管理技术以及计算机管理技术等，这些技术的运用将有利于发挥国有商业企业的规模优势。

从对内部条件的分析来看，地方国有商业企业集团仍然存在许多个体商业企业和私营商业企业在短期内难以获得的长处，而其短处则多与产权、机制等正在改变的因素有关。①地方国有商业企业集团属下的企业

多、财力厚；②大多数的零售网点都分布在每个城市的商业中心和闹市区；③仍然不同程度地保留了原来三级批发站基础上所建立的贸易网络或关系；④拥有一大批经验丰富的商业人才；⑤其悠久的历史和诚实经营的作风赢得了极高的信誉和知名度。

然而，相当多的地方国有商业企业集团近年来一直在进行跨行业多元化发展，尤其是在经济形势不好和经济效益下降的时候，地方国有商业企业集团的耐力不足，又受诱惑驱使，搞商办工业、房地产开发、旅游服务业等多种产业，一时间成为一种时尚。有人认为，采取这种多元化发展可以使商业企业获取较高的利润，然而事实证明这种高利润是短期的，但高代价则是长期的。正是由于一些国有商业企业集团放弃了自己的优势去搞跨行业多元化发展，结果小钱是赚到了，但大量的投资却套在了房地产和一些长线工业项目上，结果是副业没有成气候，自己的本行和主业反而受到影响。还有人认为，多元化发展可分散经营风险。但是，他们没有考虑到，为了分散经营风险而大举进入自己没有优势的行业，反而会增加财务风险，并且最终成倍地增长本行业的经营风险。

（二）地方国有商业企业集团重点发展商业的主要战略应该是集中资源，创造优势，规模经营

其实是否重点发展商业从根本上来说取决于如何发展商业。任何一个企业要想获得较高的利润收入，必须通过两种办法：一是在相同价格水平下，使自己的产品成本低于社会平均水平；二是使自己的产品（服务）具有某种别具一格的差异或特点。正如美国著名管理学者迈克尔·波特得出的结论：最有效的竞争战略是由大规模而导致的低成本和由高差异而导致的高利润战略。然而，一直以来，地方国有商业企业集团所推行的改革和所实施的战略恰恰是牺牲了规模效益和自己的差异性。到目前为止，在地方国有商业企业的改革和发展的问题上，还存在一些不正确的观点。

首先，过分强调"大的难处"，没有重视"大的好处"。过去，地方国有商业企业一般都比较大，在从计划经济向市场经济转变的过程中，受管理体制和管理方法的限制，"大而笨"和"大而死"的问题就表现得十分突出。因此，改革开放以来，搞活地方国有商业企业的基本思路一直是想要克服"大的难处"，解决问题的办法就是通过各种形式使其变得小而灵活。其实，大也有大的好处，实力大就有利于竞争和抵御风险，采购量

大就有利于降低购进成本。后来,地方国有商业企业的集团化主要是基于要转变商业局的政府职能出发的,因此集团化以后仍然没有找到发挥"大"的优势的办法。现在发挥"大"的优势已经变成地方国有商业企业集团所面临的关键问题,地方国有商业企业集团必须抓住产权制度改造这个契机,充分利用新近出现的现代商业营销管理技术,将改革和企业战略的重点放到如何"造"大企业和如何发挥"大"的优势上来。

其次,过分坚持经营体系的自然性和完整性。改革开放以来,地方国有商业的经营体系一直没有改变。商业局变成了商业企业集团,但是绝大多数下属企业的名称、经营范围都没有改变。这种原有的经营体系是在计划经济体制下形成的,具有一定的"天然"色彩,但是市场经济的建立和市场竞争已经对这种传统的经营体系产生了巨大的冲击。有一些经营由于丧失了特许经营权而无法维护下去了;一些经营客观上要求"小而活",根本无法体现规模优势,像理发、餐饮等;还有一些经营虽然能够体现规模经营的优势,像百货零售、连锁店和家电、服装等等,但是缺乏足够的资源。今后,地方国有商业企业集团必须改变原有的经营体系,大胆在一些领域"有所作为",创造新优势。

最后,过分强调分权的作用,而忽视集权的作用。地方国有商业集团和其他行业的集团一样,为克服"大而笨"的问题都将政府对企业放权的模式移植到企业集团内部,在企业集团内部逐级放权,例如有些地方将采购权放到了每个柜台。事实证明,过分的分权不仅给国有商业集团造成了管理上的漏洞,而且削弱了国有商业企业规模经营的水平,阻碍了国有商业企业再造优势的进程。其实,政府对企业分权是对的,但企业集团是否需要对下属企业放权以及放权的程度,则取决于企业集团战略的需要。为了集中资源、创造优势和规模经营,国有商业企业集团必须实现从过分分权到相对集权的转变。

二

集中发展商业,实施大规模、高差异相结合的经营战略,宏观上要求地方国有商业集团按照"抓大放小,有进有退"的原则对下属企业进行经营重组和资产重组。

集中发展商业,要求地方国有商业集团重新调整其多元化发展战略,要使其房地产、商办工业、餐饮服务业的发展配合或服务于商业的发展。对于这些行业的新增投资项目要十分谨慎或加以抑制；对于目前已有的项目要进行清理，并尽可能通过对外出租、出让股份或全部出售的方式减少风险和盘活资产，支持商业的发展。集中发展商业，还要求对现有企业的经营范围和资产分布进行大胆的调整。一方面，要从那些无法创造优势与不能体现规模经济效益的领域中及时、勇敢地退出来；另一方面，将资产、人才、网点向那些有可能创造优势、体现规模效益的领域集中，用新的经营方式去培育或创造地方国有商业企业集团新的增长点和增长方式。

（一）百货零售业

在计划经济体制下，各个地方都至少有一两家百货公司。在转向市场经济的过程中，各个地方商业企业都不同程度地开始进入百货零售。因此，在地方国有商业企业集团之下可能有若干个经营百货零售的公司，而且这些公司都集中分布在各个市、县的商业中心。由于地方国有百货零售公司的实力大、地段好、售誉高、品种齐，这些公司的经济效益都是比较好的，国有商业企业在这一领域的优势和前途是应该肯定的。但是，由于地方国有商业企业集团对这些下属企业采取分权为主的管理，使各个下属企业受各自利益的驱动在相近的经营地点采取相同的经营方式，在相同的经营档次和相同的经营范围或品种上相互竞争，"内斗"大于"外斗"；各个下属公司没有实力去拓展新城区、郊区、新住宅区以及周边地区的市场，把这些区域的市场拱手让给非国有商业企业，而自己死守城中的商业中心区；下属各企业的规模效益、整体作战和抗风险的能力下降，面临被各个击破的危险。我们认为，地方国有商业企业集团应该以一家或两家经营较好的百货零售公司为基础建立一两个百货公司或叫总公司，将其他百货零售公司统一或分别归并到这一两家公司。新组建的百货总公司要在认真研究市场需求、居民消费行业和竞争对手的基础上，有意识地调整各下属企业的目标市场、市场定位、经营方式和经营重点，通过调整创造特色、减少"内斗"，通过集中和相对集权管理提高规模效益和竞争实力。新组建的百货总公司可以逐步向统一名称、统一采购、统一促销等连锁经营的方向发展，以降低购进成本，提高规模效益，增加市场竞争的实力，然后再积极向新城区、郊区以及邻县、市拓展。

(二) 各种形式的连锁店

在国有商业企业在旧城区尤其是在商业中心"内斗"或"外斗"的时候，非国有商业企业却以各种形式的"小店""方便店"甚至连锁店扎扎实实地占据了新城区、郊区和新建住宅小区的市场。由于非国有商业企业的经营手法灵活、各种费用低，国有商业企业找不到什么好办法在这些市场区域与之竞争。虽然这些区域市场上的消费者对一些非国有商业企业的经营手法和作风抱怨颇多，但是为了一些日常用品而奔波进城，又实在痛苦不已。连锁店和电脑化管理技术的出现则给国有商业企业提供了新的竞争手段。国有商业企业可以通过这些新技术而降低购进成本，减少管理费用，在这些区域市场上与非国有商业企业一拼高低。然而，由于分权过多，各个下属企业都各自办连锁店。例如，同在一个国有商业集团之下，三家不同的企业兴办各自的"超级市场连锁店"。这真是"穿新鞋走老路"。如果地方国有商业企业集团可以选择合适的领域（例如以食品、日用品为主的超级市场，或以副食品或五金电器为主的超级市场，或以副食品或五金电器为主的连锁店）成立一两个连锁店公司，统一资源投入、安排布点，统一管理，然后以灵活的投资形式让连锁店进入郊区、新城区或居民小区，并进一步向周边地区扩展，那么连锁经营以及相关的资产运作将成为国有商业企业新的增长点和增长方式。

(三) 副食品批发和零售

地方国有商业企业集团下属的食品、水产、畜产等公司曾经为满足居民"菜篮子"和平抑物价发挥过历史作用。在副食品供应、价格和销售完全放开以后，这些公司已经几乎完全丧失了对市场的支配、调节作用，所有的零售网点都被出租、承包出去了。这些企业的土地多、人员多，但是对政府来说有些"食之无味，弃之不能"。现在各地政府为了平抑通货膨胀，保证副食品供应的数量和质量，越来越感觉到过多依赖非国有商业企业是不行的。国有商业企业可以利用其拥有的冷库、饲养场、屠宰场等设施，利用居民的信任和政府对"菜篮子"的重视，将原有的食品、畜产、水产等企业重组而成立一个副食品公司，通过集中经营和连锁经营重新掌握或部分控制副食品批发和零售市场。

（四）其他商品的批发贸易

在计划经济体制下，国有商业企业依靠三级批发体系而控制了绝大多数商品的批发贸易。但是，在体制的改变和过分分权的管理机制之下，国有商业企业的批发业务日益分散，批发量越来越少，有些个体商业户的批发量甚至大于一个国有商业企业。但是，近年来国内外的生产企业在寻找总代理和经销商的时候，越来越重视选择那些实力大、本地网点多、销量大、专业水平高和信誉好的企业，只要国有商业企业集团能够集中资源、集中人才、集中力量去恢复和拓展自己在本地区的渠道和网点，就会成为这些国内外生产企业最理想的选择对象。而且，地方国有商业企业的实力越大、本地网点越多、专业水平越高和信誉越好，那么就越有与生产厂家讨价还价的权利，那么购进成本就越低，经济效益就会上去。因此，我们建议地方国有商业企业集团将分布在下属各企业的批发部、批发人才和资金集中到一两个公司上，建立和健全本地网络，同时重点代理若干名牌商品，就可能使批发企业扭亏为盈，并获得可观的利润。

其实，各地方国有商业企业集团可以从自己的实际和竞争的需要去选择新的增长点与增长方式，并根据需要进行组织和资产的重组。但是，它们遇到的困难可能是相同的：在由商业局转为企业集团的时候，下属企业作为一级法人企业和国有资产的拥有者并未改变，而企业集团则只是松散地以行政管理为主的，政府没有给其调整下属一级法人企业及其资产配置的权利。为了从根本上克服这些障碍，企业集团必须从明确产权关系入手进行以建立现代企业制度为内容的产权制度改造。

三

与国外企业实施新战略不同，地方国有商业企业集团实施战略调整，不仅要相应地进行组织和资产重组，而且有产权制度的改造作为配合。产权制度的改造是手段而不是目的，因为产权制度改造必须要服务于长期发展和经济效益的提高。企业的长期制度是一种形式而不是内容，因此产权制度的选择必须符合企业战略以及组织、资产重组的需要，否则产权制度的改造有可能不是促进，相反会阻碍地方国有商业企业集团的发展。因此，在选择产权改造方式的时候，必须使所选择的方式有利于：①明确集团与政府之间的关系，在集团内部建立以产权关系为内容的纽带；②盘活现有资产的存量和加大资产的增量；③将资产集中于能够发挥规模效益和保持、创造自己优势的领域，并从其他一些领域撤退出来。

  在对整个集团进行认真的清产核资和资产评估的基础上，还要对国内商业企业集团进行产权改造。由于商业不是由国家保护或控制的行业，原则上应该通过出让股份或增资扩股的方式将地方国有商业企业集团改造成为有限责任公司。国有资产经营公司将成为国有股权的代表，而其他的出资者可以是职工、其他法人单位。如果某一地方国有商业企业集团的资产巨大，而且又不具备条件改造成一般的有限责任公司，也可以考虑通过地方政府对其进行国有资产授权经营而将地方国有商业企业集团改造成为国有独资的控股公司。无论采取哪种形式，改造后的地方国有商业企业集团将对其所拥有的国有资产承担保值和增值最大化的责任，并在此前提下有权对下属企业的资产进行调配和处理。

     （原载《经济体制改革》1996年第3期，第38～42页）

企业集团的多元化发展战略

对于企业集团来说，究竟是采用相关多元化的战略好，还是采用不相关多元化的战略好，是一场旷日持久的争论。

长期以来，人们一直把不相关多元化发展看成一种既可以降低风险又可以提高收益的战略，但是，这种看法已经受到挑战。最早挑起这场争论的是管理学者雷梅尔特。他在进行了若干跟踪调查之后提出，不相关多元化发展的盈利水平比相关多元化发展的低。而后在《追求卓越》这本书中，彼得斯和惠特曼两位作者都同意上述观点。他们认为："我们的发现是清楚而简单的，围绕着自己的基本优势或单一技术而进行多元化发展的组织是最成功的，例如3M公司。第二成功的组织是在相关领域进行发展的，例如通用电气公司从生产发电机进入飞机发动机的生产。一般地说，比较少成功的是那些在广泛领域进行多元化发展的组织，尤其是通过收购而不是自我发展实现这种多元化发展的组织。"

关于这场争论，笔者的看法是两种战略都同样适合于谋求增长的企业集团，但是其成功的程度取决于一些具体的情况。一个在某一行业已建立起强大竞争优势的企业，进行相关多元化发展的成功率比较高，因为它可以很容易地转移优势。而一个没有在一个行业取得强大竞争优势的企业或只有一般优势的企业则可能采取不相关多元化发展较容易成功。但无论如何，美国及西方一些国家目前有一种回归相关多元化发展战略的明显趋势。

最近，美国著名战略管理学者，曾任全美管理协会主席的威廉·纽曼到访华南理工大学。他在学术报告中提出，不相关多元化发展可以分散风险的作用不能过分夸大。在他提到美国有回归集中趋势的时候，有人提出"鸡蛋放在二十个不同的篮子里安全"的反驳。他回答说："试想如果把鸡蛋放在二十个不同的篮子里，一手一个提着安全呢，还是把鸡蛋放在一个篮子里安全？"这里包含着两层意思：① 不熟不做是对的；② 买篮子或做篮子是要投资的。因此，在分散经营风险的同时，可能会反而加大财务风险。

一、多元化发展的行业选择技术

在进行相关或不相关多元化发展的时候,必须要回答两个问题:一是这个行业值不值得进入,二是进入这个行业的目的是什么。只有在回答了这两个问题的基础上,我们才能决策是否选择某一行业进入。

(一)行业竞争结构/强度分析

美国著名管理学者、哈佛大学教授迈克尔·波特提出了目前已为全世界所接受的一种"行业竞争分析"的理论。他认为,一个行业的竞争强度越高,那么这个行业的盈利水平就越低。因此,每一个企业集团在选择行业的时候,应该首先对这个行业的竞争强度做认真的分析。迈克尔·波特还为进行行业竞争强度分析提供了一个很有价值的模型,如图1所示。

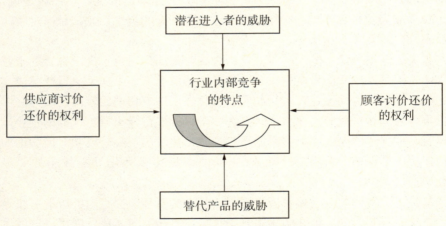

图1 迈克尔·波特的"竞争分析模型"

在这个模型中我们可以看到,一个行业的竞争强度取决于五种基本力量以及各自所包含的诸种因素。

(1)潜在进入者的威胁:一个行业的新进入者将新的生产能力和资源带进来,希望得到一定的市场份额,这对已处在该行业的企业是极大的威胁,然而这种威胁的大小取决于进入障碍的高低和原有的企业可能产生的反应。下面是构成障碍的若干因素：①企业在各方面的经济规模效益；②产品的差异性或知名度；③进入该行业的成本要求；④不以企业规模为基础的成本优势；⑤取得流通渠道的方便程度；⑥政府的政策。

（2）供应商与顾客讨价还价的权利：购买者可以通过减价、提高产品质量和服务的要求或直接参与竞争来压低某一行业的利润。供应者则可以通过提价或降低产品质量从另一个方面减少某一行业的利润率。在下列情况下，顾客的权利较大：①他们能购买卖家的大部分产品；②他们有可能通过后项联合，参与供应商的竞争；③可选择的供应者很多；④转换所购产品的成本很低。在下列情况下，供应者的权利较大：①供应者数量少；②没有替代产品；③供应者有可能采取前项联合，参与同顾客的竞争；④买家的购货量小。

（3）替代产品的威胁：正如迈克尔·波特所说，"替代产品可以以限制一个行业的价格的方式来影响该行业的盈利潜力"。

（4）行业内部竞争的特点：在任何行业中，各个企业是相互影响的。一个企业的竞争动作立即对其竞争对手产生明显的影响，并导致他们采取反击措施。在下列情况下，行业竞争会更激烈：①行业内竞争者多而差异性小；②行业增长缓慢；③行业退出成本高；④固定成本高，产品是一次性使用的。

（二）相关性分析

采用相关多元化发展的主要目的有两个：①通过借用和发挥"相关性"而获得更高的投资收益；②通过多元化发展以降低风险。但是第一目的更重要，因此在采取相关多元化发展战略之前必须对所选行业和原有行业之间的相关性进行分析。一般地说，这种相关性主要表现在以下若干方面：①相同的技术；②相关的产品；③相同的市场；④相同的顾客；⑤相同的流通渠道；⑥相同的管理技术。

一般地说，所选择的行业越是与原有行业在上述某一方面"相同"，那么进入这个行业的理由就越充分，成功率也就越高；反之，则可能会失败。例如，某一生产保健饮料的企业进入餐饮业，这两个行业有没有相关性？也许有一些，但是由于相关性太小，采取这种战略的目的就很难实现。

(三) 不相关性的分析

采用不相关多元化发展的主要目的也有两个：①追求更好的投资机会，以获得高于目前所处行业的收益率；②追求通过跨行业不相关发展达到分散风险的作用。其中，第二个目的则是主要的。因此，在采用不相关多元化发展战略之前，要对所选行业和现处行业之间的不相关性进行认真分析，从某种意义上说，两个行业之间越是不相关，就越能通过组合而达到分散风险的目的。

但是，要找到两个以上完全不相关的行业，如果不是不可能的话，至少也是十分困难的。因为所有的行业都要受到国内外宏观经济形势和政策的影响，而且所有的行业对宏观经济形势的反应不可能是完全相反的。因此，在投资学上，有的人将风险分为两种：一种是系统风险，即不可以通过多元化而排除的风险；一种是非系统风险，即可以通过多元化而消除的风险，又称为与行业（公司）有关的风险。

基于上述观点，进行不相关多元化发展的企业在选择行业的时候要注意：①要对不同行业与经济波动的关系进行历史研究，从中找出各个行业受市场风险影响的程度，以及该行业特有的风险是什么；②必须要在考虑某一行业本身风险的同时，考虑新进入行业与老行业之间的关系，即进入新行业会给企业集团的行业组合带来什么影响。

二、多元化发展的策略

无论关于多元化战略的争论有多少，多元化发展战略仍然是一个有特殊意义的战略选择。其实，多元化战略实施的效果，很大程度上取决于实施多元化发展的策略。

(一) 实施多元化发展的时机要准确

实施多元化发展有两个重要的时机必须把握好，否则就会犯过早多元化的错误。一是从集中发展向多元化转变的时机，二是从相关多元化向不相关多元化转变的时机。

在掌握从集中发展向多元化发展转变时机的时候，要注意从以下几个方面考虑：①原来集中发展的行业是否已经进入后期增长或成熟阶段，即该行业的发展潜力是否开始下降；②通过集中发展，本企业是否已经积累了足够的财力、技术和管理人才；完全通过负债或外调人员进行多元化发展应十分谨慎；③是否出现了具有潜力和适合的新行业；④本企业是否在原来集中发展的行业建立了明显的优势和十分牢固的地位，如果回答是肯定的，就可以放心地开展多元化发展，并且以选择相关多元化发展战略为好。

在掌握从相关多元化向不相关多元化转变时机的时候，也同样要注意：①在相关多元化领域的拓展是否已经没有潜力；②在相关行业的拓展是否已经建立了绝对优势或牢固的地位；③是否具备了进行不相关多元化发展所特别要求的财力和投资管理人才。

过早多元化的后果是十分严重的。首先是浪费了获取更大收益和市场占有率的机会；其次是由于在现有行业没有建立绝对的优势，因此在其他行业成功的机会就下降了；最后，由于没有积累足够的财力资源和丰厚的未来收益，多元化的发展就会起步不高、后劲不足，这一错误的后果在广东企业中体现得比较明显。许多企业过早多元化，结果不仅是多元化发展收效甚微，而且连自己在原有行业的地位也保不住。

（二）实施多元化发展的目的要明确

本来从集中向相关与不相关多元化发展转变的目的是很明确的，但是在推进的过程中，这种目的会受到许多的干扰而被遗忘，从而犯"盲目多元化"的错误。当前国内一些企业在进行多元化发展的过程中容易出现的盲目性，主要表现在它们推行多元化发展仅仅是因为：①抵不住外部的诱惑。结果是什么都干，但什么都干不好。②肥水不流外人田。结果是"肥水"就真的变成了"臭水"，企业内部饱尝计划经济之苦。③内部职能社会化。许多企业在"既为自己，又可以对外服务"的思路之下，纷纷将其内部的职能社会化，从而出现有一点物资采购就办贸易公司，有一点资金流动就办财务公司，有一点房地产就办房地产公司，有一点销售网络就办市场推广公司，有一点广告业务就办广告公司。结果是社会上的生意拉不到，对内部的服务却质量下降、价格上升。

（三）多元化发展的程度要控制

任何企业的资源，包括资金、人才和能力都是有限的，尤其是对于相对规模比较小的中国企业来说，因此多元化发展的程度必须有所限制，要有所不为才能有所作为，否则会犯"过分多元化"的错误。

采用相关多元化发展战略的企业集团，不能凡是相关的行业都要进入，而是要从自己的财力、人力和精力考虑选择几个行业进入，并且使之成为掎角之势。但是，一些企业集团没有有力地控制相关发展的程度，结果更多的支柱没有建立起来，反而为原来的支柱增加了许多负担。在今天的中国，每一行业都有巨大的潜力，但又都不同程度地出现了阶段性的供过于求，因此能否在一个新的行业站住脚，主要取决于是否集中了资源。

采用不相关多元化发展战略的企业集团不能认为所进入的行业越多，分散风险的效果就越好。过分多元化会出现分散风险的能力递减，同时又会造成为此而付出的代价上升，从而造成企业集团的资产收益率下降。

（四）多元化发展的推进要有很强的节奏感

由于企业的资源、人才和精力有限，多元化发展必须有很强的节奏感，不干则已，干则必胜，否则会"一哄而起"，使企业集团在资金筹措、资源配置上出现混乱，影响企业长期、稳定和持续的发展。

如果有节奏地进行多元化发展，不仅会减少资金筹措与配置的压力，而且可以增加连带作用，提高成功率，使企业集团可以持续发展。相反，如果"一哄而起"，就会使企业集团的资金运作陷入长期的不正常。当前，广东大企业集团多元化发展的成功率不高，与多元化发展的节奏掌握不当有关。

（五）资产运作与进出策略

多元化发展的方式可以分为两大类：一种是通过内部自我发展来实现，另一种是通过外部的收购、兼并和建立合资企业来实现。后一种也就是通常我们所说的资产运作。

（1）兼并通常是指两个企业通过换股票或产权合一而变成一个企业，这种合并通常是在两个规模相同的企业之间"友好"进行的。

（2）收购是指某一企业被另一个公司购买而变成后者的一个子公司或分公司。

（3）合资是两个或两个以上的企业为了某种战略的目的而合作建立的一个新的独立实体，产权、经营责任和风险收益在合资伙伴之间分配。

由于当前我国的许多行业出现严重的生产能力过剩，国有企业亏损严重而正处体制改革的过程之中，因此通过外部发展而实现多元化发展正在成为一种趋势。虽然通过外部发展与资产运作，企业可以在多元化发展中达到高速度、低投入、以小控大、获取必要资源等一系列的好处，但是我们有必要提醒企业：①国外关于外在发展与资产运作的实际效果颇有不同的看法。一项对42家美国大企业的调查表明，在这42家准备进行多元化的企业中，有45%是准备通过内在发展实现多元化，有19%则是准备通过外在发展实现多元化，其余的36%则准备内外结合。但是5年之后再来测定这三类大企业多元化发展的效果，结果发现这三类公司在表现上差异很小。没有证据表明外在发展比内在发展更有优势。②目前，我国企业集团还缺乏大规模使用购并手段的市场条件、资本实力和融资手段，因此，在多元化发展的过程中，采取哪种方式则要视具体情况而定。从未来的发展来看，我国大企业集团在实施多元化发展中就该认真地把资产运作、外部发展作为与内部发展同等重要的手段加以考虑。

在企业集团选定要进入的行业的时候，还需要选定进入的战略，不同的进入战略有不同的条件。一般来说，行业进入主要发生在产品生命周期的前三个阶段。如果在"进入阶段"就进入的话，这个企业必须具备很强的研究开发能力、市场开发能力和相当的资源投入能力；如果在"早期增长阶段"进入的话，则需要模仿与改进产品的能力、大规模生产管理的能力和市场营销的能力；如果在"后期增长阶段"进入的话，则需要很高的市场调研和市场细分的能力，并且有特殊的优势获取低成本或占据目标市场的能力。如果在实施行业进入的时候不具备上述优势，就必须考虑用资本运作和外部发展的方式来获取这种优势。

是否需要通过出售企业及其资产来退出某些行业，主要取决于资产经营和集团战略两个方面的考虑。由于企业集团的主要职责是资产经营与资产运作，因此它对某一行业的忠诚感已经淡化了。它更主要的是进行资产经营而不是行业或产品的经营。办企业的目的不仅是要通过产品经营获取经营收入，而且要通过企业集团的资产经营将资产增值最大化。这就需要在低价上买入企业，而在价高时出售企业或资产以实现资本增值。从这种意义上说，不能只出售那些亏损的、办不下去的企业，还要从一些没有前途的行业退出，有时也需要在资产增值最大化的时候将部分好的、中等的企业变现。另外，行业退出主要是一个战略决策，这种战略决策主要取决于三个原因：① 将部分非重点行业的分厂、子公司变现以支持其他战略方向的发展；② 将那些无前途的子公司、分公司在恰当的时候变现以获取投资收益；③ 在有前途的行业中，由于没有优势而主动撤出。因此，不能将撤出看成消极的，只出售那些经营不下去的企业。

（原载《迈向世界级企业——中国企业战略管理研究》，企业管理出版社2001年版，第148～157页）

制定企业集团战略的新思考

当北方的很多企业因为多元化趋势而分析研究多元化的利弊时，南方的企业面临的问题却是如何收拾多元化造成的烂摊子。

广东企业在多元化方面的错误、教训和经验对全国的企业具有普遍的借鉴意义。

一、多元化的四个错误

广东大量的企业在20世纪90年代初的时候犯过多元化的错误。

（一）过早多元化

企业进行多元化的理想时机是：第一，产品已经做得非常好，在内部的研发方面、控制成本方面、管理方面成绩显著；第二，市场已经开始趋于稳定和饱和了。在产品生命周期曲线上已经接近于顶点的时候开始多元化，是一个比较好的点。

很多企业是在市场还处于早期增长阶段的时候就开始多元化了，尽管它们认为当时已经做到国内第一了，但是市场还在不断扩大，中国市场还处于发展阶段，有些品牌即使达到30%甚至40%的占有率也还没有达到行业稳定的状态。它们一分散精力搞多元化，竞争对手就可以利用新市场的扩展来推翻第一名的位置，结果是对手没有打败自己，反而是自己打败了自己。国内很多知名企业"短命"的原因，就是企业多元化的点选得太早了。

（二）盲目多元化

赚钱的机会太多，诱惑太多了，正常的人在这些诱惑面前都很难拒绝。有很多老板顶不住，于是这儿投一点进去，那儿也投一点。蜻蜓点水，每个行业都放一点钱进去。三九集团搞多元化，1997年兼并了47个企业，从原来的1个主业扩大到8大主业，尽管其中有个别并购取得很好的效益,但总体而言,三九集团并购47个企业之后,资产总额上去了,资产收益率却下来了。但是,我们经营企业的目的到底是为了资产收益率,还是为了资产总额呢?

盲目多元化的结果是越多元化越可能什么都做不成。最后回头一看,自己原来的主业都没了。

(三) 过分多元化

笔者曾请美国著名战略管理学者纽曼教授来华南理工大学讲座。有学生问纽曼,说中国人相信鸡蛋放在不同的篮子里安全,纽曼的回答是中国装鸡蛋的篮子要不要钱?这句话的核心在什么地方?把鸡蛋放在不同的篮子里面,是分散了经营的风险,但是如果我们为了去放鸡蛋要去买很多个篮子,这就增加了财务的风险。把两种风险加起来,才叫企业的总风险。

(四) 经理人贪大求名

股东是天生喜欢集中经营的,经理人是天生喜欢多元化的。表面讲多元化是为了发展,有这么多机会不搞多元化发展岂不是错过机会,实际上很有可能是做决策的总经理想分散自己的风险。摊子铺得越来越大,工作似乎越来越辛苦,总经理就有了更高的社会地位和影响力,还可以向股东要更高的薪水。而且,公司越多元化,股东来检查的时候越检查不出他在干什么、效益如何。

二、走出多元化陷阱的四项对策

(一) 我是杰出经理,我什么都能干好——这种心态必须转换

国外认为,一般管理技术是可以跨行业管理的,工商管理(MBA)管理教育就是要总结杰出经理的特质和规律,并推广到全世界,培养很多杰出经理来。

有些老板,在自己的公司取得成功的时候感觉太好,我搞饮料搞得这么杰出,我搞保健品也能这么杰出;我看不怎么样的人去搞房地产都发了财,如果我去干,别人都该滚蛋了,因为我是杰出经理,如果不把我的这

种核心专长进行转移，多干点事，岂不是对人类智慧的浪费？很多企业的老板就是在这种欲望的推动下进行多元化的。

（二）不要让你成为公司的核心专长

很多公司的快速发展是因为创业老总的卓越能力，但如果公司发展到很大规模，到了企业集团，下面管着很多公司的时候，你还是这个公司的灵魂，有很多下级恭维你说"老板你就是我们的核心专长，你如果不在，这个企业就完了"。如果公司里不止一个人这么说，这恰恰说明你公司有问题，经营对手要想战胜你，只要干一件事情，找一个枪手暗杀了你就可以。公司必须给你买保险，给你雇保镖，因为你是核心专长。

笔者认为，一个企业的人一旦把领导定义为核心专长，那这个公司的问题已经很严重了。企业领导万万要防范自己这种沾沾自喜的感觉。

当老板感到公司离了自己就不行的时候、当老板感到疲惫不堪的时候、当老板感到疲惫不堪而出错误导致更忙的时候，首先的战略是什么？是分权。

有了分权才会出现分部化，在一个母公司下面出现几个决策经营权的子公司，具体问题让他们做，让老板腾出精力研究企业发展与思考战略问题。

（三）重新确定核心业务

当我们看到这个资源不够的问题时，就需要开始解决问题。对公司的资源配置进行调整。

GE公司曾提出来以价值为基础进行重组。所谓重组，就是在资产上，实现三方面的内容，第一个叫缩小规模，第二个叫缩小经营范围，第三个就是企业的经理和职工把这企业买走。

经过这样的重组以后，企业试图减低过分多元化出现的问题，重新向主营业务回归，但是在回归过程中就发现：如何确定我的核心业务？很多过分扩张的公司已经不可能回到原点上去。"太阳神"原来搞保健品口服液，现在太阳神集团回到搞口服液已经不可能了，必须对公司进行重新定义。因为收缩不是企业的目的，企业的目的还是要发展，在收缩到这个核心业务建立核心专长以后，还是要向外拓展；要想回归主业，就必须建立核心专长。

一个企业全心全意做好一件事，满足顾客各种需求，就可以"长命百岁"。

千万不要想从方方面面满足人类的各种需求。想让人类记住你，满足一个需求就够了。耐克就做鞋，麦当劳就做快餐，宝洁就解决一些生活日用品，可口可乐就解决一个软饮料的问题。如果提出的战略目标是"我这个企业的宗旨是要满足人类衣食住行的需要"，你这个公司肯定就不会走多远。凡是提出这么伟大目标的，必然会牺牲掉。

（四）企业集团必须"优生优育"，并建立以哺育优势为基础的集团战略

中国的老板在1994年以前属于"阿拉伯人"，可以多娶妻生子多合资。结果到了1994年，金融政策调整的时候，受害于婚姻太多和孩子太多，而"奶粉"不够用。那时，企业集团有的甚至有几百家子公司，大家一块儿向母公司要"奶粉"，结果母公司最后发现奶粉不够，生下的子公司都营养不良。

到1996—1997年的时候，这些"儿子"开始生气了。广东的很多"儿子"就怀疑自从我们有这个企业集团以后，效益就大不如以前，公司江河日下，没有集团的时候多好。健力宝、太阳神、万家乐等所有这些企业，都是自从有了集团就有了灾难。大家在想，我们为什么需要一个集团？这个问题，当时很多子公司、二级公司的老板都在问。于是，有些人发现集团公司的价值总额和集团公司分拆出去的价值总额有一个差，这是怎么回事？这是因为集团没有创造价值，而是价值的摧毁者。

拥有很多下属公司的集团，需要建立以哺育优势为基础的集团战略。也就是说，在集团公司总部的影响下，其下属公司在其领导之下会比在其他集团中经营得更加有效益。

合格的集团应该是集团公司总部的运作成本低于集团公司总部所创造的价值，也就是要取得整体大于部分相加之和的效果，而一个优秀的集团则应该是子公司在其领导下所创造的价值超过它存在于其他任何集团公司中所创造的价值。

三、集团总部的价值在哪里

涉及许多业务的企业集团首先要搞清楚为什么要有企业集团。是因为你是子公司的"父母"吗？不是，集团必须要有哺育"孩子"成长并创造价值的能力。

集团总部必须要能增值。集团公司实际上是股东和各个子公司之间的中介，是股东的代理经营机构。如果它不能增加价值，股东完全可以"杀掉"它，直接来投资于不同的公司。

如果孩子问自己的父母，为什么你是父母我是儿子，那不用问了，是因为父母生了你。但是，对于集团公司总部，不能这样讲，原因是什么？因为有购并，有资本市场，外面的人可以收购这个公司，然后把这个臃肿的不创造价值的集团总部"杀掉"；分别把"儿子"卖掉，看一看卖的钱是多少，如果卖的钱超过买这个集团公司的价值，那么这个价值差就是集团总部造成的。企业集团的价值绝不是因为它"生"了下属的子公司。企业集团存在的理由是集团总部要在投资者和子公司之间扮演一个能够有增值服务的角色。

在第五次兼并浪潮中，所收购的对象主要是这一类的企业。由于多元化而造成集团公司股票的价值低于它的价值，所以，第五次浪潮告诉了每一个企业集团：你必须创造净价值你才能存在，如果不创造净价值，那么股东有权"干掉"集团总部，直接经营或者投资各个子公司。

这是集团公司存在的基本价值，也就是集团公司总部的运作成本应该低于集团总部所创造的价值，或者说取得了整体大于部分相加之和的效果。而且你不仅要创造净价值，创造的净价值还要多于其他的集团公司母公司，你才有竞争优势。

这个话讲得通俗一点就是：我要成为我孩子的父母，必须要证明我能够帮助他成长，而且我给他创造的哺育条件是好于其他家庭的；如果我不能够这样的话，别人就像那些在股市上专门收购公司一样，进来把你这个家庭收购了，把我们父母两口子赶走，把这个孩子拿到另一个家庭去，因为另一个家庭能创造更好的生存环境更好的哺育优势。这是很多集团公司在制定自己战略时应该重要考虑的。

集团公司如何通过职能部门和服务创造价值？在集团领导通过直线关

系影响下属公司的同时，集团公司总部还有许多的职能和服务部门。它们可以通过提供职能指导和成本合理的服务为下属公司创造价值。

第一类职能是法人应该拥有的职能。比如，战略的制定，资产和财务的管理，人事的管理，法律的事情，资本运作的事情，这些都是作为一个法人应该拥有的职能。

第二类职能叫经营的职能。如果这底下的"孩子们"有共同经营的需要，比如说这四个企业生产的产品可以共同销售、共同采购、共同进出口，我就在上面设立一个营销部、一个进出口部、一个采购部；如果我下面三个"儿子"没有共同经营的需求，他们一个卖钢材、一个卖房子、一个卖毛衣，他们不可能共同采购、共同销售，大可不必设采购部、营销部。

第三类职能就是服务的职能，或者叫后勤服务的职能。有一些服务共享比单独建设要好，比如劳动保险。再比如，员工宿舍、食堂，也许在某一个阶段上，外面配套不好，由内部提供食堂、提供宿舍，这是非常必要的，要不然这个企业就不可能办起来。

这三种不同的职能，要以三种不同的原则去界定它，考虑有没有增值的效益。法人职能是非拥有不可的，核心业务也是要做的，但可大可小，还有很多相关的服务职能可以外购。比如，请会计师来做账，请管理专家来做战略，请律师来做法律顾问。关键是能不能建立一个共享优势，能不能通过这个共享让每一个子公司都能够享受到别的单独企业所不具备的优势。

你能不能以最低的价格提供最好的服务？如果不能做到这一点就不用干了。评价标准应该完全以交易成本来决定，是内部交易成本高还是外部交易成本高，比质比量比服务。如果你公司的食堂卖的饭菜5块钱而且又很差，别人盒饭3块钱又很好，你的职工要买外面的，结果你说不行，叫门卫说不准卖盒饭的进来。养着这种食堂的公司，最可能在内部养了很多没用的职能部门。

职能部门存在的理由就是价值创造高于成本，但是在相当多的集团公司中这些职能部门不仅增加了管理费用，而且创造了许多官僚主义、低效率和瞎指挥。

四、集团战略要与管理特点相匹配

笔者在大学里教书，有很多 MBA 学生，也有很多其他研究生。我经常遇到这样的问题，有学生来找我说，蓝老师你认识那么多企业，给我介绍介绍工作。我说，你想找什么样的工作。有一个学生说，你觉得现在哪个行业好赚钱，我就喜欢到最赚钱的行业去。这种学生我认为世界观有问题。原因是什么？他的基本出发点就是基于我这个人是什么都能干，只要机会好我什么都行。

另外一个学生可能说，蓝老师你都很了解我了，你看我这个人就这么大的本事，你看什么东西适合我，你就给我介绍什么工作。我就比较喜欢后者，因为他知道自己有什么长处有多少短处。这个问题是非常重要的。

有些人感觉两者似乎没有区别，但实际上，先考虑机会后考虑自己和先考虑自己后考虑机会，这表明了世界观的根本不同。

五、战略制定应当基于优势而不是基于机会

过去我们制定战略的时候用的是产业组织模型，也就是先考虑什么行业最赚钱，什么行业发展潜力最好，我就选择什么行业，制定一个怎么进入这个行业的战略。这个战略在 1995 年以后被另一个战略的流派所替代。这就是以资源为基础的战略模式，先不要看行业怎么样，先分析自己有什么资源，有什么能力，有什么核心专长，有什么别人偷不去模仿不了的优势，基于这一点再去分析哪个行业好、哪个行业最适合自己干。

六、从制造企业转型到高新技术是一种革命，而不是改良

在今天，IT 行业在诱惑我们，搞网络的也在诱惑我们，全世界都在谈高新技术，好像不搞高新技术就落伍了一样。但是，如果一个人穿着刚从腌咸菜的坛子里拿出来的西服，里面是红毛衣，裤子也提不起来，这样的人也大声宣扬，要进军高新技术产业，是不是会让人感到可笑？

有的行业，别人能搞，不一定你也能搞，你要看看自己公司的组织结构。如果在公司里，就你一个人说了算，底下人只会围着你转，都是没有

思想的"狗腿子",你能搞出高新技术来吗?如果公司每人穿着标准的制服,每天早请示、晚汇报,每天集合、排队进工厂,这样的企业干工厂可以,干高新技术是绝对不用想了。在生产线上,整天只做机械性劳动的工人、技术人员早就变得与机器一样了,让他去搞高新技术能有什么创新思维?

笔者觉得传统的制造企业进行战略转型必须想清楚,从制造业转型到高新技术,这绝对是一种革命,而不是一种改良。很有可能的情况就是,公司现有的人没有一个可以进入到新的行业去,而必须进行彻底的改造。这两者的区别是基本世界观的区别。

站在高新技术面前能够挺住的就是那些世界观过硬的企业,挺不住的就是那些世界观不过硬的、容易被别人诱惑的企业。当然,笔者不是简单地反对高新技术,而是认为迎接高新技术之前,最好先把自己"打扮打扮",不要把那种皱巴巴的西装穿上就出门。

企业集团的业务选择要与管理特点相匹配:首先要会分析自身的管理特点,当你知道了科龙的管理特点之后,你就会知道,科龙为什么没有多元化而坚持专业化成为第一。

七、科龙为什么没有多元化

大家都知道,科龙是中国企业中最坚持专业化的,而且也是专业化搞得最成功的。

科龙是搞制造出身的,有一个绝好的比喻。科龙像一个机械师,猫着腰在车间搞质量搞成本,这时"多元化"的诱惑像子弹打过去,正好从他头上飞过去,打中下一个人,科龙起身一看,多元化已经打死一个人了。这事我不能干!科龙实在是运气太好了,科龙没有多元化恰恰不是由于它非常聪明,而是因为它对外界的诱惑不是很敏感。科龙的特点决定了它不可能发现这样一个诱惑。

科龙的战略选择,是由其成长轨迹决定的。当我们对科龙进行历史分析的时候,发现有几件事情决定了它价值观的形成。

科龙是最后一个进入冰箱行业的。当时顺德有一个冰箱行业的"带头大哥"——万宝冰箱,然而没过两三年,万宝就"英年早逝"了。当时冰箱非常好卖,卖一台能赚几千块钱,万宝就是在这种情况下"萝卜快了不洗泥",质量出了问题,导致很快衰亡。万宝的"英年早逝"对科龙的影响是极其深远和长久的,科龙因而坚信,做企业一定要以质量取胜,没有质量企业肯定要完蛋。

如果公司老总是搞文学的,这个公司大概不可避免地要多元化,而搞机械、搞技术的人一般来说都比较专一。科龙公司从上到下注重质量和技术的人多,这就形成了一种企业文化。

众所周知,科龙是国内唯一在中国香港和内地上市的乡镇企业。资本市场的融资、国际市场的开阔视野对科龙的发展起了非常大的作用。科龙为什么要上市,为什么一定要在香港上市,很大程度上是因为当时的主管部门曾有意要把它卖给美国 GE 公司,要价 5.5 亿美元。这时公司的领导层才真正意识到,原来自己这么多年的辛苦结晶并不属于自己,公司领导层受到非常大的刺激,因此下决心要排除上级主管部门在治理结构上的影响,于是决定一定要在香港上市,而且流通股比例达到 70%。现在,科龙已经变成了一个具有国际化风范的社会公众公司,现在科龙的领导层能够健康变动,是因为当年潘宁建立了一个好的治理结构的结果,这是一笔很大的遗产。

八、创建基于哺育优势的集团战略

集团公司的战略必须考虑为子公司建立哺育优势。也就是说,在集团公司总部的影响下,其下属的公司在其领导之下会比其独立存在或者在其他公司之间存在更有效果。也就是说,我的孩子,不但在我的家庭里健康成长、生活幸福,而且应该比在别的家庭里生活更幸福,这就是哺育优势。

建立和发挥这种哺育的优势,应该是制定集团战略组合以及选择集团公司管理结构机制的一个基本的原则。就是一定要用适合于你行业组合的管理模式和风格去管理这个行业组合。也要根据公司的管理特点、文化特色去选择你的行业组合,这两个要匹配。

我们必须找寻集团的优势所在。面对公司的行业组合,我们有什么优势可以让它比在别的家庭或者单独存在更幸福呢?如果没有,那么,这个公司就没有在我们集团存在的理由。如果我要搞房地产,必须能够保证这个房地产比他单独搞赚更多的钱,也比他在别的集团中更能赚钱;如果做不到的话，就别搞了。

搞不搞高科技，不能只看它赚不赚钱，还要看高科技适合不适合在我的家族里，如果我家庭气氛不对，管理风格不行，那么它肯定死。为什么？在一个制造企业的文化里，可能很难允许高新技术的"奇花异果"在里面长出来！一个企业在成功之前，重要的是如何抓住机会，要能认识到这个机会不是我的、是别人的，我不适合这个机会，这也是很重要的。

因此，具有哺育优势的企业集团的战略要点是：由管理特点和行业组合的匹配而产生哺育优势。

（原载《迈向世界级企业——中国企业战略管理研究》，企业管理出版社2001年版，第190～201页）

竞争性行业大型国有企业的改革向何处去

按照目前政府对国有企业改革所采取的两项基本政策与思路，可以对不同国有企业发展和改革的方向做出一个颇有意义的划分。首先，我们可以根据国有企业要逐步从竞争性行业撤除的政策，将国有企业按所处行业性质划分为两大类：一类是竞争性行业的国有企业，另一类则是非竞争性行业的国有企业。其次，我们可以根据"抓大放小"的基本思路，将国有企业按资产或销售的规模划分为两大类：一类是大型国有企业，另一类则是小型国有企业。如果将这两种分类的结果放在同一个矩阵之中，那么我们就大概可以知道国有企业改革的基本方向（见图1）。

	非竞争性行业的国有企业	竞争性行业的国有企业
大型国有企业	1 保持	2 保持/撤退
小型国有企业	3 保持/撤退	4 撤退

图1　国有企业改革的矩阵

从目前的情况来看，第4方格中国有企业的发展和改革的思路是最清楚明确的。第1和第3方格中国有企业的发展和改革的方向也是基本确定的，未来这两个方格中的国有企业也会逐步地减少而进入第2和第4方格。然而，第2方格中大型国有企业所面临的问题和困难最多，发展和改革的方向也最不明确。国有资产在竞争性行业中是欲退不能、欲进不赢。一方面，竞争性行业中的大型国有企业在职职工、不良资产和债务多，国有资产的撤退可能会引发一系列的经济和社会问题；另一方面，这些大型企业又因其技术高、规模大和素质高，而可以暂时在发展民族工业和走向国际市场方面发挥重要的作用。因此，从中央到地方的政府对这些企业所采取的政策好像名退实进，对各地竞争性行业中的大型国有企业采取扶持而不是撤退的政策。结果受这种政策的引导，国有资产在这种企业中的比重还有增加的趋势。竞争性行业中的大型国有企业究竟向何处去，应该继续扶持、自然发展还是主动撤退？政府应该继续拿出几百或上千个亿去扶持它们，还是将这部分的资金用于发展中小民营企业？这是亚洲金融危机爆发之后，国外和国内最为关心而又最需要解决的问题，而要从根本上回答这一问题就必须了解竞争性行业的大型国有企业在政府的扶持之下会不会依然如故，或者造成国有资产更大的损失。本文题目中所说的"大型国有企业"就是指的第2方格中的企业，即在竞争性行业中的大型国有企业。本文所要探讨的就是我国政府应该如何通过经济和行政管理体制的改革，避免这些企业在享受或争取享受政府优惠政策的过程中再犯相同的错误。

一、基本的行为模式及其结果

探求大型国有企业发展和改革的基本思路，必须了解过去这些企业的行为模式是什么，这种行为模式带来的恶果是什么。如果这种行为模式不能够改变，那么政府对这些企业的扶持政策就不可能发挥作用，或者反而会引发或加剧社会其他方面的危机。

我国竞争性行业中的大型国有企业在20世纪80年代后期和90年代初期的发展速度达到了最高峰，今天在竞争性行业的国有大型企业大多数是这一时期高速发展的产物。但是，这种高增长被历史证明是以粗放型的方式实现的，今天这些大型国有企业所遇到的困难和整个国家所遇到的许多经济问题都是原来的那种增长方式的后果和应该得到的惩罚。这一时期，我国大型国有企业发展迅速的各种原因可以简要说明如下：

（1）国有企业发展迅速的外在动力产生于政府职能的转变和政府的推动。在政府将工作重点转移到经济建设上来之后，各级政府和政府的各个部门都把发展经济放在了所有工作的首位。国有企业的性质决定了它们是这种转变的最直接和最强烈的感受者，各级政府对国有企业所施加的压力是非常之大的。

（2）国有企业发展迅速的内在动力则来自于"两级放权"之后所产生的活力和利益驱动。在中央对地方放权和政府对企业放权之后，企业获得了一定的自主经营权，企业的管理者、职工以及企业的上级和相关的管理部门都可以从企业的发展中得到许多的实惠。企业发展越快，各种实惠也就越多。

（3）国有企业发展迅速的大好机会主要是来自于经济体制转变和对外开放。在计划经济条件下，社会生产力和社会的需求受到了巨大的压抑。因此，在从计划经济向市场经济转变和对外开放的初期，社会需求和社会生产力就会有一个极大的增长。在这样的环境下，绝大多数的国有企业都可以获得高增长。

（4）国有企业实现高速度增长的关键支持因素是原来的金融和信贷体制。当时中国的五大银行都是国有的，并且从上到下都受政府和银行的双重领导。政府需要资金发展经济，同时又可以在相当大的程度上控制银行的信贷。"以投资带动增长"和"以速度代替效益"就是在具备了这样的条件下出现的。

（5）国有企业的高速增长主要是依靠多元化发展实现的。由于政府的压力大，经济体制改革和对外开放所提供的市场机会多，银行信贷容易，资产保值和增值的要求不高，通过相关或不相关多元化而利用各种机会，成为企业实现高速增长的主要战略。

总结这一时期我国大型国有企业的发展，我们可以将它们的行为模式概括为一种比较典型的"政府推动下的企业趋利模式"，其表现形式就是"多元化实现高增长、高负债形成高投入"。从表面上看，这是在市场上追求利润的行为，是政府、企业、管理者和职工都高兴的模式；但是从长远和根本上说，这种模式是低效率和不健康的。政府大力推动，企业盲目投资，银行信贷失控，其恶果在后来才逐步表现出来。1994年以后，竞争性行业的大型国有企业开始陆陆续续陷入困境，而且处境越来越艰难。经济体制转变和对外开放对社会生产力和社会需求增长所产生的刺激作用已经下降，企业面临的市场机遇越来越少。取而代之的是，市场需求的不足和社会生产力在低水平上的过剩。由于各个大型国有企业都程度不同地采取多元化的战略，因此我国的绝大多数行业在社会总需求不足的前提下，都不同程度地出现由于进入过多而导致了行业竞争结构恶化的现象和趋势。而按照迈克尔·波特的观点，行业结构的恶化就一定会影响该行业中各个企业的盈利水平。在金融信贷体制改革和银行商业化的作用下，这些企业不仅难于继续推行其原来的多元化扩张战略，而且身受原来战略之苦。理论和实践证明，为追求新机会而过快、过多和盲目的多元化发展是一个危害极大的战略。1994年以后，我国企业已经丧失了继续采用这种战略的理由和环境。过去采用了这种战略而未能、无法或及时实现战略转变的大型企业都已经受苦或不再存在了。

从1995年底开始，国家已经意识到了大型国有企业在战略上出现的问题以及当时这些大型国有企业面临的处境。党的十五大提出了实现两个根本转变，并且从实现这两个根本转变出发，提出了围绕搞活大型国有企业的一系列政策，其中主要的内容是：①大力发展多种所有制并存的混合经济，国有资产将逐步从竞争性行业中撤退。②"抓大放小"，扶持和发展大型国有企业，对中小型国有企业实现产权改造。扶持政策包括在税收、信贷、上市等各方面给予优惠。③促进企业实现强强联合，调整和优化产业结构。

正如图1中所示，中央政府的前两条政策是很清楚的，第三条政策也是正确的。但是，经过一两年的实践，其效果却让人感到并不是那么有效，而且正在偏离政策制定者的初衷。最为典型和普遍的案例就有这样一些企业：它们在地方政府的行政压力和国家的各种优惠政策的诱惑之下，主动或被迫与一些中、小国有企业进行所谓的"强强联合"或资产重组，并以此成为"大型国有企业"，然后去争取获得国家给予这些大型国有企业的优惠政策，尤其是优先上市的指标。其中有三种现象尤其值得引起注意：①在竞争性行业中，大型企业的国有股份没有像预期的那样在减少，有的还在增加。一些原来就是集体所有制的企业、已经进行了股份制改造的企业和部分外商占有大股份的企业在这个过程中又变成了国有独资企业或国有资产占大股份的企业。②在创造"大型国有企业或集团"的过程中，原来在理论和实践上被证明是错误的增长方式——粗放型的增长方式，并没有被放弃；相反，在一定时期内还有大力应用的倾向。全国共6个企业有争取进入"世界500强"、"512家"和"1000家"企业；各级地方政府则开始抓自己的"重点企业或企业集团"；"重点企业"纷纷提出一些像"大跃进"时期"超美"或"超英"式的目标和完全超出实际的投资计划。这些企业中的相当一部分是属于竞争性行业的。③出现了许多以争取上市或扩股为目标的"强强联合"或"资产重组"。各级地方政府在上一轮的经济高速增长中,得到的是大量的不良资产和不良债务。它们通过让竞争性行业的大、中、小型企业实现"强强联合"和"资产重组",从而利用国家"抓大"的优惠政策,用从股票市场筹集到的钱去填自己的"窟窿"。这种"强强联合"或"资产重组"将来又会带来许多后患。

总结从1995年以来的"抓大扶大"工作,我们认为竞争性行业大型国有企业的行为模式并没有很大的改变,仍然是"政府推动下的趋利模式"。但是其表现形式发生了变化:①政府的行政推动力小了,但是优惠政策的吸引力大了,目的仍然是推动高增长,企业的行为更大程度上在受优惠政策的驱动;②多元化仍然是高增长的主要途径,但是多元化的实现方式在内部增长之外又增加了外部的重组、购并;③在商业信贷越来越困难的情况下,国家注资、股市筹资和重点扶持贷款成为资金的主要来源。

"中央出政策,地方出对策,下面的企业按照对策拿政策",这是许多地方政府和大型国有企业在"抓大放小"和实现"强强联合"过程中的做法。①中央政府采取"抓大"的政策实际上是一种以退为进的策略。对中小国有企业实现产权改造和逐步从竞争性行业中撤退,既可以发展经济,又可以促进国有资产的保值和增值。"抓大"的方式主要有两种:一是采用优惠政策去帮助大型国有企业,二是通过优惠政策促进"强强联合"和资产重组优化产业结构。②各个地方政府及其各个部门本来没有什么非竞争性行业的企业,但是希望自己属下竞争性行业的企业成为"大型国有企业",获得优惠的政策。它们不仅积极地通过资产重组在非竞争性行业创造大型国有企业,而且不惜对竞争性行业的企业增加国有资本金。这一方面是因为"大型国有企业"越多,越可以更加充分地利用国家给予的各种优惠政策;另一方面在这些"大型国有企业"利用国家优惠政策的同时,地方政府本身的一些困难也可以得到解决,解决新项目的资金问题及减少失业和不良债务对政府的压力。③竞争性行业的大型国有企业都在千方百计地争取成为"重点大型国有企业",因为这是获得一系列优惠政策的大好机会。同时,成为地方或国家重点扶持和发展的对象还会有许多其他方面的好处。因此,在这一段时期内,还不够大的企业就靠外部的收购或重组尽快变大;无法自己收购的企业就靠政府推动或干预,将许多中小企业归在一起而变成"大型企业或企业集团"。在实践已经证明多元化,尤其是不相关多元化的战略不好的情况下,为了成为大型企业或者能够成为大型企业,相当多的国有企业却仍然坚持采用这种战略,而且还加上了"资产运作"和"强强联合"的名义。

在地方政府、企业、管理者和职工都在玩这种"大家乐"游戏的时候,没有人注意这些大型企业或集团企业在经营上有没有必要进行"强强联合"或资产重组?"强强联合"或资产重组之后有没有增加核心专长或改变战略或增长方式?这些企业的技术改造和内部管理是否得到了加强?联合或重组后能否给股东以合理的投资回报?是否符合国有企业要从竞争性行业撤退的基本要求?如果我国企业的这种行为模式不能够改变,那么大力扶持大型国有企业就不会有什么实际的效果;相反,可能导致类似韩国大型企业面临的问题和处境。

二、决定行为模式的关键因素

与其他国家的企业一样,竞争性行业中大型国有企业的行为模式实际上是受两种类型的因素影响而形成的,一种是制度因素,另一种是市场因素。所不同的是,这两种因素的内容和发挥作用的方式具有我国的特点。企业在选择其战略和实现战略行为的时候,会根据趋利避害的原则分析上述两类因素的影响。所谓市场因素,就是包括了与一个特定的国家或地区的市场的成熟程度、市场交换手段的先进性和市场运作的有效性有关的各种因素。制度因素是指一个国家或地区可以影响企业的各种制度和政策因素,简单地说就是在一个社会中特定类型企业的"游戏规则"。这些规则包括了对个人或企业行为的正式和非正式的限制,也同时决定了个人或企业的价值取向和选择。企业建立的目的就是要在各种制度因素下将自己活动的收益最大化。如果制度因素改变了,企业的行为模式就会发生根本的改变。

(一)制度因素

国内外的历史和经验表明,政府从稳定社会和提高国民生活水平的目的出发,把推动社会经济的发展当作自己的主要职责是正确的。但是,为了使经济的发展能够促进社会的稳定和国民生活水平的提高,政府推动经济发展的手段必须要有所限制。西方国家在如何通过财政、税收、金融、外交和法律手段去间接推动经济的发展方面有一整套的方法和经验值得我们借鉴。但是，我们国家是社会主义国家，长期实行计划经济和公有制，一直是政府直接推动经济发展。在实现从计划经济向市场经济转变和发展多种经济成分并存的混合经济的过程中，新旧体制和新旧制度的混合形成了一个特殊的制度环境。在这个制度环境之下，政府直接推动下的国有企业的行为就会形成如前所说的模式，并且不可避免地产生如前所说的结果。

第一，政府是非竞争性行业大型国有企业国有资产的所有者代表，就不可能做到"政企分开"，不可能排除政府对这些企业的直接干预和承担最终的责任。当政府急于促进经济发展和解决就业问题的时候，政府就可以直接要求企业加大投资、加快发展，而把国有资产保值、增值的职责放在第二位。当这些国有企业因为竞争过度或负债过多而出现经营亏损和财务问题的时候，政府又会以各种优惠政策去挽救这些企业，这就会要么增加财政的负担、要么增加银行的坏账。两种情况之下，企业的行为模式决定了它们不可能做到国有资产保值、增值的最大化。

第二，各级地方政府是各级地方国有企业的国有资产的所有者代表，那么各级地方政府就一定会在不同程度上以牺牲国有资产保值、增值的最大化的目标来促进本地经济发展和居民就业。因为发展地方经济是这些地方官员"政绩"的直接和综合的体现，国有企业是他们唯一可以直接"动用的力量"。实践证明，无论中央政府如何强调产业结构的优化，各级地方政府为争速度而"推动"本地企业的过于高速度发展是造成产业结构恶化和国有企业资本、资产结构恶化的最重要的原因。同时，在国有企业实际由地方政府所有和管理的情况下，全国或者一个省的产业结构优化就不可能靠政府的力量来实现。由于盲目和重复投资而导致的国有资产流失就不可能制止。实际上，只要我国国有资产还是被地方政府所实际拥有，国有资产的所有权就是分散和割裂的，国有资产与国有资产之间的恶性竞争和两败俱伤的局面就是难于改变的。

第三，在银行、工商、税务、商检、消协、海关、新闻机构和公安等都归地方政府管理，或者能够被地方政府所指挥的情况下，我国市场实际上被分割的状况就很难改变。地方政府实际上拥有了各种各样的手段去保护本地的企业，使其感到"在家千日好"；同时，去排斥外地企业，让它们感到"在外一日难"。只要地方保护主义不除，竞争性行业的大型国有企业就很难实施集中经营和横向并购的战略,各行各业的结构优化就难以实现。

第四,如果国有企业的管理者是由地方政府任免、考核和奖惩的,那么国有企业的战略决策和经营决策就必然会受地方政府官员的支配,企业的行为一定是服从地方政府的行为。对于地方国有企业来说,中央的政策不如地方政府的对策,中央的优惠当然不如地方政府的实惠。

在这样的制度环境影响下,政府推动实际上就是政府在不断地压国有企业,使其在竞争性行业中实现高增长。如果国有企业能够按照政府的要求追求高增长,那么政府就会在注资、信贷、税收等方面给予企业许多的优惠;如果这些企业实现了高增长,那么政府就会给企业的管理者许多的实惠,包括提升、提薪、各种待遇和名誉等;如果这些企业没有实现高增长或者伤害了企业和地方的长远利益,那么地方政府可以对上"承担责任",对下加以保护。而至于这些企业的行为是否在宏观上引起了什么不良的后果,大可以归罪于体制的原因。

(二) 市场因素

如果竞争性行业中的大型国有企业在政府的推动之下,能够在一个比较完善的市场经济条件下谋求高增长,那么就会选择集中增长或者横向购并的增长战略。但是,我国市场经济的水平低,市场经济的体制还没有完全建立起来,因此这些企业在这种情况下,就比较自然地选择了不相关多元化的战略。而这种战略已经被国外研究证明是经济效益最差的战略选择,同时国内企业的实践也已经越来越清楚地证明了上述研究结论的正确性。

第一,在市场分割的情况下,不相关多元化是实现高增长的最佳战略选择。我国的市场大,且市场的潜力更大。面对这样的市场,竞争性行业的企业是完全应该采用集中经营和横向并购战略的。但是,这个巨大的市场实际上是被分割成了许多相对封闭的部分。各个地方政府为了发展本地经济,增加本地的就业和本地的税收,自觉或不自觉地通过自己管理或影响下的工商、税务、商检、消协、银行和公安等地方行政机构给本地企业以各种优惠、方便和保护,同时也就对外地企业的市场开拓和异地经营设立了障碍。因此,我国企业对"家乡"和"外地"的感受都非常强烈。市场的分割是市场经济不完善的典型表现。在这样的情况下,企业从趋利避害的原则出发，自然不会选择时间长、难度大的集中或横向购并的战略。而且，一个企业增长的压力和异地经营的难度越大，那么其采用不相关多元化战略的可能性就越大。

第二，"大有大的好处"，不相关多元化是企业享受这种"好处"的有效途径。在相当长的时期内，我国电力、邮政以及通信事业的滞后使许多地方还不能够迅速、准确地接收到各种市场信息；由于政府机构管理不善，许多企业可以传播各种不实或误导消费者，甚至欺骗性的信息；由于市场中介机构少，而且所起的作用有限，而不能给市场大量和可以信赖的服务；由于居民的文化水平参差不齐，因此他们接受、理解各种信息的能力也高低不同。在这种情况下，大公司和知名品牌就成为影响顾客消费行为和投资行为的主要工具。因此，通过多元化发展而组建起来的企业集团既可以分担重塑品牌的投入，又可以借助大企业集团的形象和品牌的知名度而捞到许多好处，包括获得各种优惠政策、低成本吸纳资金、开拓市场、吸纳人才、吸引外资，以及处理法律纠纷和社会关系等等。

第三，金融市场的不发达和企业资金的严重不足使多元化发展、集团化经营成为一种理想的融资手段。由于金融市场不发达和企业资金的严重不足，企业集团作为资金放大器的作用就能够充分表现出来。全世界的新兴市场国家中的企业都喜欢采用企业集团的组织形式。以一个企业集团为例，如果该集团向银行借款1000万元，它就可以将这些借款变成资本金而分别投资兴办10个二级企业；然后，再由这些二级企业分别向银行贷款，那么这个企业集团实际上向银行融资至少2000万元。在这种情况下，不相关多元化发展不仅有机会，而且还可以获得企业发展所需要的资金，那么又何乐而不为呢？①一部分国有企业实际上是通过不断上新项目来获得政府拨款，或者政策性低息贷款；②一些企业通过不断与外商合作，用上合资项目来吸引外资；③更多的企业实际上是利用多元化、集团化来扩大自己向银行贷款的渠道。

三、对非竞争性行业大型国有企业改革的几点建议

基于竞争性行业大型国有企业的行为模式及其所带来的危害，我国经济和政治体制的改革要在继续目前的方针和政策的同时，加大力度改变现有的制度因素和市场因素，从而使这些企业的战略选择和行为模式能够彻

底改变。今后一段时期内，国家经济和政治体制改革的重点要放在：①不能让各级政府有可能以牺牲国有资产的保值、增值最大化为代价，去推动国有企业不切实际地追求高速度；②继续推进市场经济的建设和完善，减少地方保护主义和市场的割据，增加市场的有效性。在竞争性行业的大型国有企业还不能改变其原有的行为模式之前，要谨慎采用扶持政策，应该考虑把更多的财力用于扶持中小私营企业的发展。建议国家经济和政治改革方面采用五条有效的措施。

（一）坚持"政资分开"，将政府和国有资产管理机构逐步分离

国有资产的所有权代表是政府，并且由政府来行使国有资产的管理和监督的职能，其实际的效果与所有的商业银行都直接归政府管理和监督是一样的。如果银行变成了政府推动经济发展的直接工具，那么银行就变成了政府的财政部门，银行家就变成了政府的司库。如果国有资产的管理和监督归政府，那么国有资产的保值和增值的最大化就很难真正成为地方政府的职责。因此，我们建议国有资产的所有权代表由独立于政府之外的机构担任，或者要求各级政府定期公布国有资产保值和增值的情况。把国有资产的保值和增值当作政府职责来考核和监督。如果这种改革的思路可以实施，可以大大地减少政府为了自己在某一个阶段的"政绩"而"乱用"国有资产的可能。

（二）对国有资产进一步分解，明确和落实资产管理的责任

现在，国有资产的管理体制是各级政府都是国有资产的所有者代表，但是各级政府又都可以对国有资产不负责任。各级地方政府都可以牺牲"全国的国有资产"保值和增值最大化，而为地方、地方政府和地方政府的官员创政绩、争利益。现在我国的税收制度已经改变成为分税制，即分为国家税收和地方税收，这种税收制度的改革已经表现出了非常积极的作用。我们能否对国有资产的所有权也做一个类似的划分，正如美国一样，联邦有联邦的资产，各个州有各个州的资产，各个县和镇也有自己的资产。地方的税收和地方的资产收益归地方政府使用、管理，并由地方的人民代表大会行使所有权和监督权。这种做法的好处在于：①使国有资产的产权归属明确，经营的职责落实；②有利于调动中央和地方两级政府的积

极性；③可以比较彻底地解决各个地方政府盲目追求速度、乱投资的问题。

（三）逐步加强中央的经济管理能力，减少各级地方政府的经济管理职能

改革开放以来，我国政治和经济体制改革的基本思路就是中央向地方政府放权。原来中央的经济管理职能纷纷下放到了地方或者与地方政府共同管理。这种政策的制定是出于对原来过于严格的中央集权和计划经济体制的"反叛"，也是当时急于要调动地方积极性、大力发展生产力的需要。实践证明，这种"放权"的政策在生产力低下和管理手段落后的条件下是发挥了重要的历史作用。但是时至今日，市场的分割和地方保护主义已经日益严重地阻碍了生产力的发展，阻碍了非竞争性大型企业的发展。同时，政府权力的过度分散还在一定程度上造成了整个经济活动的混乱：①企业的规模经济效益低下；②基础建设重复投资；③各行各业竞争过度和产业结构无法优化；④假冒伪劣产品冲击市场；⑤走私活动猖獗；⑥给外国企业的非法进入制造了机会；⑦地方政府过于庞大和工作效率低下。为此，我们建议中央在进行机构改革的过程中，对规范和管理市场方面的职能像海关和银行一样实行集权和专业化的管理，例如工商、税务、商检、卫生、防疫等。为排除地方政府的干扰，这些部门在各个地方的官员要独立任免，互相调动。对需要由地方政府行使的职能，一定要加强中央政府的监督，并且明确规定中央政府的协调职能和介入的条件。

（四）设立国有资产在竞争性行业大型国有企业所占比例的合理上限

历史的教训和全球化竞争日益激烈的趋势告诉我们，国有资产一定要逐步从竞争性行业中退出，这已经成为改革的一个基本政策。但是，我们在实践中却总是规定国有资产在国有企业中的下限而不是上限，这种做法和上述基本政策是矛盾的。例如，我们规定国有企业必须是国有资产占大股。我们在选拔重点大型国有企业的时候，也把国有资产是否超过50%看成一个关键的标准。能够优先上市的企业必须是国有资产占多数的公司。这种政策必然导致许多集体所有制企业要求变成国有企业；已经改造成为股份公司，而且国有资产比例是少数的公司又要求再改回国有控股或

国有独资的公司。

我们建议国家制定一项政策：规定一定时间之后国有资产在竞争性行业的大型国有企业中不得超过控股的比例（英国的规定是 20%），例如 25%。凡是超过 25% 的公司，政府必须承担无限的责任。这个政策的实施将会迫使各级地方政府按照一个时间规定，有计划地退出竞争性行业。建议政府采用这个比例是有想法的：首先，可以保持对这些企业的监督，以稳定就业和保证社会安定；其次，也不会形成政府对这些企业的干预；再次，可以防止国有资产的流失；最后，还可能借助私营资本实现国有资产的增值。在此基础上，今后还可以根据需要规定国有资产在所有企业中的比例，否则政府要承担无限的责任。

（五）建立外部董事制度，加强对国有资产和国有企业的社会监督

为了配合上述改革建议的有效实施，建议在大型国有企业，尤其是竞争性行业的大型国有企业中采用聘请外部董事的制度。在建立现代公司制度的过程中，我们只是规定政府官员不能在企业内部担任董事，但是这就使公司的董事全部由企业的管理者担任。从某种意义上来说，两种人担任董事是一样的，而且后者的结果有可能更差。因为企业管理者是政府任命的，也是政府官员。没有政府官员的监督，企业管理者就可以更加方便地利用董事会达到自己的目的。在"政资分离"的基础上，我们认为新的国有资产公司、部门还是应该加入董事会，并且可以从专家、教授、律师、银行高级管理者、证券人士、行业组织和其他企业的管理者中聘请外部董事，参照国外的做法确定外部董事的比例，规定他们的权利、责任和收入。外部董事的职业道德和名誉对他们的行为有一定的约束，同时也有相应的法律规范他们的行为。美国就是按照"应有的关心"的原则，来追究外部董事的责任的。这就要求外部董事要像关心自己的财产一样关心其任董事的企业的财产。

（原载《世界经济与政治论坛》1999 年专刊，第 105～111 页）

走进核心竞争力

企业应当建立核心专长已不再是新论，但在哪儿建立以及如何建立等问题上，学问还是不小的。关键要打破旧观念，重瞰新世界。面对新世纪，中国经济发展的主要任务是要在经济国际化、市场全球化、竞争动态化和技术发展日新月异的环境下，实现从数量赶超向竞争力赶超的转变。为此，承担这一历史重任的中国企业应该致力于使自己成为"世界级的企业"，而领导这些企业的经营者，必须在世纪之交的重要时刻及时地实现战略思维方式的更新。

一、把握机会固然重要，把握核心专长更重要

改革开放使中国在20世纪后20年里成为一个充满机会的国家。在竞争相对不激烈的时期，大多数企业只要发现和及时地利用机会，就可以比较轻易地获得高于平均水平的利润。因此，寻求好机会就成为企业管理者进行战略思考的起点和进行战略选择的重点。

在20世纪80年代中至90年代初，采用多元化，甚至不相关多元化战略应该是一种正确的选择。当时不仅机会很多，更重要的是竞争机会的企业不多。所以，发现机会和大胆地进入已经可以说是成功的一半了。事实上，广东许多大型集团公司都是在这个时期发展起来的。当然也有一些集团公司在推行不相关多元化战略过程中出现策略上的失误，这些失误大约可以归纳为四个方面：①在自己的主业立足未稳的时候，就过早多元化；②盲目多元化，出现组织结构与行业组合不匹配；③在资源、人才有限的情况下，过快多元化；④过分多元化，造成不相关多元化的成本超过了不相关多元化的收益。

展望新的世纪，需求不足和竞争激烈将成为我国企业所面临的新问题。因此，寻求好机会固然重要，但是否具有把握机会所需要的核心专长才是关键。今后市场的机会会变得越来越少，而围绕着新机会的竞争确实越来越激烈。如果一个企业没有足够的资源、能力和核心专长，机会就有

可能变成陷阱。现在那些饱尝不相关多元化之恶果的企业多是在90年代中期仍然或者才开始多元化的集团公司，它们没有注意到市场机会越来越少，也没有对机会争夺的激烈性予以充分认识。

事实上，国外企业在经过六七十年代的高度多元化发展之后，已经不再认为不相关多元化是一种可以选择的战略。即使是自己所处的行业已经没有发展潜力，确实需要多元化进入新行业，也要从发挥核心专长的角度选择与原来行业有关的新行业。

因此，我国企业管理者战略思维的基本模式，应该实现从以发现机会为主转向以核心专长提高为主，应该把对企业资源、能力和核心专长的分析而不是行业吸引力分析作为战略思维的起点，应该把核心专长的发挥而不是抓住更好的机会作为战略选择的关键。

二、"伟大"的行业是由"伟大"的战略创造出来的

在我国市场经济体制和市场竞争机制尚不完善的条件下，我国企业所关注的好行业主要是政府扶持、鼓励和保护的行业。但是面向新世纪，好行业是企业创造出来的。只有大企业充分地认识到自己的战略行为是不属于自己的，各个行业的竞争结构才可能优化。

首先，政府能够扶持、鼓励和保护的行业会越来越少。因此，我国大多数企业，尤其是在各个行业中占据领导地位的大企业应该看到自己的命运主要将决定于自己。"等"和"靠"绝对不应该成为一种战略选择。在经济国际化和市场全球化的时代，政府所提供的行业扶持和保护政策的力度将会逐步减轻，方式也会越来越明显地体现出公益和公平的原则，"争取"将会代替"加封"成为企业获得扶持和保护的主要途径。

即使存在政府保护或者扶持的行业，那么这种行业中的企业依然需要注意提高自己的核心专长。因为：①在市场经济还不完善的情况下，政府保护或者扶持往往会成为潜在进入者注意的信号。它们会想尽办法迅速地跟进，很快就出现行业进入者太多和行业结构恶化的问题，最后还是要拼核心专长。②即使没有很多新的进入者跟进，也还有其他替代行业或者服务。例如，就在政府采取限制价格竞争和努力保护民用航空运输行业的时候，高速长途汽车和短途火车已经迅速发展起来。因此，企业在决定是否应该进入一个具体行业的时候，首先就应该分析自己的核心专长。

其次，企业应该从被动地适应行业特点或者规则转变为主动地改造行业特点或者规则，应该从盲目地寻找好行业转变为以企业的战略行为创造好行业。例如，饮料行业应该不是一个特别好的行业，但是这个行业确实存在着两个盈利水平很高的全球化企业——可口可乐公司和百事可乐公司。我们之所以说这个行业不是特别好，一是因为这个行业有一个不用钱就可以享用的替代产品——水（这在西方国家表现最为明显），按照一般经济学理论，这个行业的利润率不可能高；二是因为这个行业受运输成本的限制，市场应该是非常分散的，因此行业的集中度应该低，不可能出现全球化的企业。但是，两大公司通过大量的广告和其他策略使自己的品牌成为一种文化和生活方式，通过网点的建设使可乐在许多情况下比水还方便，"迫使"人们选择可乐而不是水。两个公司还采用了原液厂——灌装厂和全球范围的DSD（点到点）的生产和运输系统，克服了运输成本的限制，使自己在一个本来是分散的行业中成为全球化的企业。值得注意的是，两大可乐厂的原液厂的毛利在80%以上。对于两大可乐公司来说，饮料行业是一个"伟大"的行业，但是这个"伟大"的行业基本上不是天然的，而主要是由"伟大"的战略所创造的。

三、建立核心专长的方式也将大变

在从计划经济向市场经济转变的过程中，我国企业建立核心专长的主要途径是获得资金、人才、设备、原材料等生产要素方面的优势，这些优势因为没有完善和有效的市场而具有很高的可保持性。随着各种生产要素市场的形成和完善，上述生产要素已经可以从市场上获得，因此，以此为内容的竞争优势也就能够轻易地为竞争对手所模仿和学习。面对未来，企业建立核心专长的方式会发生很大的变化。

首先，核心专长的大小不仅在于拥有多少资金、人才、设备和原材料等资源，更重要的是这些资源是否集中于关键的环节或领域。这些领域或者环节是：①顾客认为重要的领域；②在价值链上最重要的领域；③易于扩展或者发挥的领域；④自己可以控制的领域。关键领域的选择会因行业的不同而有所差异，但是从一般意义上说，营销、研发、渠道和服务的重要性正在迅速地上升。建立核心竞争优势最不应该选择的领域就是超出自己控制之外的领域，例如把自己的核心专长建立在政府保护或者特许的基础之上。

其次，企业的核心专长将主要不是来自有形的资源，而是来自无形的资源；将不是来自一种产品或者技术的拥有，而是来自多种知识与技能的综合；将主要不是来自企业外部，而是根植于企业组织与文化。核心专长不仅应该表现于关键的领域，而且应该具有很高的可保持性。

那么，什么样的竞争力才是竞争对手难于模仿或者学习的呢？①与特定历史阶段或者特定的历史经历有关的，因为历史是不可以重复的。例如，可口可乐全球化的优势与其在第二次世界大战期间服务美军的历史经历有非常密切的关系。②具有综合性或者体现了整合效果的竞争力。例如，强大的研究开发能力就需要市场提供的信息、生产部门的配合、鼓励创新的企业文化和良好的激励机制。③根植于特定组织结构和文化的竞争力。不同的企业会在不同的社会文化和历史经历中形成不同的价值观念、管理风格以及与此密切相关的组织结构。根植于组织和文化的竞争力是很难模仿或者学习的，正如当年美国企业学习日本管理经验一样，最后的结果还是证明创新比模仿来得更容易。

四、常"挨打"的没有倒下，经常"打人"的反而倒了

过去企业战略管理是在相对静态的竞争环境下进行的，企业战略选择是建立在可保持的竞争优势基础之上的，企业获得长期高于平均水平利润率的主要途径是不断巩固和发挥自己原有的竞争优势。例如，国内某家著名的家电企业在改革开放之初就依靠政府的扶持而建立了规模、成本优势，然后就长期依靠和不断地发挥这些优势来获得高于行业平均水平的利润率。但是，现在这个企业发现竞争对手"挨打"的能力在不断提高（因为竞争对手已经逐步克服了规模和成本方面的劣势），而且竞争对手还改变行业竞争规则和创造了新的竞争优势。在这个著名企业所具备的规模和成本优势以外的领域，其他竞争对手分别在营销方式、新产品开发等方面创造了新的竞争优势。结果当这个著名企业又一次采取低价竞争策略的时候，竞争对手在相同的产品上也降价应对，而在自己开发的新产品上稳定价格，并且利用自己控制力度比较高的渠道在高中档市场大卖新产品。这样经常"挨打"的企业没有被打倒，倒是经常发挥优势打击竞争对手劣势的企业被打倒了。

面向未来，上述企业所遇到的情况将会越来越多地出现，因为竞争环境的复杂多变和竞争互动的加快将会使竞争表现出越来越明显的动态化趋势，动态竞争将改变企业战略的思维方式和方法。

首先，竞争环境的变化越来越快。因此，企业将主要依靠不断创造一系列短期优势而获得长期高于平均水平的利润率。而那些长期依靠发挥传统优势打击对手弱点的企业，很有可能会因为行业规则或者关键成功因素的变化而和自己的优势一起被淘汰。

其次，竞争的互动具有越来越重要的意义。因此，在制定竞争战略的过程中，选择竞争对手、分析竞争对手和预测竞争对手的反应，成为更加重要的工作。

最后，高利润将主要来源于创新所创造的先动优势。因为等到竞争对手开始反击才开始建立新的竞争优势已经为时晚矣。能否确立一种"自灭自新"的态度，在竞争对手还没有反击之前，就及时放弃原有优势将成为能否持续获得高于平均水平利润率的关键。

（原载《中外管理》2000年第2期，第25～27页）

中国需要"世界级企业"

最近以来,在我国的多种媒体上出现了一个引人注目的新概念:"世界级企业"(the World-class Enterprise)。这个概念的流行和广为接受反映了我国管理学界和企业界对过去几年盲目追求规模,特别是追求进入"世界 500 强"的一种反思,标志着我国企业管理者在处理增长与效益、规模与水平、外延扩张与素质提高等重大问题上越来越成熟和理性了。

其实在国外最早提出"世界级企业"的是 1987 年 10 月发表在《电讯通讯》杂志上的一篇文章,题目是"一个名字,一间公司"。其后这个提法就不断出现在国外的许多媒体、学术界和公司的口号中。根据 Proquest 电子文献查询,在 1987 年到 1999 年之间共有 627 处文献引用"世界级企业"的出处,而且引用量有逐年增加的趋势。但是,在我国首先使用"世界级企业"的应该是美国哥伦比亚大学的威廉·纽曼教授。他从 20 世纪 50 年代就开始从事企业战略管理方面的研究和著述,1998 年与彼德·杜拉克一起获得"美国管理学会终身服务奖"。1995 年 7 月,在大连理工大学余凯成教授的策划下,威廉·纽曼教授在承德举办了一个"动态一体化战略讲习班"。当时笔者有幸协助余凯成教授担任翻译和助教工作,结识了这位管理大师。威廉·纽曼教授在讲习班的授课过程中第一次提出"中国需要世界级企业"的观点,当时我们并不是很重视这个概念。讲习班结束以后,威廉·纽曼教授计划和我们合作以中文编写和出版一本名为"动态一体化战略"的著作。1996 年 9 月威廉·纽曼教授在访问了西藏之后,与笔者在顺德商谈著作的编写问题。在他参观了广东华宝空调器厂之后,说:"中国的大企业不少,小企业更多,缺少的就是轻工业中的大企业。"当时广东刚刚开始发展大型企业集团工作,笔者对他的观点还无法真正地理解,以为这是他对发展大型企业集团工作的肯定。此后,威廉·纽曼教授和他的学生——美国沃顿工商管理学院的陈明哲教授在美国继续从事世界级企业方面的研究,并且形成了有关"世界级企业"比较完整的观点和理论。1998 年 6 月,威廉·纽曼教授、余凯成教授和陈明哲教授在香港会面。威廉·纽曼教授应邀为余凯成教授主编的一套工商管理硕士系列教材写序。他在"序言"中进一步明确地提出"中国需要世界级企业"的观点。考虑到当时我国发展大型企业集团的工作已经暴露出的问题,笔者开始感到这个概念的重要性。1998年4月,笔者在《广州企业家》杂志上发表了一篇题为"中国需要世界级企业"的文章,介绍了威廉·纽曼教授的有关世界级企业的观点。1999年在为科龙集团公司提供战略咨询的过程中,参加咨询的国内外学者(包括美国沃顿工商管理学院陈明哲教授、香港中文大学吕源教授和加州大学圣地亚哥分校的谭劲松教授)和笔者建议科龙公司把自己的战略意图定义为"世界级的制冷企业"。这可能是把"世界级企业"的概念写入公司战略的第一个中国企业。最近,陈明哲教授应邀出席在北京召开的"中国大企业财富论坛",并且在会上提出了"世界级企业"的概念。他的讲话促进了我国企业对这个概念的理解和接受。

  威廉·纽曼教授之所以特别提出"中国需要世界级企业",这是出于他对中国的感情、对中国企业的了解和对中国经济发展的关注。早在20世纪80年代中期,他就在大连理工大学的工商管理培训中心教授企业战略管理的课程,可以说他是第一个在中国教授这门课程的人。他所著的企业战略管理教材是第一本在中国翻译出版的企业战略管理教材。从那以后,他在哥伦比亚大学建立和主持了"中国研究中心",并且先后近20次来中国访问。1995年7月,当他第一次在承德提出"世界级企业"的时候,他并没有清楚地定义"世界级企业"的标准,但是可以知道他当时专门针对中国企业提出这个概念,主要是出于以下的考虑:

  (1)中国经济的发展需要世界级企业。任何国家发展的主要推动力都是来自于企业,而所谓企业就是一个资源转换器——将各种各样的"输入"经过加工和放大之后,变成能够令各个利益相关团体满意的"输出"。从一般的规律来说,资产多、规模大的公司是资源转换的效率比较高的企业,但是中国内地企业已经不可能再走"亚洲四小龙"的企业当年所走的道路:通过低成本加工和进入欧美市场发展壮大,然后与西方企业进行正面竞争。这主要是因为中国内地企业目前所处的环境与它们当时所处的环境不同了,中国内地企业不可能像它们那样轻易地进入欧美市场;最为重要的是中国市场太大和太具有吸引力了,所以还没有等中国内地企业在国内市场上长大,国外的大企业就已经进入中国市场了。至少在相当一段时期内,中国还不可能出现"世界500强"那样的大企业,因此建立"世界级企业"是中国应该选择的更加现实和可能的目标。

（2）有什么样的方法能够使规模和资产不是很大的企业也能够获得很高的资源转换效率呢？他认为，应该采用动态一体化战略。他认为，中国企业应该采用集中发展而不是多元化发展的战略，这种集中不仅仅是指企业应该集中从事一个行业的经营活动，甚至可能是某一个行业中的某一个具体的活动，不这样的话就很难与国外的大企业竞争。即使是在一个行业中与国外企业竞争，中国企业也会遇到资源不足的困难，因此它们应该更多地通过各种方式的外部一体化（包括战略联盟、战略性外购、合资和合作等）的战略，利用市场或者外部的资源。在市场经济越来越完善的情况下，不应该在企业内部搞计划经济，而在企业外部搞市场经济。外部一体化离不开企业内部各个部门之间的内部一体化，因为内部各个部门之间的利益冲突实际上是企业外部各个团体之间利益矛盾的反映。

（3）中国企业在采用动态一体化战略方面具有独特的优势。这种优势来源于自己的传统文化及其所决定的价值观和行为模式。威廉·纽曼教授认为中国人所表现出来的两个文化特点给他留下了极其深刻的印象：一是容易产生信任。例如，在没有中国人的地方，中国人之间可以迅速产生信任；而在中国人多的地方，这种信任的关系则可能迅速产生于同乡、同姓、同学和亲戚之间，而不再是在一般的中国人之间。二是擅长动态地调整人际的各种关系。例如，无论十字路口的交通秩序有多么混乱，中国人基本上可以相安无事，又迅速通过。他认为，这两个方面所表现出来的文化特点正是动态一体化战略，乃至新世纪企业管理所需要的文化。

总之，威廉·纽曼教授在其将近85岁的时候，认为中国企业应该发挥自己在文化方面的优势，通过动态一体化战略去获得自己所需要的资源和能力，集中发展，依靠能够有效实现资源转换的世界级企业与国外大企业竞争。

经过两三年的研究，威廉·纽曼教授和他的学生陈明哲教授提出了有关"世界级企业"标准的看法。他们认为"世界级企业"应该具备下列几个方面的特点：

（1）合适的规模。世界级企业不应该是小企业，但是也不一定是规模最大的企业或者集团公司，它们应该是在自己所经营的行业中具有相当规模的企业。一个企业的规模太大，规模经济效益、管理效率、创新能力和应变的能力都会下降。另外，大型集团公司的规模很大，但是它在各个行业的市场占有率可能很低。从这个意义上说,"世界500强"的企业不一定是世界级企业,前者强调的是规模,而后者重视的是素质。至于什么样的规模才是合适的,他们没有提出具体的数量指标,因为合适规模的选择取决于各个具体行业的技术和市场特点,以及在生产方面实施动态一体化的难度。

(2) 高超的产品和服务。对于世界级企业来说,产品的性能和质量比规模更加重要。在激烈的市场竞争中,只有那些采用高差异(包括高性能、高品质和高服务)战略的企业才有可能成为世界级企业,而那些单纯采用低成本战略的企业,可以成为大规模的企业,但是很难成为世界级企业。

(3) 有能力与全球企业在国内外市场上竞争。世界级企业不一定是出口最多的企业,也不一定需要在国外建立工厂,但是世界级的企业应该具备国际竞争力,即有能力在国内和国外两个市场上与全球化企业竞争。中国市场很大,完全具备产生世界规模企业的条件,也因此成为全球化企业进入最多、竞争最激烈的市场。只要中国企业能够在本国市场上与全球化企业对抗,应该说就有可能成为世界级的企业。

(4) 遵循世界通行的质量标准。在经济国际化和市场全球化的今天,世界级企业当然应该是按照世界通行的标准提供产品和服务,否则它就不能够长久生存和发展。这里所说的质量不仅仅是产品和服务的质量,还应该在管理和运作的各个方面靠近世界通行的标准。

(5) 跨国界、跨文化管理。要想具备全球竞争力和成为世界级企业,必须在全世界范围内使用人才,要知道管理这些国外的员工,要能够了解和融合各个国家的文化。如果一个中国企业没有任何外国的雇员,不了解国外的情况,不能够吸收各个国家的文化和管理的先进经验,那么这个企业就不要妄称自己是世界级的企业。

(6) 柔性,即有能力对顾客需求的不断变化进行动态调整。世界级企业不应该只看其规模,还要看它是不是以市场为导向的企业,是不是有能力对顾客需求的不断变化进行动态的调整。具备这种能力的企业必须能够及时和准确地了解、掌握顾客的需求和最新的技术,具有合理的资本结构和合理的资产结构,拥有知名的品牌和杰出的营销能力。

(7) 集中与建立核心专长。如果一个企业希望长期和稳定地获得上述竞争优势,并且能够与全球化大企业竞争,那么它必须善于把自己的各种资源集中于建立自己的核心专长。要想达到上述世界级企业的标准，企业必须具有自己的专长；这些专长必须是建立在顾客和企业认为最为重要的领域，而且这些专长是很难在短期内被模仿、学习和替代的。

（原载《迈向世界级企业——中国企业战略管理研究》，企业管理出版社2001年版，第3～8页）

进攻与反击：
从彩电"价格战"看动态竞争

为了指导企业有效地进行动态竞争，许多国外的企业战略管理学者认真研究和分析动态竞争特点明显的行业，以及这些行业中主要竞争对手在动态竞争中的战略和行为，从而提出了一个具有重要意义的模型："动态竞争：进攻与反击的可能性"。（见图1）

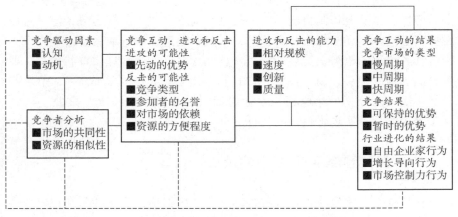

图1　动态竞争：进攻与反击的可能性

本文以我国几次彩电"价格大战"为案例，探讨企业进攻与反击战略的选择。

一、进攻：为什么选择率先行动

为了回答这一个问题，我们应该首先了解先动优势。作为先动者，企业有可能获得以下两个方面的竞争优势：

（1）先动者可以在其他对手没有进行有效反应或者跟进之前获得高于社会平均水平的收益率。这取决于先动者所采用的具体行动是什么，竞争者需要长短不一的时间去研究是否需要进行反击,采取什么方式反击以及组织什么资源去实施反击。例如,在某个电视机厂决定和实施降价反击策略之前,它需要了解自己有多少产品不在经销商的手上,这在过去就是一项非常复杂的工作,有可能需要十几个人一个月的劳动才能完成。长虹集团的确依靠先动而争取了相当大的市场份额。

(2) 先动者有机会获得顾客的忠诚感,从而为后来的跟进者制造了感情方面的障碍。通常这种先动的优势在开发新产品或者新的服务方面表现得尤其明显,例如太阳神、健力宝等企业都曾经以明显的先动优势,为后来者制造了许多障碍。

长虹集团采取先动的策略就是因为它充分了解先动的优势,而且认为自己所凭借的规模、成本和品牌优势不是对手在短时间能够模仿和学习的。跟进者虽然意识到自己没有办法马上克服在成本上的劣势,但是可以发挥自己的体制和组织上已有优势,以最快的速度跟进或者反击,力求先削弱长虹集团的攻势;然后,跟进者再利用自己所处地理位置和周边工业配套能力强的优势,模仿长虹"以价格带规模,以规模压成本",争取与长虹集团共同分享中小电视机企业退出后的市场。事实上,康佳、TCL、创维等企业基本实现了自己的目标。

二、如何预测竞争对手的反击

在长虹集团采取降价竞争的行动之前,已经估计到它的几个主要的竞争对手一定会跟着降低价格,而电视机行业的几个主要企业共同降价竞争,会有利于实现长虹集团提高行业集中度,从中小企业手上夺取市场份额的目的。那么,长虹集团是根据什么考虑来做出上述预测的呢?

(1) 长虹集团认为自己的降价行动是战略性的,而不是战术性的,并且有意识地让竞争对手了解自己的战略意图。长虹集团对外宣称降价的原因首先是要优化我国电视机行业的结构,作为电视机行业的龙头企业,长虹集团有能力和责任这样做;其次是为了迎接中国加入世界贸易组织(简称"入世",其中"世界贸易组织"简称"WTO"),提高国际竞争力,长虹集团还需要进一步提高规模经济效益和市场占有率。一般地说,战略性的攻击行为比战术性的攻击行为更有可能引起竞争对手的反击。

(2) 长虹集团认为自己是行业的龙头企业,龙头企业的战略行为具有很大的影响力，尤其是对行业内部的主要竞争对手。它认为康佳、TCL等企业不会看着长虹集团独享降价换市场的好处，更加不会拉大与长虹集团在市场份额上的差距。当然，如果发动进攻的企业不是长虹，而是熊猫或者高路华等企业的话，那么康佳、TCL等企业不一定会进行跟进的。

（3）长虹集团还考虑到这几个竞争对手的大多数销售收入都是来源于国内市场，而且是来自同一个产品——电视机的销售，因此它们对市场和产品的依赖非常大。对于长虹集团所发动的攻势，谁都没有"多点竞争"的优势，即它们不可能回避攻势，又不可能用其他产品攻击长虹集团。如果像后来那样，长虹、康佳、TCL等集团都不同程度地进行了多元化发展，而且各自都形成了几个支柱产品，那么直接对抗就会被多点竞争所代替。

（4）长虹集团所采用的降价行动是战略性的，因此要求竞争者准备足够的资源才能进行反击。但是，对降价进攻进行反击所要求的资源可能是最小的，而品牌和规模都比较大的康佳、TCL等企业完全具备了迎战的资源和实力。

三、决定动态竞争的因素

（一）企业规模

企业规模对于动态竞争具有两个重大但是相反的作用。一方面，企业大，相对于自己的竞争对手来说它的市场影响力就大，例如波音公司相对于空中客车公司来说就有更大的影响力，而当时的长虹集团相对于康佳集团来说就有更大的市场影响力；但是另一方面，企业大，就意味着创新能力低和反应速度慢，所以我们后来看到电视机行业的广东"五狼"就是比四川的"一虎"具有更大的创新能力。美国西南航空公司总裁Herbert Kelleher认为在动态竞争中，"如果像大公司一样思维和行动，我们就会变小；而如果像小公司那样思维和行动，我们就会变大"。

（二）进攻和反应的速度

在动态竞争中，进攻和反应的速度可以在很大程度上决定成败。在全球化的过程中，新产品开发和新市场进入的速度是可保持竞争优势和高于平均收益率的重要来源。面对长虹集团公司发动的价格战，国内竞争对手反应得越快，那么就越能够缩短长虹集团享受先动优势的时间，同时也能够更大限度地与长虹集团一起分享先动的优势。

（三）创新能力

创新能力对某些行业，包括医药、计算机和信息技术行业是十分关键的。而对于大多数行业来说，研究开发投入多少与企业经济效益的高低具有十分明显和可靠的相关性。先动就意味着创新，而应变也同样需要创新，因为只有创新或者改变行业的传统，才有可能由被动变成主动。例如，长虹集团虽然是第一次"电视机大战"的赢家，但是两三年以后，长虹所依靠的还是规模、成本和品牌的优势，又进行第二次价格战。康佳、TCL和创维等企业不仅在那两三年中扩大了自己的规模，更加重要的是提高了产品开发的能力和市场营销的能力。因此，在第二次长虹集团降价竞争回合中，长虹集团没有能够再次成功，原因就是过于依仗自己传统的优势而没有创新。

（四）质量

在全球化和动态竞争的时代，产品质量依然是全世界企业关心的重点。产品和服务的质量问题不仅在过去很重要，而且在今天已经成为进入市场的通行证。没有质量，无论进攻还是反击、先动还是后动，都是难有作为的。

四、反击：后发制人

我国电视机行业是一个兼有标准周期和快周期市场特点的行业，一方面它需要规模并且最好有渠道优势作为支撑，另一方面它有需求概念的创新。在第一次降价竞争获得成功之后，长虹集团以为自己在规模、成本方面获得了可保持的竞争优势，不断重复使用这种优势，而没有及时在渠道建设方面和产品创新方面进行投入，反而实施了多元化发展的战略。而康佳、TCL等企业没有选择模仿、学习的策略，而是在克服规模、成本劣势和多点进攻劣势的同时，主要采用了控制渠道和产品创新的策略。在长虹集团第二次发动降价进攻的时候，康佳、TCL成功地用产品差异优势战胜了长虹集团的产品成本优势。

1988—1999年,康佳、TCL等企业在我国电视机行业第二次价格大战中获得了非常大的成功,主要是它们在动态竞争中所采用的战略步骤,抓住了这个竞争回合中出现的机遇。

(一)改变游戏规则

在长虹集团准备以规模、成本和价格优势开发农村市场的时候,康佳、TCL等企业发现了城镇市场更新换代的需求,并且以自己在产品创新、渠道和服务方面的优势去服务这个市场,改变了当时行业竞争的关键因素。

(二)创造了暂时的优势

正是因为它们能够比长虹集团更加正确地分析市场,能够更快地开发新的产品和把新产品送到顾客手中,所以比其他对手获得了先动的优势和先动的收益。

(三)带动了行业的变化

因为这两个企业的知名度、实力很大,它们把整个电视机行业的竞争从以价格为中心转变为以产品创新为中心,即使是长虹集团这样的龙头企业也不得不以跟进战略做出回应。

(四)建立了可以扩展的平台

这两个企业在第二次价格大战获得胜利以后,连续采取了包括相关多元化、开拓国际市场、进入信息技术产业等一系列战略行动,建立了一个其他竞争对手没有建立和可以进一步创造新优势的平台。在快周期行业或市场,连续先动和获得暂时优势是可保持竞争优势的唯一来源。

五、行业进化与企业战略选择

(一)创立阶段

一个刚刚创立的企业,通常是发现了一个独特的市场或者开辟了一个崭新的行业。这种企业最希望建立的是产品质量、技术方面的声誉和良好的上下游的关系，从而获得战略竞争力。在这个时期，行业内部的各个企业采用的战略有很大的不同，各个企业都希望在自己独特的市场领域建立顾客的忠诚感，因此避免了战略上的直接对抗。速度、资源是很重要的，因此在竞争对手之间建立战略联盟是有可能的。企业在这个时期的成功很大程度上依靠企业高层管理者的洞察力和开拓精神，依靠能够在复杂和不确定的环境中发现机会的自由企业家。我国电视机行业在20世纪90年代以前的发展应该属于这个阶段。

（二）发展阶段

进入发展阶段的企业一定是新兴行业的幸存者。它们战略的重点是增长，包括建立行业的标准或者使产品标准化，实施大规模生产和建立相应的流通渠道。虽然这种类型的企业会越来越多，但是它们在战略上却是越来越趋向一致。同一层次的企业之间会出现面对面的对抗，而不同层次之间的企业则不会发生激烈的竞争。对于那些技术含量低，但是渠道导向明显的行业，高收益可能主要来源于标准化、低成本和高服务，如快餐连锁店等。而在技术含量高、产品更新快的行业，产品开发和使新产品迅速进入市场的能力就成为关键的成功因素。我国电视机行业在1995—1999年的激烈竞争就是增长阶段后期的表现。不幸的是，长虹集团没有注意到这个行业出现了许多新产品和新技术，而是把大规模、低成本作为关键的成功因素和收益的主要来源，以为自己拥有27%以上的市场占有率就已经很安全了。康佳、TCL等企业恰巧是抓住了一些新技术和新产品出现的机遇，及时地削弱了长虹刚刚建立起来的竞争地位。

（三）成熟阶段

进入成熟阶段的行业通常只剩下几个市场占有率大的竞争对手，所以它们的战略重点或者行为导向是市场力的大小，但是竞争主要不会发生在产品的价格上。这种企业通常会寻求国际化发展的机会，从而延长产品的生命周期。现在，我国电视机行业前5名的企业已经拥有了70%左右的市场占有率，但是考虑到中国消费市场的层次性和技术进步给这个行业所带来的新的机遇，可以说我国电视机行业的发展还没有进入成熟阶段。今后一段时期内，动态竞争还会集中于产品开发、渠道争夺和市场控制力上。其中，一些企业已经开始进行国际化，为下一阶段的竞争做准备。

（原载《企业管理》2000年第6期，第27～29页。本文由蓝海林、黄志峰合撰）

多点竞争战略

进入 20 世纪 90 年代后期，我国大型集团企业在认真总结过去几年所犯的"过早多元化、过快多元化、过分多元化和盲目多元化"错误的基础上，对自己的公司战略进行了两个方面的重大调整。一是回归主业，努力提高自己在主业上的市场占有率，从而使各个行业都出现了市场集中度不断上升的趋势；二是围绕主业，实施非限制性相关多元化发展的战略，优化了自己的行业或者资产组合。例如，我国家电行业的主要企业都在"回归主业，建立核心专长"的基本思想指导下，实施了行业组合的优化。现在主要大型家电产品领域的行业集中度有了明显的提高（主要家电产品前 5 家企业的平均市场占有率超过了 60%），出现了一批市场占有率很高的"全国性竞争企业"。这些集团公司基本上从房地产、贸易和其他不相关的领域撤退，进入许多能够发挥自己品牌、渠道、研究开发优势或者能够建立新优势的行业。然而，这些大型集团公司或许没有意识到，上述战略的调整已经使它们具备了在多个区域市场和多个行业/市场上进攻或者反击的条件和能力，还没有意识到多点竞争是它们应该采用的有效竞争战略。

一、多点进攻战略的提出

美国宾夕法尼亚大学沃顿商学院陈明哲教授长期从事动态竞争条件下竞争对手之间进攻和反击的策略研究，其中多点进攻战略的理论和技术就是他的一项研究成果。陈明哲教授认为：

（1）在市场集中度越来越高和竞争越来越具有动态特征的情况下，获得高于平均水平利润率的途径已经从对可保持的竞争优势的依靠转变为对一系列短暂的先动优势或者创新的依靠。因此，竞争对手在进攻和反击过程中的互动具有越来越重要的战略意义。这种竞争互动的内容、质量、水平和速度，不仅可以决定其中一个对手的盈利水平，而且可以决定整个行业能否获得健康的发展。

（2）在垄断竞争的市场条件下，各个行业的主要竞争者需要用产品和市场的多元化去回避经营风险，同时也需要有产品和市场的多元化去实施竞争和在竞争中寻求均衡。例如，竞争对手之间直接进行以降低价格为主要内容的竞争，那么无论哪一个企业赢得了竞争，整个行业的价格水平和毛利率都会不可恢复地大幅度下降，从而使行业中的各个企业包括竞争中的赢家，失去进一步发展的可能。

（3）拥有多点进攻或者反击的能力是一种重要的竞争优势，即所谓多点竞争的优势。拥有多个细分市场或者多种行业、产品的企业具有多点进攻的优势，而相对没有多点进攻的企业就具有多点进攻的劣势。例如，拥有多个细分市场或者多个产品的企业可以集中多个产品或者细分市场的资源，进攻竞争对手的某一个细分市场或者产品；而拥有多个细分市场或者多个产品的竞争对手同样也可以集中多个细分市场或者产品的资源在或者不在受攻击的细分市场或产品上做出反击。

（4）一般来说，拥有多点进攻优势的企业就应该采用多点进攻的战略，或者采用多点反击的战略。如果一个企业能够采用这种战略，就有了比市场或者产品单一企业更大优势和获胜的把握；如果两个企业都具有多点竞争的优势，那么它们在进攻或者反击的过程中就具有更多的手段或者选择，从而降低了陷入恶性价格竞争的可能性；在垄断竞争条件下，多点竞争战略可以帮助同行竞争对手寻求均衡。

（5）在多点竞争中，关键的成功因素包括竞争对手的选择、进攻点的选择、行动（包括进攻和反击）的速度、对对手的了解和反击行动的预测以及信号运用的艺术等等。在选择竞争对手的时候，竞争对手之间应该比较双方在资源和市场上的相似性，从而评价多点竞争的优势；在选择进攻或者反击的"点"的时候，需要预测竞争对手反击的可能性和反击的策略；而在进行多点进攻的过程中，可以利用信号误导对手，或者通过对竞争对手行为的研究破译信号。

二、多点竞争模型

按照陈明哲教授的理论，所谓多点竞争中的"点"就是一个"市场"。其含义包括：①区域市场或者国家市场，例如湖南市场或者日本市场；②细分市场，例如高档市场、中档市场和低档市场；③一个产品线或者一个经营单位，例如冰箱或者专门生产冰箱的子公司；④以上各个部分的不同组合，例如华南地区—冰箱市场。从这个意义上说，如果一个企业具有多个区域、多个细分市场、多种产品线或者多个行业性的二级子公司，那么相对而言，这个企业就具有多点竞争的优势；反之，则只有多点竞争的劣势。例如，从我国冰箱行业的实际来看，如果海尔选择新飞作为主要的竞争对手，那么海尔就有多点竞争的优势。因为海尔基本上采用的是限制性相关多元化的战略，拥有几十种产品，而且在若干个行业拥有比较高的市场占有率，而新飞的产品相对比较单一。

从简单多点竞争的模型（见图1）可以看到，假定TCL和康佳有至少两个区域市场或者两个产品是相同的，并且存在着竞争的关系，那么这两个企业之间实际上存在着互相节制的关系。正是因为TCL和康佳之间存在着潜在的"跨市场/产品"报复的可能性，所以采用多点市场竞争可以避免你死我活的竞争。如果这两个企业在同一个行业竞争，其中TCL在市场1的份额大，而康佳在市场2的份额大，双方就处在暂时的均衡状态。如果TCL采用降低价格的方法在市场2上攻击康佳，那么康佳为了保护本地市场或者主要市场就有两个选择：一是可以以同样的策略在市场2上进行反应，那么在市场2的价格竞争中，康佳能够得到的最好结果也就是保住了份额，但是失去了大量的利润和自己的价格定位；二是在市场1对TCL降低价格的进攻进行针锋相对地反击，夺取TCL在市场1的市场份额，这样TCL也不敢在市场1做正面回击，否则它也会失去大量利润和自己的价格定位。假如两个企业的竞争力是一样的话，没有一个企业能够在这个回合中获得优势，最后双方只好决定放弃这个回合的价格竞争，重新回到均衡的状态。正是因为两个企业在受到攻击的时候都没有正面回击，所以两个企业才可能在价格竞争结束后重新回到原来的价格水平。

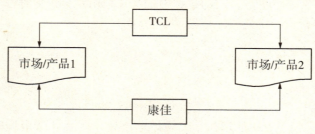

图1　简单多点竞争模型

在简单多点竞争模型的基础上，我们可以进行一些变化以说明多点竞争战略可以达到至少两个目的。

（1）区域市场的竞争反击。Maxwell House 公司在美国咖啡市场上是一个市场占有率很高的老企业，而 P&G 公司是这个行业新的进入者，它所生产的 Folger 牌咖啡主要在美国南方市场上销售。为了扩大市场占有率，P&G 公司决定采用大量送赠品的方法进攻美国北部的克利夫兰。Maxwell House 公司考虑到 P&G 公司是一个非常认真和强大的竞争对手，所以立即采用同样的方法攻击美国南部的堪萨斯。但是，P&G 公司并没有就此停手，而是立即在北方的匹斯堡开始第二个回合的进攻。Maxwell House 公司没有其他的选择，只能够对等地选择南方的另一个城市——达拉斯进行回击。经过第二个回合以后，双方才结束了这场战斗。与此同时，P&G 公司以违反反垄断法的理由起诉 Maxwell House 公司，但是没有成功。

（2）为了保护本行业或者主要市场而做出回击。吉列公司主要是生产多次使用剃须刀的企业，而 BIC 公司是专门生产一次性钢笔的企业。吉列公司为了增加产品，决定进入一次性钢笔的行业，从而成为 BIC 公司的竞争对手。BIC 公司如果不反击，就会让这个强大的竞争对手长驱直入。如果采用降低价格，正面阻止吉列公司的办法是可以的，但是这样就会降低整个行业的毛利率，吃亏最大的还是自己。BIC 公司最后所采用的办法就是采用多点进攻的战略，开发或者采用一次性剃须刀去回击吉列公司，把同样的问题放在了吉列公司面前。最后，吉列公司为了自己和行业的利益，决定放弃进入一次性钢笔市场；而 BIC 公司因此也决定放弃一次性剃须刀。

正是因为多点进攻在动态竞争，特别是全球化竞争中具有越来越重要的作用，在全球化企业选择竞争对手和制定竞争对策的时候，应该对竞争对手是否有可能和在多大的效率上采用多点竞争战略进行分析。陈明哲教授为此构造了一个全球化企业多点竞争的复杂模型，从中可以看到在全球化多点竞争中获得成功的关键因素是速度（包括反应和实施的速度）和质量。这就使下列因素变得非常重要：

（1）多元化的程度或者多点竞争的优势。在采用多点竞争战略之前，企业应该对竞争对手是否具有或者拥有多大的多点竞争优势或者劣势进行认真分析。一般来说，拥有多个市场或者在多个行业经营就具有多点竞争的优势，但是市场面过宽或者过分多元化又会分散资源。多点竞争分析（见表1）可以在一定程度上提供帮助。

表1 多点竞争分析

竞争企业	业务单位			
	业务1	业务2	业务3	业务4
A	■	■	■	
B		■	■	■
C		■	■	
D			■	■
E		■	■	
F				■
G	■			
H		■		

（2）进攻或者反击的限制障碍。企业应该分析自己或者竞争对手在采用多点进攻或者反击的时候，是否会遇到政府或者法律方面的障碍。尤其在国际化竞争或者在像中国这样市场经济尚不完善的国家中，贸易或者地方保护主义可能成为采用多点进攻或者反击的障碍。（见图2）

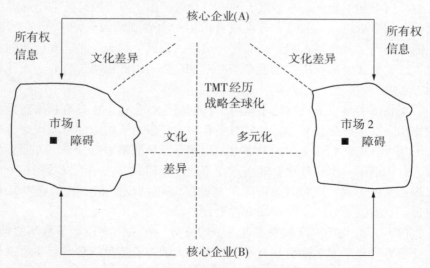

图2 进攻或者反击的限制障碍

（3）文化差异。企业在估计竞争对手的反应或者采用进攻战略的时候，应该分析竞争对手之间在文化上的差异，这些差异无论是来自国家、民族、地区，还是来自企业性质。这种差异越大，那么竞争对手对多点进攻战略所可能产生的反应就越是难于估计和达成妥协的。

（4）母子公司产权关系。在市场或者行业多元化经营的企业中，总部与各个市场或者行业性子公司之间的产权关系代表了总部对子公司的控制力度。一般来说，在子公司的所有权、控制力和多点竞争中的速度之间存在着密切或者正相关的关系。企业对全资子公司的控制力度越大，在多点进攻或者反击的过程中速度就越快，行动的效率就越高；而对控股、持股子公司，以及其他非产权关联的企业的控制力度就比较低，因此在多点进攻或者反击中行动就比较缓慢。一个企业需要通过市场交换关系来推动自己的经销商发动进攻或者反击，不仅速度慢、成本高，而且力度也会很低。

（5）结构、机制和信息沟通。除了产权关系以外，母子公司之间的组织结构、管理体制的有效性，特别是信息沟通的水平也会对多点竞争的速度和质量产生明显的影响。如果组织结构和管理机制的设计能够使母子公司信息沟通通畅和决策正确，那么这个企业就具有很高的多点竞争能力。

三、多点竞争的具体应用

在一个多元化经营的集团企业中，市场就是行业性子公司和区域市场的结合（例如某个省的空调市场）。从某种意义上说，这个市场就是商业领域中所说的"战场"。如果我们能够把多点竞争的理论和方法在各个具体的战场中进行使用，我们可以从中总结出一些可以广泛应用的策略。

（一）正面进攻

假如企业 A 具有多点进攻的优势，而企业 B 具有多点反击的劣势，那么企业 A 可以集中各个市场或者行业性子公司的资源，对企业 B 采用正面进攻的策略。在这种情况下，企业 B 因为多点进攻的劣势而不得不退出市场。（见图 3）

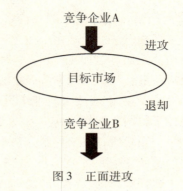

图3 正面进攻

(二) 纠缠进攻

如果企业A发现企业B准备进攻另外一个目标市场,而这个目标市场对企业A很重要(可能是企业A目前的主要市场或者是将来的主要市场),那么企业A可以采用纠缠进攻的策略。按照这个策略,企业A抢先进攻企业B的主战场,导致企业B不得不暂时放弃进入新的目标市场,在自己的主要战场抵御企业A的进攻。果真如此的话,那么企业A的纠缠进攻策略就成功了。(见图4)

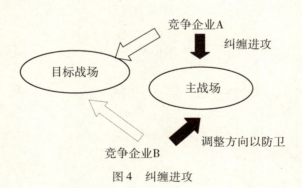

图4 纠缠进攻

(三) 诱骗战术

企业A和企业B目前正在围绕着某一个主战场竞争。考虑到竞争企业B准备进攻目标市场A,而这个目标市场对于企业A来说是更加重要或者是企业A希望未来独占的市场,企业A必须想办法阻止企业B的行动。企业 A 采用诱骗战术，先假装从主战场撤退，从而诱使企业 B 改变战略方向，放弃进入目标市场 A，而把资源先用于进一步扩大在主战场的市场份额。（见图 5）

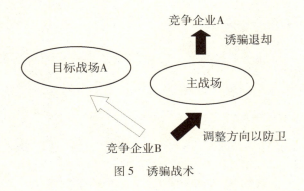

图 5　诱骗战术

（四）正面进攻与诱骗撤退相结合的策略

企业 A 了解到企业 B 准备进攻目标市场 A，为了在目标市场 A 发起进攻并且获得绝对的先动优势，企业 A 就先从目前与企业 B 竞争的主战场佯装撤退，从而使企业 B 改变原来的战略意图，将大量的资源投入到主战场市场占有率的扩大方面。一旦企业 B 这样做了，企业 A 就开始长驱直入，进攻目标市场 A。（见图 6）

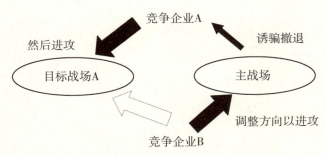

图 6　正面进攻与诱骗撤退相结合的策略

（五）正面进攻与诱骗进攻相结合的策略

企业 A 了解到企业 B 准备进攻目标市场 A，为了在目标市场 A 发起进攻，并且获得绝对的先动优势，就在目前与企业 B 竞争的主战场佯装进攻，从而使企业 B 害怕丢掉主战场而改变原来的战略意图，将大量的资源投入到主战场保卫方面。一旦企业 B 这样做了，企业 A 就开始长驱直入，进攻目标市场 A。（见图 7）

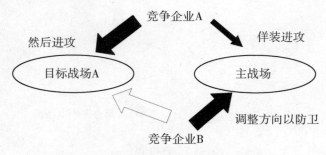

图 7　正面进攻与诱骗进攻相结合的策略

（原载《企业管理》2000 年第 7 期，第 28～30 页）

动态竞争条件下的战略思维模式

进入20世纪90年代以来，我国企业管理者与国际上的企业管理者一样，在战略制定和选择方面面临着一个突出问题，那就是如何在越来越复杂多变，或者准确地讲是在动态竞争的条件下，通过有效地实施企业战略管理，保证企业长期、稳定和持续地获得高于市场平均水平的收益率。

西方管理学者从90年代初开始，就把经营/竞争战略的研究重点放在以下两个方面：环境变化对行业内部竞争的影响与行业内部主要竞争对手之间的互动，从中发现行业内部的竞争越来越明显地具有动态化的特点。其中，美国管理学会战略分会主席陈明哲教授对美国航空工业动态竞争的研究长达5年，所取得的研究成果是最具代表性的。经过多年的研究和努力，西方管理学者在动态竞争战略方面出版了两本最具有代表性的论文集：①1994年，Richard A. D'Aveni，kobert Gunther 主编的 *Hyper-Competition*: *Managing the Dynamics of Strategic Maneuvering*；②1996年，George S Day，David J Reibstein 合编的 *Wharton on Dynamic Competitive Strategy*。对于复杂和快速变化的竞争现象的概括，第一本著作采用了"极度或者超级竞争"的概念，而在第二本著作中则采用了"动态竞争"的概念。归纳西方学者的各种观点，动态竞争主要具备以下几个特征：

（1）竞争对手之间的战略互动（Strategic Interactions）明显加快，竞争互动成为制定竞争和营销战略的决定因素。

（2）任何一个企业的先动优势都是暂时的，都有可能被竞争对手的反击行动所击败；任何的竞争优势都是暂时的，而不是可以长期保持的。

（3）动态竞争是以高强度和高速度的竞争为特点的，其中的每一个竞争对手都不断地建立竞争优势和削弱对手的竞争优势。

（4）竞争战略的有效性不仅取决于时间在先，更主要的是预测竞争对手反应和改变需求或者竞争规则的能力。

进入90年代以来，我国越来越多的企业管理者感到竞争的环境越来越复杂，竞争的对抗性越来越强，竞争内容的变化越来越快，竞争优势的可保持性越来越低。促使我国企业经营环境变化和变化速度加快的原因是多方面的：①经济体制改革。我国的经济体制一直处在从原来的计划经济向市场经济体制转变的过程之中。经济体制改革是一个十分复杂的社会工程，它改变了企业外部环境的各种因素。经济体制的改革是一个不断深化和创新的过程，它在客观上造成了企业环境的复杂性和多变性。②经济国际化和市场全球化。我国经济体制的改革与市场的开放是同步进行的，因此在世界范围内出现的经济国际化和市场全球化的大趋势必然对我国企业经营环境产生重大的影响。外国企业和资本以直接或者间接方式进入中国市场，它们在我国的市场竞争实质上是跨国公司在全球一体化战略下的延伸。同时，中国企业对国际市场的开拓和对外投资能力的加强，使我国经济正在成为世界经济发展的重要力量。在这种情况下，我国经济与市场和世界经济与市场的一体化程度不断提高，使我国企业的竞争环境呈现出越来越明显的动态特点。③新技术、新产品开发的速度加快。新技术和新产品开发，可以降低成本、增加差异，树立进入障碍和根本性地改变竞争的规则，因此各个企业都把新技术和新产品的研究与开发作为企业竞争和发展的根本手段与核心专长。随着科学技术水平的不断提高和企业投入的迅速增加，新技术和新产品开发的速度不断提高，大大地增加了企业之间竞争的互动和竞争优势变化的速度。④竞争手段的现代化。电子信息技术和通信、交通行业的高速发展，使各个国家和各个竞争对手之间竞争互动的速度大大提高。信息、通信和交通行业的发展，正在拉近世界各个国家之间的距离，增加各个国家之间的交往和了解，从而使世界变成一个"地球村"。同时，这些行业的发展也为国际大企业实施全球化战略和开拓全球市场提供了有效的手段，它们提供各种媒体影响和改变各个国家消费者的生活方式与消费爱好，使世界各个国家出现了需求趋同。新的电子信息技术的广泛应用，使全球化企业可以在全球范围内有效地管理并协调战略行动和经营行为，及时地对各种竞争和需要做出准确的反应；可以使企业之间的信息沟通、合作和竞争—反应的行为以更高的速度和更低的成本进行；可以使企业在管理和经营方面更加有效地进行内部一体化。总之，手段的提高使国内外市场竞争与反应（或者竞争互动）的速度明显加快。

除了上述四个因素的共同作用之外，还有两个值得特别注意的原因：①各个行业在产品和技术、市场结构和竞争结构等方面都各有特点，正是这种特点使得各个行业在动态竞争的程度上有一定的差异；②各个行业内部企业在规模、实力、创新能力方面都有差异，中小企业多、实力相当、创新能力强的行业，动态竞争的水平就比较高。在经济体制改革的过程中，由于政府宏观管理不当、各种制度的不健全和市场机制的不完善，我国许多企业在过去几年中采用了一种以高负债形成高投入、以高投入带动高增长的增长战略，而且这些企业的增长又都是以不相关多元化战略实现的。这样我国的许多行业都出现了一种低水平的供过于求和严重的过度竞争现象，这种现象在家电、食品、饮料等行业表现得最为典型。在行业结构普遍恶化的情况下，许多企业为了平衡经营风险，也只好跟着进行更大程度的不相关多元化，从而形成了一个恶性循环。目前，我国的大多数行业由于进入过多而出现恶性竞争，爆发了许多的"行业大战"。我国企业在"内战"与"外战"的双重压力之下，在自己所从事的行业中所遭遇的竞争的动态程度之高和竞争—反应的速度之快比国外有过之而无不及。

由于动态竞争的特点已经完全不同于静态竞争了，因此在动态条件下战略思考和形成战略思想的模式也就发生了根本的变化。如果我们不能够了解动态竞争的性质和特点，不了解新的思维模式，我们会发现我们无法制定有效的竞争战略，或者我们可以在短期内实现目标，但是就长远来说无法长期获得高于平均水平的投资收益。

第一，动态竞争战略的制定是以重视动态竞争互动为基本前提的。在静态竞争的条件下，制定竞争战略的时候很少考虑和预测竞争对手的反应和一系列的攻击反应行为。而在动态竞争的条件下，制定动态竞争战略的有效性很大程度上依赖于预测竞争对手的能力，削弱和限制竞争对手的能力。因此，企业在制定竞争战略之前，必须先认真回答以下问题：应该选择谁作为竞争对手（如果你只有一颗子弹，你准备打谁），而竞争对手会不会做出预期的反应（竞争对手有什么样的子弹以及他的子弹会不会打你）；你应该采用进攻策略（先动有什么优势和劣势），还是采用反击策略（跟进有什么优势和劣势）；你的竞争行为会给竞争对手和你本身造成什么影响（获得短期优势还是获得长期优势），而竞争对手的反应会给你造成什么影响（造成短期劣势，还是造成长期劣势）；你的竞争行为会给整个行业的市场和竞争结构造成什么样的影响，而改变后的市场和竞争结构又会对你将来的行为产生什么样的影响。这里尤其值得关注的是，我国各个行业中都有一些大型和知名龙头企业，从企业的规模、地位和影响力来说，这些企业的竞争行为已经不属于它们自己，而是属于整个社会。由于它们在竞争策略的制定方面，没有充分考虑自己的竞争行为会对其他竞争对手、整个行业的市场和竞争结构所产生的影响，所以我国许多行业出现全行业亏损。

第二，过去制定战略的另一个出发点就是扬长避短，以自己的竞争优势打击竞争对手的弱点，这种观点只有在竞争对手没有学习能力和竞争的互动只有一次的情况下才是正确的。在动态竞争条件下，如果一个企业总是以自己的优势打击对手的弱点，在多次打击竞争对手之后，就会发现以下情况：①自己原来的优势越来越没有作用，因为竞争对手在多次被打击之后已经产生抵抗力，通过模仿或者学习克服了自己的弱点；②竞争对手在没有优势的情况下，会想办法改变竞争规则或者创造新优势，则自己原来的优势丧失意义；③在这种情况下，原来打击别人的企业很可能因为过于依赖原有优势或者固守原来的优势没有及时建立新优势，因此在下一个回合的竞争互动中处于不利地位。在家电行业，我们可以看到许多典型的案例。长虹发挥自己的规模成本优势，以率先降低彩电价格的策略赢得了"彩电大战"的第一个回合；随后，其他彩电厂就开始扩大生产规模，弥补自己的不足，同时也看到自己无法与长虹比较规模成本优势，因此就在产品、质量和营销方面创造新优势，改变了行业竞争的内容和规则，结果长虹在第二个回合就处于不利的地位了。

第三，在静态竞争的条件下，制定竞争战略的目的就是要保持长期竞争优势；而在动态竞争的条件下，制定竞争战略的目的是要创造新的竞争优势。以前战略思维的基本出发点就是发挥自己长处，而且认为企业的长处可以作为竞争优势而加以长期的保持。在动态竞争条件下，竞争优势都是暂时性的，所有的竞争优势都是会受到侵蚀的。这种侵蚀有时是因为竞争对手的模仿，有时是被竞争对手以智取之。一旦竞争优势没有意义就很可能成为负担。如果继续投入去保持过时的竞争优势将可能导致更大的灾难。所以，在动态竞争的条件下，虽然也要保持竞争优势，但是更加重要的是如何及时通过创造新优势削弱对手的竞争优势，或者通过改变竞争领域与规则使竞争对手的竞争优势过时。所以，美国著名动态竞争战略专家陈明哲教授说，传统竞争战略的制胜原则是如何把握机会消灭竞争对手，而动态竞争战略的关键是如何把握机会放弃自己原有的优势从而建立新的优势。如果长虹公司能够在自己规模成本优势达到顶点的时刻主动放弃，集中资源创造自己在研究开发、销售渠道和售后服务方面的竞争优势，而不是过分依赖这种优势，那么就不会在连续两个回合中使用降低价格的竞争策略。基于上述考虑，动态竞争战略的目的有两个：一是获得高于平均水平的投资收益；二是要在动态竞争互动中建立新的竞争优势。而在同一个竞争战略的实施过程中，要同时实现这两个目的，就必须建立和发挥形成远见、迅速行动和改变规则的能力，立足于不断地寻求暂时性的领先，利用主动改变现状和规则所创造的机会获得超过平均水平的投资收益。

第四，在静态竞争的条件下，我们已经有了许多对环境、行业和竞争对手进行静态分析的方法，但是进入动态竞争条件以后，需要在静态分析方法的基础上采用动态分析方法。传统的SWOT分析方法、波士顿四方格模型以及迈克尔·波特的五种竞争力分析模型等都是静态的分析方法。这些方法的主要问题就在于它们立足的竞争优势是可以长期保持的，而且主要是从保持和发挥竞争优势出发为制定和选择竞争战略提供依据。记得有一次学生们在进行案例分析时，当他们对一个老企业和一个新企业进行竞争优势分析时，一位学生说，这个老企业的竞争优势就在于"老"，因为"生姜还是老的辣"；而另一个学生则起来反对说，新企业的竞争优势就在于"新"，因为新企业、新产品有新鲜感。于是，老师问学生："老婆与新娘的区别是什么？"这个故事可以说明静态分析方法的弊病。在动态竞争条件下，分析、评价和选择竞争战略的方法不再立足于竞争优势的可保持性，不是只考虑一个竞争回合，而是立足于竞争对手之间的互动。例如，把博弈论和行为科学的方法运用于对竞争对手的行为和反应的分析，把连动分析方法运用于对竞争性互动的分析，把情景描述、战争游戏和模拟分析等方法运用于竞争战略评价和选择等。

第五，在静态竞争的条件下，人们更加注意环境、市场和行业结构对企业行为与效益的影响和企业的资源条件；而在动态竞争的条件下，人们越来越关注企业的能力、核心专长以及企业战略的作用。在静态竞争的条件下，许多管理者认为，一个企业的效益主要决定于客观环境、市场结构和行业竞争结构，所以他们把大量精力放在分析环境、预测侵蚀、选择行业方面，一旦选择了好的机会就盲目进入。因为他们相信先动优势，而且认为优势一旦建立就可以长期保持。但是在动态竞争的条件下，越来越多的管理者认为客观环境、市场结构和行业竞争结构是可以通过企业的战略行为而改变的，而且变化越来越快。例如，可口可乐公司和百事可乐公司所处的行业本来是没有什么发展和盈利潜力的，因为可乐有一个强大而且几乎是不要钱的替代产品——水，但是它们用自己的战略行为创造了一个发展和盈利潜力很大的行业。由此可见，没有什么优势是不变化或者可以长期保持的，因此重要的应该是能力，尤其是以知识和技能的综合为基础的核心专长。一个具有很高能力的企业，不仅可以模仿、学习竞争对手的竞争优势，而且可以改变和创造新的竞争优势。一个行业的主要企业可以通过自己的战略和策略行为，改变行业竞争的关键制胜因素，提高或者降低行业动态竞争的水平，缩短或者延长产品的生命周期，等等。

（原载《迈向世界级企业——中国企业战略管理研究》，企业管理出版社2001年版，第205～212页）

成功企业在技术创新上的两难选择

管理学领域一直有许多的专家和学者在研究成功企业，因为他们总是希望能够从成功企业的身上总结出一些共性和具有普遍意义的特点，然后就可以"成批生产"企业。最近的研究结果表明，成功的企业通常具有强烈的营销导向、良好的计划系统、精密的组织结构和突出的核心专长等等。但是研究也同时发现，许多在上述各个方面非常优秀和非常成功的企业在行业技术面临重大突破的时刻，往往因为不能够把握间断性技术创新的机遇而丧失市场或者竞争优势。这种现象不仅存在于快变化周期行业，而且也存在于标准和慢周期行业。在快周期行业的美国数据设备公司，20世纪80年代还在《追求卓越》一书中被称为最杰出的企业之一，但是几年之后就因为没有对个人计算机的挑战做出正确的反应而陷入极大的困境之中。标准周期行业中如我国长虹集团，长期以来在战略和管理上都是国内可圈可点的代表，但是目前因为错过了家电信息化的重要机会而陷入了徘徊的境地。

一

上述令人难以接受的事实引起了学者们更大的研究兴趣，深入研究之后他们发现造成上述现象的根本原因是与三个事实有关。

（1）按照发展模式，技术创新可以被划分成两种。有一些技术创新是以改进现有产品和服务为目的的，它们非常容易为现有的大多数顾客所接受，我们可以称之为"渐进性技术"。而另一些技术创新的出现则会带来技术发展的间断，创造出一些全新的产品或者市场，我们称之为"间断性技术"。间断性技术出现的最初阶段中，依靠这些技术开发的全新产品或者服务通常是非常不成熟、不确定和难以为大多数顾客所接受的。

（2）技术的发展往往超过市场的需要，或者至少与市场的需要不同步。影响技术发展和市场需求变化的是两组相关但是又明显不同的变量，因此技术发展和市场需求的变化往往是不同步的，技术进步往往超过市场需求。历史上，新技术出现之后几年，甚至十几年之后才引发市场实际需求增加的事例很多。所以，通过市场调查了解顾客的需求，无论对把握渐进性技术创新还是对把握间断性技术创新的机会而言，都是很难的，因为如果顾客不知道什么在技术上是可能的，就很难为企业技术创新尤其是间断性技术创新提供指导。

（3）新技术出现的时候，很难受到理性投资者的重视。新技术的研究，尤其是间断性新技术的研究目的性和结果不甚明确，很难通过大企业多层次和严密的计划体系的审核；新技术的研究，尤其是间断性新技术的出现往往是从小的突破或者从某个局部开始，而成功的大企业所重视的是大的突破或者具有全局影响、能够产生巨大销售潜力的机会；技术创新，尤其是间断性技术创新的可行性评价很难进行，因为，新技术可能不完善、市场的反应难于预测、技术和市场上的不确定性很多。可以说，越是具有理性分析能力的企业，可能就越难以把握技术创新的机会。

二

如果假定我们这里所说的成功企业都不是在充满市场机会的年代"偶然成功"的，而是因为它们在企业管理上确实具有很高的水平，而且基本上具有到目前为止我们所发现的所有"成功企业"的特点，那么，这些企业现在在技术创新方面所面临的若干个典型的"两难选择"，使它们有很大的可能错过一些重要的技术创新机会。

（一）在满足顾客需要和创造顾客需要之间的两难选择

成功的企业一般都具有很明显的顾客导向，它们的投资者、管理者都深刻地意识到只有满足顾客的需要才能够获得合理的回报。因此，这些企业都有非常完整和高效率的系统和方法去排除一些顾客不需要的产品或者服务，筛选出一些顾客需要的产品或者服务。成功的企业通常在这个方面具有其他企业所不具备的专长。但是，它们也存在一个问题，就是很难发现间断性技术创新的机会以及及时给予足够的资源投入。而当它们发现了这样的机会，而且也准备进行大投入的时候，往往创新的机遇已经被别的企业把握了。对于这些企业来说，不以顾客为导向去满足顾客的需要则行不通，但是过分强调这一点又会失去引导消费和创造顾客的能力。综观中外企业发展的情况，成功企业通常是在顾客需要的成熟技术领域投资最大的企业，但是同时又是经常错过间断性技术创新机会的企业；成功企业通常不是间断性技术创新的原创者或者先动者，但通常是间断性技术创新的跟进者和实现者。

（二）规模增长与技术创新的两难选择

间断性技术创新通常创造了全新的产品和市场，而这些新产品或者新市场的规模是很小的或者说是正在成长的。虽然如此，能够创造或者率先创造这样的市场能产生非常重要的先动优势，并且为后来的进入者制造进入的障碍。但是，依靠这种战略成功而发展壮大的企业很难再重复采用这种战略。至少从广东第一代成功企业的身上，我们还没有看见成功创造第二次成功的企业。也就是说，不发展壮大不行，但是发展壮大以后又有了新的难处。

（1）一旦它成为大企业以后就背上了增长的压力。例如，有一个依靠加工而在黑色家电行业获得巨大成功的企业，目前在单一产品上形成的销售额是60个亿，出于股票价格上涨和为自己员工发展创造机遇的压力，它每年至少应该有15%的销售增长，也就是说要有9个亿的销售增长。一般来说，能够一下子产生如此巨大销售量的新产品或者新市场的技术创新机会是很少有的。因此，许多大企业虽然也重视技术创新，但是它们真正关注的还是寻找能够带来巨大增长机会的成熟技术；而且企业越大越成功，对间断性技术创新所带来的机会就越不激动，对是否值得把握这些机会的争论就越少。

（2）企业的规模大，必然导致管理层次增加，决策点上升，决策者越来越理性，对技术创新的反应也就越来越迟钝。

（3）成功的大企业往往是在能够满足顾客需要的现有技术上投资最多的企业，正是这些投资形成了它的规模效益，支持它对市场的控制力。对于渐进性的技术创新，这些大企业是比较容易接受的，因为这些技术创新可以增加这些资产的利用率。但是，对于间断性技术创新来说，这些大企业有一种天然的迟钝，甚至会有意地拒绝，原因是这些技术创新可以使它们的巨大资产迅速贬值。所以，越是小企业对技术创新的反应就越快，越是大企业越难主动"革自己的命"而去接受和推动技术创新。

（三）理性决策与非理性决策之间的两难选择

杰出企业管理的标志之一就是这个企业是否具有优秀的环境分析、市场研究、战略计划和预算管理的能力。这些能力在比较成熟或者技术发展处在渐进阶段的时候是非常有效的，因为市场需要什么、市场的大小等都是可以比较准确地了解和计算的。所以，在技术比较成熟的行业中，大企业在渐进技术创新方面具有很高的优势，因为它们的管理者所受的培训就是理性投资的分析，这种分析的方法和工具对进行渐进技术创新是可行的。但是，对于新出现的市场或者间断性技术创新来说，大企业所熟悉的理性分析的方法就不那么有效了。比如说，许多中国家电企业在5年前根本就没有预测到今天自己会进入通信行业，例如生产手机；许多经过理性分析决定进入房地产行业的企业今天不得不承认自己当年的理性决策是不明智的；许多大企业经过理性分析否决的技术创新机会又被那些中、小企业所利用，获得了先动的优势。因此，对于当今的企业来说，理性决策是避免经营和财务风险所必需的，但是太理性了又会错过许多创新机会。

（四）巩固优势与创造优势之间的两难选择

凡是成功的企业都是从自己的竞争优势出发去选择和制定战略的，包括技术创新的战略。因此，所有成功的企业在选择技术创新方向和项目的时候，都把能否巩固优势和发挥优势作为一个重要的原则。这种思路对于比较成熟的行业和渐进性技术创新是合适和可行的，但是对于新兴市场的开拓和间断性的技术创新就恰巧是不合适和不可行的。事实上，我们可以发现，越是注重不断巩固和发挥优势的企业，就越有可能错过技术突破或者间断性技术创新的机会，就越有困难去创造新的竞争优势或者主动地改变行业竞争的规则。

（五）资源依赖与机会带动之间的两难选择

间断性技术创新通常意味着新产品、新市场甚至新行业的出现。在市场机会比较多的时代，许多企业因为采用了产业组织的战略选择模式，主要通过进入高收益的行业和选择合适的定位而实现收益的增长，从而进入了"多元化的陷阱"。许多学者的实证研究结果表明，成功的企业通常具有集中经营的特点。因此，20世纪80年代的西方企业和90年代的中国企业后来都曾经不同程度地出现了回归主业、建立核心专长的运动。总结历史上的经验和教训，资源依赖开始代替产业组织成为当今战略管理选择的主流模式。这种模式认为，决定一个企业能否成功的关键因素主要在企业内部的资源、能力和核心专长，而且特别指出了组织作为一种资源的重要性。事实上，面临间断性技术创新机会，成功企业在许多具体问题上面临着两难的处境：从资源依赖的战略模式出发，大企业在人才、组织、机制和价值观等方面的成功特点，根本就不能够使它成为间断性技术创新的先动者，因为这些方面的特点使它们很难把握间断性技术创新的机会。但是，从机会导向的观点出发，恰巧是间断性技术创新所创造的机会才能够带来高收益，所以成功的企业应该利用这样的机会改变自己的人才、组织、机制和价值观。

三

虽然成功的企业，尤其是那些大企业在技术创新上所面临的两难选择是基本相同的，但是的确有些企业采用了一些新的和更加有效的方法对付这些"两难选择"所带来的挑战。虽然这些方法不应该被看成是唯一正确的，但是至少应该作为一些选择加以了解。

（1）在继续保持以顾客为导向的同时，树立技术导向。它们认为，以顾客为导向至少应该有两个层次的含义：一是简单地或者被动地适应顾客，从各个方面满足顾客当前的需要，这个是最基本的要求；二是从顾客的基本需求出发，充分利用技术创新的成果，通过开发新的产品或者服务，引导消费和创造市场，这个是高级的要求。从这样的要求出发，真正决定企业发展方向的不应该仅仅是顾客的需要，还应该考虑技术发展的趋势。在这些企业的内部应该有两种不同的人在不断地回答这样两个不同的问题：①从当前顾客满意性来看，我们还需要做些什么？②从未来技术发展的趋势和可能性来看，我们应该怎么做才能够令未来的顾客满意？如果在两个问题的回答上出现资源和精力分配矛盾的话，企业高层领导应该回答第三个问题：企业如何在满足顾客当前和未来需要之间寻求最佳的平衡？

（2）对于间断性技术创新机遇的把握不应该只停留在认识上，还应该在组织上得到落实。一些成功企业会在主要业务经营单位之外，围绕着可能出现的间断性技术建立一些相对独立的组织，这个组织的规模应该与目标市场的规模相匹配。这样的组织不再服务企业原有的顾客，而是服务那些需要间断性技术才能够提供产品的顾客，它们有发展间断性技术所需要的治理结构、管理体系、运作机制、企业文化和资源。通过这样的策略，成功的大企业就不会错过间断性技术创新的机遇或者与这样的机遇为敌，也不会因为自己内部的原因（如治理结构、管理体系、运作机制、企业文化和资源配置）而在新业务和新市场上失败。这种策略的背后所反映出来的假设符合资源依赖的观点。这种观点认为，在一个行业中运转成功的组织结构、管理体系、运作机制、企业文化和资源配置方法等是很难迅速转移到另一个行业的；同时，这个策略背后所依靠的是另一实证研究的结果，即小企业最容易对在小市场上出现的技术创新做出合适的反应。

（3）理性的分析方法是力图在行动之前把一切不确定性因素排除，所以采用各种调查和数量分析的方法，去判断可行性和制订尽可能精确的战略和计划。问题是一个根本上还不存在的市场或者技术，我们没有办法对它采用理性的方法进行可行性的分析，更加不可能制订一个"蓝图式"的计划从而进行一个从无到有的创造。所以，有的企业采用了一种被称为"以发现为基础的计划方法"。这个计划事先也进行大量的理性分析和计划活动，但是行动开始就假定自己的预测是错误的，战略选择是有问题的。在这种情况下，进行投资和实施战略的管理者需要有一种学习和应变的态度和计划。面对间断性技术创新，这种态度和策略会更加有效。支持这种态度和策略的观点认为：①在动态竞争和新技术不断出现的情况下，战略实施越来越成为一个不断选择的过程；②战略从根本上讲应该是一种行为模式，战略选择的决定因素应该是企业高层管理者和企业价值观；③企业战略管理的模式应该是从正确的价值观出发，建立一个远景，然后在学习和应变中注重具体的选择。

（4）资源依赖和机会导向对企业确定技术创新的方向具有同样重要的意义。从有利于发现获得高收益的机会来说机会导向是对的，但是从把握机会或者实现高收益的角度来说资源依赖是正确的。在市场竞争不激烈的时候，机会导向更合适一些；而在市场竞争激烈的情况下，资源依赖则更加实际一些。因此，从今后的发展来看，资源依赖的观点应该是制定技术创新战略的基本思路和出发点。一些成功的企业根据这样的基本思路，建立了一个既能够发现间断性技术创新机会又不过于盲目和冒险的模型。（见图1）

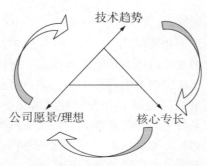

图1 制定技术创新战略的基本思路

1）从顾客最基本的需要和公司的价值观念出发，考虑自己的核心专长和技术发展的趋势，确立企业的愿景和理想。这样才能够保证顾客导向和技术导向的一致，同时又能够有的放矢。

2）从公司的核心专长和公司愿景出发，确定技术发展趋势分析的范围和重点。企业对技术发展趋势的关注过宽会分散精力和浪费资源，而关注过窄又会错过间断性技术创新的机会。

3）根据企业的愿景和对技术发展趋势的理解，分析自己的资源、能力，确定自己的核心专长。这样才能够保证在不断巩固优势的同时，又不断创造优势。

（原载《迈向世界级企业——中国企业战略管理研究》，企业管理出版社2001年版，第299～307页）

重新定义行业与建立竞争优势

中国企业,尤其是企业集团从 20 世纪 90 年代中期开始高度多元化发展,这在微观上导致企业普遍陷入了资产规模大、资本结构恶化、经济效益急剧下降的困境,而在宏观上则导致中国大多数行业出现了行业结构恶化、同质化严重、竞争强度迅速上升等问题。虽然中国"入世"前所带来的各种威胁已经使多数中国企业意识到回归主业的重要性,但是在回归主业的过程中如何建立核心专长以摆脱同质化竞争则成为这个特定历史阶段中国企业,尤其是大型企业集团所面临的挑战。

其实,西方企业,尤其是美国企业在 20 世纪七八十年代也曾经历连续多年的行业多元化发展高潮,并且在 80 年代初面临着与当前中国企业类似的境遇和挑战。在应对过度多元化的问题上,美国企业普遍采取了所谓"行业重组"(Business Restruction)的战略;在应对如何建立核心专长以摆脱同质化竞争方面,美国企业中的行业领导型企业则采取了"重新定义行业"(Redifine the Business)的方法。本文以笔者在 20 世纪 90 年代所从事的若干咨询项目为典型案例,具体说明应该如何运用重新定义行业或者行业关键成功因素的方法,通过集中资源、建立核心专长来摆脱当前所处的困境。

一、种养殖业

中国是一个地大物博的国家,各个地方都有自己的特色种养殖产品。我们每到一个地方,当地的官员总是宣传本地特产,包括水果、蔬菜、家禽、海产等等。但是也经常听到这样的故事,说某某县长因为号召或者动员当地农民发挥本地特色,大量种果树或者养鸡而害了农民,因为农民种了水果或者养了鸡之后,卖不出去或者卖不了好价格而亏了本。起初我根本没有予以重视,因为我是企业管理专业的教师,研究的对象主要是工业企业。直到有两个学生求到我的门下,才感到这个问题其实很应该研究一下。

例一 有一位学生是山西一个煤矿驻广州办事处的主任,主要从事煤炭销售。但是,有一天他突然上门希望我能够告诉他如何在广州卖野菜。他说他所在公司的领导认为单一从事煤矿行业会被上级部门管得太死,没有办法发奖金、搞福利,所以一下子花了1400万元在内蒙古买了7000亩(1亩≈0.06667公顷≈666.7平方米)地种了十几种野菜。现在让他这个卖了十几年煤炭的人在广州卖野菜。所以,他不得不来问我怎么办。我知道这种多元化经营是国有企业管理者的偏好,而且也知道这个公司的"特色野菜"事业基本上是"凶多吉少"。但是我还是忍不住想,发展特色种养殖行业的关键成功因素究竟是什么?如果当时这个公司把主要投入不是放到土地上,而是放在"特色野菜"销售和渠道的建设上,这种战略是否会好些呢?

例二 另一个学生是广东某银行的中层经理,现在在广东一个贫困县担任扶贫副县长。他说有三个省级单位负责这个县的对口扶贫工作,每一个单位带300万元,任务是兴办三个厂,从而使4500户农民能够在一年以后脱贫。于是,他们利用这个县的特色和优势,兴办了一个竹笋罐头厂、一个食用菌厂和一个种鸡厂(因为当地出产的鸡非常出名)。他还说自己很担心这三个厂能否带动那么多农民脱贫,原因是这三种工厂在当地已经很多了。听完这个故事,我禁不住又在想,如果下达给他们的任务不是兴办三个工厂,而是促进上述三种类型产品的销售;如果900万元不是投资于固定资产,而是投资于渠道或者建立一个销售公司,会产生什么样的结果呢?

带着这些问题,笔者去咨询了一个非常出名的养鸡集团公司。这个集团的老板姓温,两个月以来他不断地给我打电话,希望我能够看看他的养鸡场。起初我以为这个小企业根本不值得咨询,但是后来出于好奇的访问使我大开眼界,这个只有小学文化水平的温姓老板确确实实给我上了一课。这个集团每天向广东和香港地区销售大约3.5万只鸡,但是在整个养鸡的纵向活动链上,集团只从事销售、饲料、孵化、防疫和20%的饲养,而另外80%的饲养活动由当地的几万农户负责。这个集团抓住了家禽饲养行业中几个关键或者说价值增加最大的环节,集中资源,在这四个环节上形成了两大类型的共享优势:一是营销,尤其是渠道;二是科学技术,体现在饲料、孵化和防疫等环节上。集团每出售一只鸡,有4元钱的毛利,其中1.5元是集团的直接收入,另外2.5元毛利归农民所有。但是,农民拿去的毛利还是要从集团公司购买其他的服务，最终大部分还是以多种形式变成了这个集团的收入。我不仅非常钦佩这个只有小学文化的农民企业家，而且越来越清楚地意识到这位温老板的运作完全可以帮助我回答前面那两位学生的问题。就在访问即将结束的时候，我的上述看法得到了进一步强化。温老板告诉我："虽然我每天需要用200辆左右的汽车运鸡，但是我自己并没有出钱购买一辆汽车。我的汽车运输队全是农民带车建立起来的。采用这种方法不仅不会影响运输，而且大大地降低了经营、管理的成本，消除了经营和财务上的风险。"听了温老板的故事，我发现他不仅掌握了目前国际上刚刚兴起的动态一体化战略的精髓，而且把这种原本以为非常高深的理论操作得非常完美。我当时的激动心情绝不亚于一个考古学家发现了一件稀世珍宝。我马上感觉到，如果在发展特色种养殖业的过程中，一个企业或者地方政府能够掌握市场（主要是品牌、渠道等）和科技，那么还会担心没有农民去从事生产吗？如果战略的重点和资源的配置完全放在相反的地方，那么就很容易发生地方政府官员"害"农民的问题。

　　以前人们认为农林牧副渔业，尤其是特色种养殖行业作为资源或者环境依赖型的行业，是可以靠山吃山、靠水吃水的，只要一个地方有自己的特色种养殖产品，就有了其他地区没有、难以模仿和不可替代的优势。这个时候的农村单位或者企业，包括前面的那个煤矿，基本上是以生产为导向的。企业会把绝大多数的投资和精力放在资源的开发和生产上；一见到别人就夸自己的土特产品举世无双，一遇到销售问题就扩大产量或者责怪世人不会欣赏好东西。

　　科学技术的发展，使一部分农民和企业认识到科技对农林牧副渔业的重要性，尤其是特色种养殖行业应该是技术依赖型的行业，以为只要有了科学技术，就可以实现从无到有、从小到大的转变，就可以模仿和创新。这个时期产生了一大批所谓科技专业户和科技型种养殖企业，包括前面说到的那三个扶贫项目。

　　无论是资源导向还是技术导向的企业或者农户都发现自己面临着前所未有的矛盾——产品销售困难与生产数量不断加大的矛盾。一方面，科学技术的发展、地方政府的推动和其他行业企业的进入，使农林牧副渔业，尤其是特色种养殖行业的各个产品产量大幅上升；另一方面，绝大多数特色种养殖产品的销售还是依靠传统的"农贸市场"或者农民摆摊的方式。

一方面，大量的投资还在不断进入"三高农业"或者特色种养殖产品的生产和加工；但是另一方面，大量的居民却站在市场里边抱怨没有什么新品种好买。在特色种养殖行业中除了产品和价格策略以外，基本上没有什么名牌产品，没有对建立零售网络进行大投资，没有什么主动的价格策略和主动的促销手段。

其实，今天和今后的特色种养殖行业应该是一个以渠道为导向的行业。由于特色种养殖的产品在性能和质量上很难区别，所以渠道和网点应该是识别产品或者品牌更加有效的方法；在整个价值链上，渠道，特别是零售的毛利最高，随着渠道规模的扩大，渠道的价值增加作用将会更大；如果一个企业掌握了广泛的渠道，那么它不仅可以在销售自己产品的同时销售其他企业或者地方的产品，而且最终可以过渡到完全不需要自己拥有生产基地，而通过委托或者采购的方式解决供应或者生产问题。回想一下养鸡集团温老板的经营，就是因为抓住了渠道，他才可以不用自己投资，而是利用方圆十几里的农民为他养鸡；就是因为有了足够的运输量，他才可能不用投资建立自己的汽车队。如果前面提到的那个煤矿不是把1200万元投资于购买土地和种植野菜，而是将大部分的资金投至建立一个中心城市，建立覆盖这个城市的绿色产品销售网络，那么它可以带动内蒙古的农民种野菜，而且可以销售其他地区的野菜。如果那个扶贫的副县长不是将900万元投资建立了三个工厂，而是建立了一个能够销售当地的竹笋、食用菌和鸡的渠道，那么就不仅是带动了本县农民的脱贫，而且可以带动其他地方的农民富裕。无论是煤矿的矿长还是副县长，一旦拥有了这样的网络，就不难发现自己对全国其他的县长、镇长拥有了更大的讨价还价的权利，因为这些县长、镇长都在为没有这样的渠道而痛苦不已。

值得注意的是，为什么那个颇为成功的矿长和制订扶贫计划的领导不明白特色种养殖行业应该是一个以渠道为导向的行业？因为那个矿长实施多元化发展的目的不对，目的和动机的错误使他没有可能如此冷静地分析这个行业。而那些制订扶贫计划或者政策的领导可能明白上述道理，但是他们不能够这样做，因为他们想有些固定的设施和设备可以表现扶贫的成果，或者不知道应该如何控制对渠道的投资。

二、旅游业

越来越多的人用生物进化论的理论和观点解释现代市场竞争。例如，生物需要选择适合自己生存的环境，同样企业需要选择适合自己生存的位置。面对同样的市场，大企业有大企业的定位和玩法，小企业有小企业的定位和活法。如果大企业采用了小企业的定位和活法，就会被淘汰；反过来，小企业也一样无法生存。我参加旅行团的痛苦经历和职业习惯，使自己非常想探讨两个相关的问题：一是我们国家的旅行社怎么样才能从根本上改变现状；二是在推进这个改变的过程中，大旅行社应该如何发挥自己的角色和作用。我一直认为，行业结构的优化主要是大企业的责任，大企业的行为应该属于整个社会，而不仅仅是它们自己。

随着生活水平的提高和生活方式的改变，我和家人越来越喜欢出去旅游。起初参加了一些小旅行社组织的旅行团，每一次旅行就像经历一次冒险活动，因为不知道在旅行的过程中会受到什么样的"虐待"。从一开始旅客们就假定旅行社是骗子，它们的赚钱之道就是克扣或者欺骗旅客，所以对选择旅行社和签订合同非常小心。从上路开始，旅客心中就老想着这样的问题：我是不是又被它骗了。尽管如此，旅行途中你还会发现许多不能够兑现合同的地方。虽然每一次不兑现的内容和方式不同，但受伤的都是旅客，旅行社很少退钱。每一次旅游回来，我都下定决心再不参加旅行团，但是一年后却又抱着希望去参加了。

1997年全家去三峡旅游，因为时间安排不当，在"大三峡"只游了一个峡；因为没有船，"小三峡"只游了一半。当时旅客们都说：参加旅行团就像上了贼船，上去了就下不来。后来朋友们说我选择的旅行社太小，应该选择一些知名的、规模更大的旅行社。我想有道理。1998年的夏天，我们准备利用孩子放暑假的机会去桂林旅游。因为害怕夫人和小孩子受苦，同时也害怕自己成为旅行团的待宰羔羊，我就选择了一家大旅行社和档次比较高的旅行团。其中合同规定，在桂林期间会入住当地三星级酒店。结果到了桂林以后，我们按照"惯例"被卖给了当地的地方陪同导游人员（简称"地陪"）。地陪就带着我们去了当地大学的酒店，并且告诉旅客们这个酒店是三星级的装修。但是旅客们不买导游的账，认为三星级装修不等于三星级酒店，况且这个酒店就没有星级标志。于是，旅客们与地陪在酒店大堂争吵了几个小时，要求换酒店或者退钱。虽然有的人，包括我的家人在内愿意将就住下，也能够根据"初级阶段的理论"寻找心理上的平衡，但是这个时候同旅行团的旅客已经成为一个"阶级"。如果我们表示了让步，那么我们就变成了这个"阶级"的叛徒。结果4天的旅游就在争吵中度过3天，而且争吵的结果还是地陪战胜了我们，谁让我们已经上了"贼船"。我心里想，下一次如果谁建议我找大旅行社，我一定打他一个"耳光"，因为大的和小的一样差，区别只在于大的投诉以后反应更慢。

最近，M省中国旅行社希望我所在的学院为这个企业提供战略咨询服务，因此我有了了解这个行业和这个行业中的大企业的机会。

直到目前，我国旅游行业的大企业基本是机会带动增长，而机会主要来自于政府的政策，而不是市场需求。原来，国内的老百姓是根本没有旅游这个概念的，只有国外的居民或者是海外华侨等才有在中国旅游的要求和待遇。所以长期以来，中国旅行社是属于国务院侨办管理的部门。旅游行业的主要业务是这样划分的：内地旅游、港澳旅游和海外旅游。只有两三个沿海地区的省级旅行社（其中包括我们这里所说的M省中国旅行社）才能够同时经营上述三项业务，因此具有非常重要的竞争优势。一般来说，除了旅行社和与之配套的运输公司以外，省级中国旅行社或者其他大的旅行社都在不同程度上实施了多元化发展的战略，而且一般来说省级中国旅行社的多元化程度最高。就以希望得到咨询的M省中国旅行社为例，它80%的资产和90%以上的职员分布在其他行业，而不在旅行社。

由于归国人员和侨汇商品可以有免税的优惠，所以许多中国旅行社（包括M省中国旅行社）下面有自己的免税商品商店。

因为当时的开放政策，M省中国旅行社利用自己是侨办企业的身份，从政府有关部门获得这种许可，所以就进入了来往香港和澳门的储运业务。

也许是因为管理或者配套方面的原因，M省中国旅行社很早就建立了华侨酒店。在酒店不多的情况下，拥有这样的酒店可以降低交易成本和获得很高的收益。改革开放以后，M省中国旅行社又建立了4家自己的酒店。这些酒店大多数设立于省城，只有少数建立在风景区。

因为华侨用外汇购房可以优惠或者解决城市户口问题等，所以各个地方侨办下属的企业都能够利用这个政策从事房地产的开发和经营。M省的中国旅行社也进入了房地产行业，而且还准备重点发展高档商用住宅，原因是这样可以发挥自己品牌和管理的优势。

除了上述各行业外，M省的中国旅行社还小规模地进入了更多的行业，拥有了自己的传呼台、酒店管理、进出口业务、计算机管理等公司。

M省中国旅行社的总经理向我们介绍，当前国内旅游市场的需求很大，发展非常快。对此，我已有了非常深刻的体会。因为今年"五一"期间我带夫人和女儿去北京旅游，在去八达岭的路上塞了5个小时的车，在故宫门口排了4个小时的队都没有让女儿如愿进去。这位总经理还说，根据这种市场的变化，该公司已经决定对公司的业务进行战略性重组。重组的主要内容是：大力发展旅行社的业务，稳步发展酒店和房地产业务，逐步清理和退出其他与上述业务没有明显关联的业务。虽然我感到这位总经理的思路还算清楚，这个公司所选择的战略基本上也是正确的，但是我认为美中不足的是重组的力度不够。作为国内旅行社行业排前3名的大企业，它应该以价值链的分析为基础，寻找其他竞争对手尚未发现的创新机会，大胆进行战略调整和业务重组。

（一）勇敢地兑现自己的承诺

我的一位外国朋友曾经说，他一年大概在中国与美国之间往返20次。有时美国到中国的双程机票是3500美元，但有时是500美元。虽然遇到高价格的时候不高兴，但是遇到价格优惠的时候却是特别的高兴。一年下来，他往返的平均机票价格是1400美元。受此启发，我认为省级中国旅行社应该向所有的旅客承诺："凡有特殊或者管理方面的原因不能够兑现合同时，旅行社应该部分或者全部退款。"如果省级中国旅行社能够做出和兑现这样的承诺，是完全可以提高价格的，因为有许多旅客热切希望不要有类似我在桂林的经历。虽然有的时候可能是一个旅行团免费旅行了一回，但是一年下来那么多旅行团还是会带来收入和利润的。同时，这样的做法可以改变行业竞争的规则，有效地发挥大企业的竞争优势。

（二）在全国主要的城市建立自己的分公司或者办事处

现在旅客对旅行社最不满的就是地陪制度。从旅客的角度来说，他们感到自己被转卖了；如果出现纠纷，地陪推三推四，难以追究责任。从旅行社的角度来说，地陪不仅难以控制，而且控制的成本很高。如果大旅行社能够在当地建立自己的办事处或者分公司，招聘当地人员做地陪，那么在接机、车辆、住宿和景点的安排上就会更有效地提高合同的兑现率。这种做法可以显示大企业的实力，形成对小旅行社的压力，建立行业进入的障碍，从而优化整个行业的结构。

（三）通过购并扩大自己的市场控制范围

在改革的过程中，全国的中国旅行社虽然仍共享一个名称，但是从中央到各省，从各省到各市、县，中国旅行社之间是相互独立的，没有资产连接的关系。这种分散经营的局面严重影响了中国旅行社行业抵御外国企业的能力，迟早会进行整合。所以，M省的中国旅行社应该运用自己的资产实力和跨地区经营形成的压力，对省内各个市、县的中国旅行社进行收购重组；同时，抓住机遇，对省外的中国旅行社进行收购或者参股，把自己的经营范围从省内扩大到省外。正是因为南方航空公司前几年先后收购了若干个省、市的航空公司，今天才有可能在国有航空公司重组的过程中成为三大航空公司之一。南方航空公司的经验值得M省中国旅行社借鉴。

（四）在扩大市场控制范围的基础上建立深度分销渠道

现在是各个旅行社建立自己的品牌和知名度的最佳时期，因为整个社会居民的收入刚刚达到能够进行国内外旅游的阶段。省级中国旅行社应该通过自建和特许经营的方式发展连锁的销售网点，从而在自己控制的市场范围内，按照一定的人口或者行政区域建立全覆盖的销售网络。

听了我的意见之后，这位总经理认为，这个思路很好，但是目前不可操作。该旅行社大部分的资源在酒店和房地产行业，暂时没有那么多的资源对旅行社的业务做这么大的投资。于是，我提出能不能够出售所有的酒店和退出房地产行业。这位总经理感到非常意外，因为他从来没有考虑过这个选择，他一直以为旅行社拥有酒店或者利用自己的品牌经营房地产是非常合理的战略选择，而且该旅行社在这两个行业的企业并没有出现亏损。为了说服他，我陈述了自己的理由。

（1）是否亏损不是应该不应该进行行业组合调整的理由。一个集团公司是否应该调整行业组合，主要不是看组合中的各个行业有没有前途，不是看各个行业性的子公司目前是否盈利，关键是看这个行业组合是否能够获得最佳的经济效益，看总部能否给各个行业性子公司带来最大的增加价值。在该旅行社资源有限的情况下，如果只出售亏损企业，不仅没有办法得到发展旅行社所需要的现金，反而可能会从旅行社业务所获得的现金中拿出一部分去偿还银行的债务。

（2）是否应该采用纵向联合战略，主要取决于能否降低上下游企业之间的交易成本。旅行社与酒店之间存在着上下游的关系，M省中国旅行社是从20世纪50年代就开始发展自己的酒店的，因为当时能够接待外国人或者海外华侨的酒店很少，拥有自己的酒店确实可以化外部交易为内部交易，降低交易成本和获得竞争优势。但是，现在的情况发生了根本性的变化，高级酒店越来越多，管理也越来越好，旅行社与酒店之间进行外部交易比内部交易更加有效和健康。如果该旅行社不是拥有大量的酒店住房，而是拥有大量的旅客，那么它的经济效益会更加高。原因是：①它在旅行社业务方面有更大的竞争优势；②目前的情况是拥有旅客比拥有酒店具有更大的讨价还价的筹码。

（3）是否应该发挥品牌优势而进入房地产行业，需要考虑行业的相关性、品牌优势的可保持性和资源的方便性。M省中国旅行社至少在目前还不应该利用中国旅行社这个品牌进入房地产行业，具体原因有三：①旅行社和房地产行业没有明显的相关性，人们不会因为某个旅行社非常成功，而断定这个旅行社经营的房地产一定成功；②考虑到旅行社行业仍然有巨大的发展潜力，所以在此之前所建立的品牌优势还需要继续巩固和提高，需要继续投入；③如果它有丰富的资源，或者很容易获得资源，发展一些与旅游行业关系密切的房地产是可以的，但是情况恰巧相反。

（4）专注于旅行社行业是否会增加自己的经营风险。关于这个问题虽然可以进行大量的理论讨论，但是简单的回答可能会达到更好的效果。在国内旅游市场开始启动的时候，对于M省中国旅行社来说，是按照上述战略发展旅行社行业的风险高，还是去发展自己并不是很擅长的酒店和房地产行业风险高呢？笔者认为在这个具体的行业和关键的时期，专注比多元化更加能够降低风险。

最后这位总经理接受了我的建议，但是他认为职工问题是实施这个战略调整的最大障碍。这个问题处理不好，就很可能出现"壮志未酬身先死"的结果。我同意他的担心，但是这是一个操作层次上的问题。他说，M省中国旅行社的90%的员工是在酒店工作，这些员工的年龄大、文化水平低，吃大锅饭的思想严重，操作起来很困难。

不知道是不是因为我是一个教授，所提出的观点很理想，但是我的确感到这个困难是可以和必须加以克服的。M省中国旅行社应该认识到，大势所趋，动比不动好，先动比后动好，主动比被动好。如果在酒店工作的是这样的员工，这些酒店的出路还是需要解决员工问题的。

三、民航业

近年来，笔者一直对国内民用航空行业的发展和竞争非常关注，一是因为笔者先后指导了两个在航空公司工作的 MBA 学生；二是因为笔者经常飞来飞去，仅在 1999 年就有超过 20000 公里的飞行里程。我发现，我国航空工业一直存在着两种不同力量之间的竞争。一种是那些规模小、成立时间短和体制活的航空公司，它们希望通过降低机票的价格从大企业手中夺取更大的市场占有率。另一种力量是那些规模大、历史长和体制保守的大公司，它们反对降低价格，因为它们的资产大、负债高，它们在价格战中的损失可能比那些小公司的总资产还多。当第一种力量控制不住的时候，以"打折"为主要特点的价格战就会发生，大企业就出现亏损，而且是越大的公司亏损得越多。当第二种力量占上风的时候，消费者和中、小航空公司的抱怨就越多，因为垄断必然带来高价格和低效率，同时必然对大企业有利。决定能否打折和能够打几折的主要是政府的有关部门，因为民用航空工业是受政府管制的行业，而且目前我国绝大多数航空公司是国有或者国有控股的。

长期以来，有关的政府部门一直在试图控制机票的价格，即一般来说不准许打折，或者经常规定打折的幅度。偶尔有几个航空公司偷偷打折，或者打折过大，就会被指责是"违规者"。这主要是因为这些部门的管理者相信：①民用航空市场的价格敏感性不高，降低机票价格带来的不是利润的上升，而是下降；②造成机票价格降低的主要原因是各个航空公司之间的不平等竞争和不能够自律；③在国有或者国有控股的航空公司还没有完成产权和机制改造以前，这种不必要或者说过早进行的价格战必然导致航空公司的亏损和国有资产的流失。我几个月以前从报纸上看到，有关部门是这样向要求降低机票价格的消费者解释的：目前还不是降低价格的时候，在国内主要的航空公司进一步完善了产权改造和机制改革之后，我们将逐步放开价格。最近有关的政府部门终于实施了一个新的战略：①将全国主要的国有或者国有控股的航空公司重组成为三个大的航空公司，提高民用航空行业的集中度或者是垄断程度，从而降低发生"恶性"价格战的可能性或者程度；②允许航空公司在特定的航线、特定的时间或者一定的幅度上降低价格。笔者认为，有关部门对航空工业的上述三点看法及其所采用的策略是值得商榷的，想提出一些不同的意见：①民用航空市场的价格敏感性是比较高的；②降低价格会导致大航空公司亏损的根本原因是这些公司的资产结构不合理和管理效率低下；③民用航空行业内部的竞争不是恶性的而是良性的，不是竞争过度而是竞争不够；④真正导致这个行业国有资产流失的，不是行业内部的价格战，而是国有企业固有的问题和有关部门对这个行业的管理问题；⑤那些敢于降低价格与大航空公司竞争的公司才是最有自由企业家精神的公司，才是国内民用航空行业的真正保护者。

为什么对这个行业中发生的问题，会有如此不同的看法和观点呢？这是因为有关的政府部门和大的航空公司认为，民用航空行业应该是政府控制的，而且应该是国有资产占据控制地位的行业。因此，面对这样的行业和市场，消费者过去和将来都基本上没有什么选择权。因为他们无论选择什么航空公司，基本上都是国有或者国有控股的公司，所以只要能够控制好国内民用航空公司的竞争行为，消费者就得支付规定的价格。在这样的假设之下，当然有关的政府部门就会把那些敢于擅自降低价格的小航空公司看成"违规者"，而各个航空公司都把行业内部的其他公司，尤其是那些中小航空公司看成自己的竞争对手。我认为，民用航空行业不应该是政府控制的行业，大多数国家也没有这样做。一是因为这个行业存在着许多替代的产品或者服务，例如火车、汽车和轮船等。单纯地控制民用航空行业，而不控制火车、汽车和轮船客运行业，就有可能导致民用航空行业出现全行业亏损和整个市场的萎缩。二是因为政府不仅有使国有资产保值和增值的责任，而且还有保护消费者利益和保证经济健康发展的责任，而这两种责任之间是有矛盾的。美国民用航空行业和中国民用航空行业都曾经历从"管制"到"放松管制"的变化。在大多数消费者对民用航空行业的价格和服务存在许多不满的情况下，采取提高行业集中度和控制价格的策略都是不恰当的。如果我们能够从这个角度去分析民用航空行业的竞争，就会发现国内民用航空行业的真正竞争对手不在行业内部，而在行业之外。那些来自行业之外的竞争将对整个行业的存在理由提出挑战，因此这种竞争才是真正的"行业杀手"。只要各个航空公司遵守政府制定的有关法律和法规，行业内部的竞争会使民用航空行业的竞争力提高；行业内部竞争越是健康而激烈，其他行业替代民用航空行业的可能性就越小。

为了说明上述观点，我们可以看看最近几年我国火车客运、汽车客运行业的发展。近几年，绝大多数消费者都会发现火车客运、汽车客运行业的价值竞争力得到了极大的提高。虽然火车客运、汽车客运行业也提高了价格，但是这些行业是在明显提高速度和改进服务的基础上提高价格，旅客从价格提高中得到的是更大的价值享受。

随着高速公路的大力发展，越来越多的投资者开始进入原来是垄断经营的公路客运行业，造成这个行业的竞争强度明显地上升。竞争是造成了一些国有客运公司亏损，但是竞争所带来的好处是整个行业竞争力的提高。这具体表现在：①客车的速度、舒适性和安全性大大地提高；②采用了航空级的服务，包括训练有素的乘务员、免费食品、播放录像等；③增加班次和提供点到点的服务。如果你曾乘坐过成都至重庆或者北京到太原的豪华大巴，你就会感受到汽车客运在300～500公里的距离内对火车和飞机运输构成了多么大的威胁。

为了对付来自汽车客运行业的竞争，国家和地方铁路公司纷纷利用新技术，改造原有的铁路，提高铁路客车的速度。时速最初是从平均60公里提高到80公里，然后从80公里提高到120公里，最近又进一步提高到200公里。从报纸上看到，上海正在兴建的悬浮式高速火车，7分钟可以从城市中心到达浦东机场。报纸上说："如果在上海和北京之间建立这样的火车运输系统，那么上海的旅客两个多小时就可以到北京。"新的火车都采用了新的列车车厢，里边安装了空调、航空座位，有的列车还有了带电视、热水器等设施的单人间和双人间。现在在500～1000公里的距离之内，火车的竞争力大大地提高了。可以预见，几年以后，火车可能会在1000～1500公里的距离上对飞机构成严重威胁。

还是为了说明这种观点，我们一起看看过去几年民用航空行业的发展。除了先进的飞机和航线多了以外，绝大多数消费者没有感到这个行业有什么明显的创新和进步。虽然各个航空公司都出现了巨大的亏损，报纸上经常在报道这个行业如何受到那些"违规者"的破坏，但是作为一个消费者，我一点也不感到这个行业存在的问题已经得到解决和这些航空公司的遭遇值得同情。相反，还感到有几个问题必须提出来，希望政府有关部门和大航空公司在忙于控制价格或者提高行业集中度的同时予以解决。

（1）机场候机大楼的设计问题。虽然我国兴建了许多现代化的机场候机大楼，但是旅客从机场门口到登机口的距离却越来越远，同时，各个航空公司之间的竞争依然是旅客上了飞机以后才开始。为了减轻旅客的体力劳动、缩短旅客候机的时间和扩大各个航空公司的竞争区域，为什么我们不能够学习一下美国洛杉矶机场候机大楼的设计，让不同的航空公司有不同的候机区，让各个航空公司的旅客能够从候机大厅门口就享受不同航空公司的竞争，让各个旅客都能够经过最短的距离进出机场。如果能够改变机场候机大楼的设计，那么资本实力大的航空公司在竞争中就有了更大的竞争优势，因为各个航空公司需要购买或者租用自己的候机区，从而为整个行业树立了进入的障碍，还可以解决机场建设的融资问题和绝大多数机场的亏损问题。那些无法支付机场建设投资的支线公司就只能够挂在大公司下面，与这些大公司建立战略联盟。

（2）进了候机区就不能够出来的问题。在国外，旅客经过安检进入候机区以后是可以再出来的，而且次数不受限制。但是，我们国家的旅客一旦经过安检就等于是进了"监狱"（如果飞机推迟到第二天，旅客可以被安排住酒店）。据说，不让旅客出来的原因是因为安检部门是按照一个旅客10元向航空公司收钱的，如果旅客可以自由出入候机区，那么航空公司不知道应该如何与安检部门结算。我不知道其他国家的机场是如何处理这种问题的，但是一定有它们的办法。万一它们的办法不适合中国的国情，我想我（作为旅客）愿意支付10元/次的安检费，以换取自由进出。有关政府部门能否先解决一下这个问题，给中国的旅客更多的自由，给整个民用航空行业更大的竞争力，让国内民用航空行业与国际接轨。

（3）候机时间太长的问题。与其他客运行业相比，旅客的候机时间过长是民用航空行业的一大竞争劣势。在国外乘坐飞机的时候，要求的候机时间没有那么长。如果旅客没有行李托运的话，一般可以经过安检之后，直接在登机口办理登机手续。这就大大提高了航空运输与其他运输工具的竞争力。这种竞争力在短距离运输市场和对商务旅客的争夺上表现得尤为重要。我曾经建议航空公司在一些支线上建立"捷运型航班"，从而提高与火车和汽车运输的竞争力。例如，在广州—汕头的航线上，每两个小时开一个航班，从而使旅客根本不需要提前买机票。同时，只要求乘坐这种航班的旅客提前20分钟到达机场，从而缩短候机时间。但是，航空公司的员工告诉我，候机时间是全国统一规定的，各个航空公司不能够改变。如果政府有关部门能够改革一下这种"小事情"，那么我国民用航空行业就会更加贴近市场，克服自己相对于其他运输工具的劣势。

（4）发挥价格作用的问题。除了定价的作用以外，价格还有调节需求和促进销售等多方面的作用。如果政府有关部门总是采取"一刀切"的办法，就是不允许各个航空公司自己定价，那么整个民用航空行业的发展将受到极大的影响。美国的朋友曾经告诉我，美国有的飞机上，150个旅客支付的是148种不同的价格。其中当天在机场买机票的旅客支付的是最高价格，而其中有的旅客可能使用的是免费机票。正是因为在不同时间和通过不同渠道购买的机票有不同的价格，旅客才不知道自己被航空公司赚了多少钱，航空公司才有可能创造各种各样的策略差异。很有意思的是，我国有关政府部门对价格采用的控制办法，恰巧使价格成为竞争最重要的手段。

（5）提高国内航空公司竞争力的问题。目前，国内主要的航空公司就像一群"肥羊"，身上有许多多余的东西，例如过多的人员、大量的非生产性资产、许多依靠"内部交易"而保持盈利的"多种经营"。如果政府有关部门限制竞争或者把目前比较具有竞争力的中小企业，特别是体制活的企业消灭，那么就等于保护了那些"肥羊"，保持了这个行业的高收益和低效率，必然导致火车和汽车客运行业加大对提高速度和服务方面的投入。如果政府有关部门采用相反的策略，那么就可能通过鼓励行业内部的竞争，把现在的"肥羊"锻炼得更加健壮，就可以有效地限制火车和汽车客运行业对提高速度和服务档次的投入。如果继续采用现在的政策，等到有关政府部门允许降价竞争的时候，可能已经错过了发展民用航空行业的最佳时机。

回顾过去，我国民用航空行业最近20年的高速发展主要是在"允许进入，促进竞争"的政策推动下获得的。面对来自替代产品和国外航空公司的竞争，我们能够漠视上述问题而采用提高垄断、限制价格的策略来应对吗？从表面上看，好像"建立三大航空公司"的应对策略是非常符合当前国外出现的潮流，但是实际上这种应对是无的放矢。国内航空公司目前面临的真正竞争对手不在行业内部，而在行业外部；不是市场在各个航空公司之间如何瓜分的问题，而是整个行业的竞争力下降和市场被其他替代产品蚕食的问题。在如此关键的时刻，政府有关部门应该鼓励而不是限制国内民用航空公司之间的竞争，应该"让狼进入羊群"，而不是"把狼从羊群中赶出去"；否则，面临生存问题的就不是某一个或者几个航空公司，而是整个行业。

（本文由三篇已发表论文合并而成，分别是：蓝海林、蓝华钢《渠道——特色种植业发展之本》，载《销售与市场》2000年第9期，第6～7页；蓝海林《旅游业：换种玩法怎么样》，载《销售与市场》2000年第10期，第6～8页；蓝海林《民航业：真正的竞争对手是谁》，载《销售与市场》2000年第11期，第6～7页）

我国工业企业多元化程度与绩效研究

一、导言

从企业发展历程看，实行多元化经营，利用规模和范围经济来减少成本和改善营销效果，是不少企业发展到一定阶段时的一项重要战略选择。世界上许多著名的公司都是实行多元化经营的。自20世纪90年代以来，在资本经营和低成本扩张的诱惑与推动下，我国企业也掀起了一股多元化经营的热潮，不少企业采取购并、联合、投资等手段向不同产业领域拓展，形成了很多多元化的大型企业集团。在这股多元化浪潮中，不乏成功的案例，但也有不少失败的例子。因此，企业是否进行多元化？是实行相关多元化还是实行不相关多元化？这是企业必须正确回答的问题。20世纪50年代至70年代，美国企业界普遍认为只有通过进入新的经营领域，实行不相关多元化，才能实现企业绩效的高速增长，于是无限制地追求不相关多元化，形成了许多巨型的公司或托拉斯。但不相关多元化战略是否能够提高公司价值一直受到研究者的怀疑。美国的管理学者在对那些实行多元化战略特别是不相关多元化战略的企业进行实证研究后发现，很多大企业实施多元化并不成功，业绩不尽如人意。理查德·鲁姆特（Rumelt）在70年代和80年代进行的研究发现，决定企业绩效增长的关键因素是战略选择。相关多元化的效益普遍好于其他战略，不相关多元化的企业效益则最差。诺艾尔·卡彭（Capon, 1988）、唐纳德·霍普金斯（Hopkins, 1987）、塞廷·查特里基和伯格·沃纳菲特（Chatterjee and Wernerfelt, 1991）、迈克尔·波特（Porter, 1987）等学者的研究也得出相似的结论。安德烈·施雷夫和罗伯特·维谢尼（Shleifer and Vishny, 1991）总结并比较了60年代和80年代的兼并浪潮后得出的结论是，以更多地进行相关业务的收购和公司的重新定位为特征的80年代的收购浪潮，可以看作对60年代混合兼并的一个全面的纠正。希特、爱里兰和霍斯金森（2001）在做出有关研究后指出，从长期看，多元化与绩效之间具有如图1所示的曲

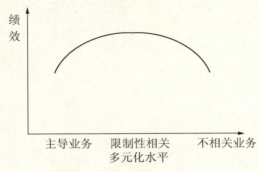

图1 多元化程度与绩效之间的关系

线关系。

得益于上述学者的研究成果，美国企业在80年代末期开始实施以回归集中、创造核心能力为主要内容的重组战略。美国企业经历了多元化扩张、重组、回归核心业务三个阶段，才使它们在当今的国际竞争中占有极大的优势。

但管理学学者们在对新兴市场国家中企业的多元化行为进行研究时却发现了另一个有趣的现象，那就是采取不相关多元化战略的企业集团取得良好的经营效益。卡纳拉（Khanna）和帕雷普（Palepu）于1997年在《哈佛管理评论》中发表了他们对印度、墨西哥等国集团企业多元化战略与绩效的研究成果。他们发现，由于新兴市场经济国家不同程度地存在政府干预和市场机制不完善的问题，企业通过不相关多元化发展，可以提高效益。究其原因，是因为新兴市场国家的市场机制不健全，当外部市场没有保障时，企业会以投资行为进入自己需要进行交易的领域，使市场交易行为转化为内部控制行为。同样，由于信息系统不发达以及政府的支持或保护，大公司或集团公司的形象会获得许多优势或好处。

目前，我国对企业多元化与绩效的关系的研究尚处在介绍国外理论和摸索阶段，关于是否要实行多元化的争论更多则是在理论层面上进行，缺乏实证的支持。本文作者试图做这一方面的尝试。文章首先提出一个关于多元化和绩效的概念框架，然后选择以我国工业类上市公司为样本，对其多元化程度进行测度，并对不同战略选择与绩效之间的关系进行分析。

二、概念框架：多元化和绩效

美国最早研究多元化的学者戈特（Gort，1962）指出，多元化是指企业产品的市场异质性（Heterogeneity）增加。他强调的市场异质性不同于同一产品的细微差别化。因此，可以给企业多元化下这样的定义，即是指企业的产品或服务跨一个以上产业的经营方式或成长行为。多元化有静态和动态两种含义，前者指一种企业经营业务分布于多个产业的状态，强调的是一种经营方式；后者指一种进入新的产业的行为，即成长行为。（尹义省，1999）

鲁姆特根据经营活动的相关性把公司分为四种类型：单一业务（Single Business）公司，即95%以上的经营收入来自单一产品或服务；主导业务（Dominant Business）公司，即70%～95%的经营收入来自主导产品或服务；相关业务（Related Business）公司，即主导产品或服务收入的比例低于70%，同时与其他业务相关，业务相关性主要是指企业的各项业务活动在产品组合、技术、工艺、市场等方面的关联程度；不相关业务（Unrelated Business）公司，即主导产品或服务的收入的比例低于70%，而且没有大量的相关业务领域。

对于企业所从事的产业范围，由于目前国际普遍采用的标准产业分类（Standard Industry Classification，简称"SIC"）具有结构层次性、层次相关性与同质性等特征，因此利用 SIC 分类方法划分企业业务种类及其相关性比较合适和有效。SIC 结构如图 2 所示。

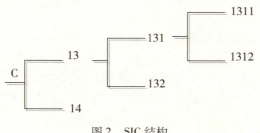

图 2　SIC 结构

图 2 中，英文字母、2 位数、3 位数、4 位数分别表示门类、大类、中类、小类。通过分析 SIC 结构，我们可以做出如下判断：产业随着从门类到小

类的逐步细分，在产品、技术或市场上的相关性越来越强。①在同一 4 位数 SIC 产业内，可认为是市场同质的，即若企业在同一 4 位数 SIC 产业内经营，则被视为没有多元化成长行为；如果企业跨一个以上的 4 位数 SIC 产业经营，则企业存在多元化行为；企业跨 4 位数 SIC 产业数越多，其总体多元化程度越高。②在同一 2 位数 SIC 产业内，不同的 4 位数 SIC 产业之间，存在技术、生产、市场上的相互关联，因此，如果某企业只在一个 2 位数 SIC 产业内的不同 4 位数 SIC 产业运营，则视为有相关多元化行为，其所跨的 4 位数 SIC 产业越多或销售额越均布，则相关多元化程度越高。③不同的 2 位数 SIC 产业之间，极少存在技术、生产、市场的联系，因此，若企业在一个以上的不同 2 位数 SIC 产业内运营，则称企业有不相关多元化成长行为，其所跨 2 位数 SIC 产业数越多或其销售额越均布，则不相关多元化程度越高。

在进行多元化程度测度时，国际上通行的方法是熵方法（Entropy Measure），它能较好地保持信息的完整性和准确性。测度多元化程度的指标有种类计数、基尼—西皮森（Gini-Simpson）指数和香农（Shannon）指数。其中，香农指数更加精确，性能更好，因此目前管理学界大多采用香农指数公式。其具体公式是：

$$DT = \sum_{1}^{N} P_i \ln(1/P_i)$$

其中：N 为企业经营的产业数，P_i 为第 i 个产业的收入占总收入的比重。从公式中可知，如 4 位数产业的 DT_4 越小，表示该企业的多元化程度越低；当 $DT_4 = 0$ 时，表示该企业的所有收入都来自于某一产业。对于实行多元化的企业，如 2 位数产业的 DT_2 越小，则企业相关性程度越高；当 $DT_2 = 0$ 时，表示各项业务完全相关。

所谓绩效，是指企业的经营效率和效果。绩效包含三层含义：核心层是财务指标；中间层是经营指标；外层是组织效益，包括财务、经营和组织效能。最普遍和简单的是财务效益指标，最复杂的是组织效能。本文将考查企业经营绩效的最终结果，这种最终结果将主要体现为企业的总资产盈利率，它反映了企业对所掌握资产的运用效益。

三、研究方法

（一）确定公司业务类型

综合上述概念，对企业业务类型做出如下界定：

（1）若 $DT_4=0$，或 $DT_4>0$，但其中某一4位数产业的销售额占企业总销售额的比重在95%以上，则为单一业务类型企业；

（2）若 $DT_4>0$，且其中某一4位数产业的销售额占企业总销售额的比重在70%～95%之间，则为主导业务类型企业；

（3）若 $DT_4>0$，且任一4位数产业的销售额占企业总销售额的比重均小于70%，则为多元化业务类型企业。

对该企业所从事的业务相关性做如下区分：

（1）若2位数产业的 $DT_2=DT_4$，为不相关多元化企业。

（2）若 $DT_2<DT_4$，为相关多元化企业。其相关性强弱程度为：

若 $DT_2=0$，或 $DT_2>0$，但某一2位数产业的销售额占企业总销售额的比重在95%以上，该企业业务为完全相关；

若 $DT_2>0$，且某一2位数产业的销售额占企业总销售额的比重在70%～95%之间，该企业业务强相关；

若 $DT_2>0$，且任一2位数产业的销售额占企业总销售额的比重均低于70%，该企业业务为弱相关。

（二）经营效益测算方法

从真正体现是由于企业本身对资产的运作行为而产生的效益这一角度出发，我们选用税前的营业利润和投资收益确定为企业的盈利额（使用税前利润是为了排除不同税率的影响；此外，因为补贴收入和营业外收支净额不能反映企业的经营能力，因此也排除在外），并采用以下指标来衡量企业的资产盈利能力：

$$总资产盈利率 R(\%) = \frac{营业利润 + 投资收益}{总资产} \times 100\%$$

（三）建立企业业务多元化程度与经营效益之间的关系模型：

$R = \alpha + \beta DT_4$

对于实行多元化战略的企业，建立多元化业务之间的相关性程度与经营效益之间的关系模型为：
$$R = \lambda + \gamma DT_2$$
对上述模型进行检验，分析变量之间的关系。

（四）样本选取

选取的样本是截至1999年底在沪、深两市上市的工业类上市公司644家。在选取样本时主要做如下考虑：

（1）我国上市公司经营活动的市场化程度较高，其经营战略选择主要是受到市场因素的驱动，受到非市场因素干预较少，因此选取上市公司作为研究样本更能够反映企业经营活动的自主性。

（2）工业企业中水、电、气、城市公用设施等公用事业类上市公司由于具有自然垄断性的特点和较强的政府管制行为，具有系统性偏差，因此不在样本选取之列。

四、研究结果

（一）企业业务类型

通过对644家样本公司进行业务分类，得到不同的企业业务类型（见表1）。

表1 企业业务类型及所占比例

业务类型		数量（个）		所占比例（%）	
单一业务公司		160		24.84	
主导业务公司		231		35.87	
相关多元化公司	完全相关	32	253	23.19	54.55	39.29
	强相关	34	138	24.64		
	弱相关	72		52.17		
不相关多元化公司		115		45.45	
合计		644		100	

从表1可看出,从事单一业务和主导业务活动的公司有391家,占总数的60.71%;从事多元化业务活动的公司有253家,占总数的39.29%。在实行多元化战略的公司中,采取不相关多元化战略的公司有115家,占多元化业务公司总数的45.45%;采取相关多元化战略的公司有138家,占多元化业务公司总数的54.55%,但其中业务弱相关的公司达到72家,占相关多元化业务公司总数的52.17%。

(二) 企业多元化程度与经营效益的关系

利用香农指数公式对644家样本公司的4位数产业的多元化系数 DT_4 的计算结果及对应的平均总资产盈利率水平见表2和图3。

表2 企业多元化程度与盈利能力的关系

DT_4	0	0.2	0.4	0.6	0.8	1.0	1.2	1.4	1.6	1.8
R(%)	5.81	3.30	4.40	4.36	5.72	3.63	6.00	4.42	4.22	5.33

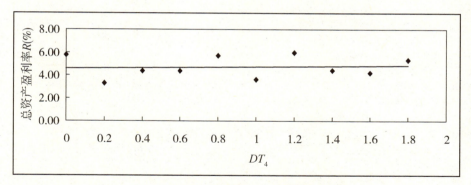

图3 企业多元化程度与盈利能力的关系

回归模型:

$$R = 4.5794 + 0.1573 DT_4, \quad R^2 = 0.0101$$

从回归模型看,企业总资产盈利率随着企业多元化程度的提高而有微弱上升,但对参数 $\beta = 0.1573$ 进行 t 检验,其相关性不显著。对回归模型进行 F 检验,回归模型的解释性也不显著。因此,我们可以认为企业多元化程度与企业经营效益之间没有显著的相关关系。

（三）企业多元化业务的相关性与经营效益的关系

对实行多元化的 253 家样本公司的业务按 2 位数 SIC 进行分类，利用香农指数公式计算大类多元化系数 DT_2，以及相应的平均总资产盈利率水平，见表 3 和图 4。

表 3　企业多元化业务的相关性程度与盈利能力的关系

DT_2	0	0.2	0.4	0.6	0.8	1.0	1.2	1.4	1.6	1.8
R（%）	6.26	5.47	5.86	4.01	6.28	3.72	6.00	5.58	3.76	4.00

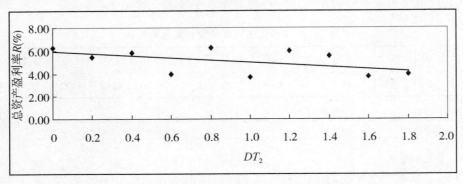

图 4　企业多元化业务的相关性程度与盈利能力的关系

回归模型：
$$R = 5.9213 - 0.9201 DT_2 , \quad R^2 = 0.2631$$

根据回归模型，企业多元化业务的相关性程度越高，总资产盈利率也越高。对参数进行 t 检验（取显著水平 $\alpha = 0.1$），具有显著相关性。对回归模型进行 F 检验（取显著水平 $\alpha = 0.1$），回归模型具有显著的解释性，说明企业多元化业务的不相关性程度与企业效益之间具有显著的负相关关系。

五、讨论和结论

（1）从上述研究中可以看出，从事多元化经营的公司有 253 家，只占全部样本公司的 39.29%，而有人做过统计，1998 年美国《财富》杂志排行最大200家公司中实行多元化经营战略公司的比例高达73%[①]，两者相比有较大距离。这主要是因为企业只有发展达到一定的规模后，才能通过实行多元化战略达到利用规模和范围经济来提高企业竞争优势的目的。因此，我国多元化经营企业比例较低是与我国的经济发展水平和企业发展规模的现状相适应的。

（2）在多元化经营的公司中，实行相关多元化经营的公司有138家，占多元化经营公司总数的54.55%，而且业务弱相关的公司占到其中的一半以上，与国际上大公司主要是实行相关多元化战略（在多元化经营公司中占84.93%[②]）有很大差别。这反映我国企业的经营活动往往是一种市场机会主义者行为，更多地受到外部市场的影响，缺乏对企业自身能力的深刻认识和清晰的长期战略规划，更多的是一种短期市场行为，与发达市场经济国家中企业的战略规划和经营行为相比，存在很大的不成熟性。

（3）本研究发现，我国企业的多元化程度与企业经营效益之间不存在显著的相关关系。这反映了我国作为一个新兴的社会主义市场经济国家，存在较多的市场机会，正是这种机会对企业形成极大的诱惑力，哪里有盈利机会，就向哪里发展（这与本节第二点的讨论是一致的），并可能在短期内产生一定的效益。这一点与上述学者对印度及墨西哥等国新兴市场的研究结果有很多共同之处。

（4）企业多元化业务的不相关性程度与企业效益之间具有显著的负相关关系。对于这一点，我们可以做如下理解：实行相关多元化可以更方便、更有效地发挥企业在产品组合、品牌、采购、技术、工艺、财务、营销渠道等资源协同共用的效果，而实行不相关多元化则对企业在这些方面的内部协调能力提出更高的要求，否则就有可能增加交易成本甚至造成管理失控。

本研究指出，由于我国正处于向社会主义市场经济过渡阶段，短期内存在较多的市场机会，因此我国企业业务的多元化程度与效益之间没有显著的相关关系。但从长期看，企业业务多元化程度是否对效益产生显著影响，产生什么样的影响，有待于在今后进行进一步的研究。

---

① 根据《中国工业经济》1999年第3期徐康宁著的《论大公司的多角化经营战略》（第60页）中的数据计算。

② 同①。

我们需要指出的是，企业是否实行多元化战略并不是目的，最根本的目的是提高企业核心竞争力，创造市场竞争优势。企业必须在对外部环境和内部条件有充分认识、了解和研究的基础上，提出适合自身发展的经营战略。

（原载《南方经济》2001 年第 9 期，第 25～28 页。本文由马洪伟、蓝海林合撰）

降低竞争强度的多点竞争协作战略

一、前言

多点竞争是指企业在多个地域产品市场进行竞争的状态,包括进攻、反击和合作等竞争表现。当企业拥有多个"点"参与竞争时,它所处的竞争环境与单一市场的环境是有很大差别的,企业与其竞争对手的接触程度和关联性大大增加。一些传统的理论认为,企业之间因为多次的互动会使竞争不断升级并且激化,竞争强度上升。这是因为这些观点认为企业进行多点竞争时仍然采取与单一市场同样的竞争战略,即在每一个市场上都与竞争对手展开正面的进攻或反击。实际上,有许多企业也正是采取着这样的多点竞争战略。例如,我国家电行业的价格竞争,一轮一轮正面的价格战不断升级,使企业间竞争强度加剧,已经导致了整个行业受损。然而,是否有一种多点竞争战略可以缓和市场竞争强度,使企业竞争达到"共赢"?

试举一个例子,甲、乙两个企业在A、B两个市场上的竞争,甲和乙企业分别领导着价格敏感的A和B市场。若乙在A市场发动降价,则甲在这种多点竞争下可以在B市场进行反击降价(而不是直接在A市场),这样最后的结果很可能是双方都放弃降价(因为这样对双方都有好处),恢复到原有的价格水平,这时甲、乙两企业的竞争趋于缓和。

以上其实是美国航空业上的一个案例,它说明在多点竞争下,企业间的竞争互动更加复杂,可以采用一种战略来缓和企业间竞争强度。本文提出一种降低竞争强度的心照不宣的多点竞争协作战略,并研究该战略缓和竞争强度的机制和影响因素。

二、多点竞争协作战略缓和企业间竞争的过程机制

多点竞争,一方面增加了企业竞争的机会,另一方面增加了竞争战略

的多样性。企业选择心照不宣的多点竞争协作战略将缓和企业间的竞争激烈程度，这种协作战略不是直接的合作，而是心照不宣的暗中合作。它是企业多点竞争多次互动的结果，是一种互动企业明白相互的动机和战略，有效地通过信号传达意图，共同组织市场竞争以达到共赢和促进行业稳定的战略。在实现这种心照不宣的协作时，有两个因素在共同发挥作用，分别为企业与竞争对手的熟悉程度和威慑力量的作用。企业对竞争对手的熟悉程度是指在多点竞争下，企业对竞争对手的目标、动机、能力、资源和行为的清楚认识的程度，它是心照不宣合作的基础，当这种认识达到较高程度时就称为熟悉。企业对竞争对手的威慑力量是企业有效阻碍竞争对手展开损害自己利益的进攻行为的能力。企业对进攻行为进行有效报复的能力以及使对手产生损失可能性更大的预期的能力是威慑的基础，威慑是要让竞争对手"知难而退"，阻止恶性对抗的发生或升级。在这里，信号的有效沟通和企业资源意图的有效传达是威慑得以实现的重要条件。因此，威慑是心照不宣地协作的保障机制。在多点竞争中，由于多市场的接触和关联，企业间的熟悉程度和威慑力量对企业战略的制定发挥着更大的作用，从而使企业选择心照不宣的协作战略。

（一）多点市场接触与企业对竞争对手的熟悉

对竞争对手进行认识和分析是企业竞争的基础，尤其是在一些行业中，一个企业在某种程度上依靠竞争对手的行为。因此，企业间的相互熟悉程度影响着企业间的进攻和反击行为。

在复杂的多点竞争环境下，企业想获得竞争对手的全部信息是不可能的，并且所掌握的信息也未必有用于实际的竞争需要。因此，企业需要更加重视和研究它们在多个市场接触或竞争的经验和历史，从这些经验和历史中推测、认识竞争对手的目标、战略、能力以及行动特点等。这是因为企业在多个市场竞争时，企业的存在和市场机会具有重叠性，企业间的相互依存性和关联性提高，往往就可以从接触互动的经验和历史来认识对手，这可能比一般地直接收集信息更为深入和有效。随着企业间熟悉程度的提高，企业更加清楚地认识彼此的竞争行动特点和竞争者形象，这有利于产生竞争的稳定。

另一方面，多市场接触使企业共同学习和模仿变得更加容易，一个企业在一个地域产品市场进攻的战略极有可能被竞争对手运用在另一个地域产品市场来对付自己。因此，企业间的熟悉程度得到提高。

（二）多市场接触与企业对竞争对手的威慑

威慑是企业防御竞争对手进攻的重要战略之一，威慑是要使竞争对手认识到采取进攻行动的预期收益要比因此遭遇报复而带来的损失要小，即预期收益比预期损失小。企业间多次的互动和接触可以建立起企业作为竞争者的形象，有效沟通企业具有威慑价值的资源和意图（称之为"威慑力量"）。因为这种形象和威慑力量，发起进攻的竞争对手不得不将现有的进攻行动与未来遭受的报复反击进行联系，这种联系被称为"未来的阴影"。若企业具有坚韧而执着地报复任何进攻的形象，具有严厉、快速而有力的报复历史，并显示出具有较多的报复资源，那么竞争对手将被笼罩在这"未来的阴影"之下，企业对竞争对手的威慑便发挥作用了。竞争对手在接受这种信号传达后会采取谨慎的态度，以致阻止当前的进攻行为。因此，企业间的竞争趋于缓和。

在多点竞争中，这种威慑的力量会被放大。由于在多个市场接触，一方面企业的威胁机会增多，企业不像单一市场那样只能将"战场"开辟在唯一一个市场，企业有更多反击的机会和选择，竞争对手在一个市场上的获益可能会被企业在其他市场上的严厉反击而抵消，甚至总体上是损失的。另一方面，企业的威慑力量也增大。多点竞争意味着企业可以在多个市场进行反击，因此反击的"威力"比单一市场大大增强，企业反击的能力也增强；这同时就意味着竞争对手若遭受反击，它们的损失将比单一市场更大。因此，相对于单个市场竞争环境，多市场竞争使企业拥有更多反击进攻的区域和机会，它可以从时间上和地域上延展企业的相互依赖性，"未来的阴影"的范围和作用更加大。因此，威慑的作用也更大。

企业对竞争对手的熟悉和威慑，对企业选择心照不宣协作战略的联合起到作用。

在动态竞争中，由于环境的动态化和竞争优势的可保持性降低，企业在战略上越来越需要在某种程度上依赖于竞争对手的行为，多点竞争中更是这样。企业间竞争更多的是一种博弈，要达到均衡（纳什均衡）需要企业间彼此做出行动假定，从而制定自己的战略。企业间的熟悉和威慑虽然是影响竞争强度的两个过程，但是它们都要在多次互动后先对竞争对手的本质（包括其目标、战略、能力、资源、形象、历史、承诺和信号传达等）进行假定，基于这种假定后企业才可能采取心照不宣的合作或共谋的态度。

通过多市场接触而加强的企业间的熟悉，使企业认识到协作可以使各自的利益保持较高的水平，企业间的威慑则使企业认识到协作可以避免进攻后遭受更大损失。正是因为多市场的接触增加了企业间熟悉和威慑的程度，才能使这种协作达到"心照不宣"的程度。

因此，在多点竞争中，多点市场接触将影响企业在多个不同的地域产品市场的竞争强度，可以结合图1来分析这种缓和竞争强度的过程机制。图1表明，多点竞争可以使企业在多次互动中增加威慑的能力和机会，提高彼此熟悉的程度，从而促使企业选择心照不宣的协作战略，进而缓和竞争强度。

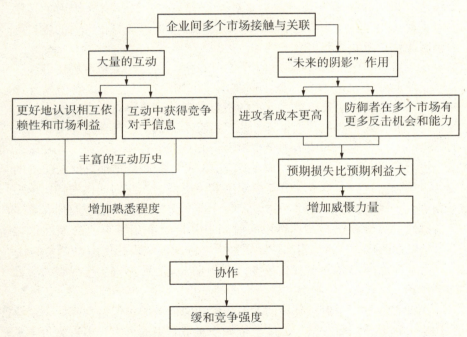

图1　多点竞争缓和企业间竞争强度的过程机制

三、多点竞争协作战略缓和企业间竞争强度的因素分析

企业在多次多点竞争互动中增强彼此的熟悉程度和建立更强的威慑力量，从而选择心照不宣的协作，进而缓和企业间的竞争强度，这是过程机制。实际上，多点竞争中带来的多点市场接触和关联使企业竞争中的一些因素发生了变化，这些因素的变化也影响着企业间竞争强度的缓和。这些竞争因素包括三个，分别为势力范围、资源相似性、企业组织结构；另外，还有一个市场因素，即市场集中度。

势力范围是指不同的多市场竞争者在不同的市场占据一定市场地位后企业行动所能影响到的范围。资源相似性是指企业拥有的资源的相似程度。组织结构是指企业针对多个地域产品市场的控制和协调而设计的组织结构形式，它反映出企业的协调控制能力。市场集中度是指一定数量的企业在某市场占有率的分布情况。这四个因素共同对竞争强度产生影响。

（一）势力范围

企业在进行多点竞争时，由于企业各自战略定位和资源的不同，它们在各个市场上的地位是不同的，有的是企业占据主导地位（即企业是该市场的领导者），有的则是企业占据次要地位（即企业是该市场的追随者）。而正是这种地位的差异导致企业在不同市场的"势力"也是不同的，这就产生了势力范围问题。在存在多市场接触的竞争环境下，这种不对称的势力范围相反导致了对称的反击能力。正如前文提出的甲和乙企业，它们分别领导着 A 和 B 市场。为便于研究，假设 A 和 B 市场没有较大的获利潜力差距。对于单独的 A 和 B 市场而言，甲和乙企业的势力范围是有差异的。例如，在 A 市场，甲是领导者，乙是追随者。但是联合 A、B 市场来看，当乙企业在 A 市场发动进攻而甲在 B 市场进行反击时，甲、乙就有了对称的反击能力。此时，甲、乙企业同样在彼此的主导市场面临着更大的压力。因此，两个企业最终都将尽量避免竞争对抗的进一步升级和恶性循环的产生，便导致相互之间心照不宣的协作。那就是：只要乙允许甲主导 A 市场，那么甲就允许乙主导 B 市场。这种"双赢"的状态将缓和企业间的竞争强度。若没有势力范围问题，两个企业就没有理由达成这种共谋。因为甲会集中力量在 B 市场进行反击，迫使乙在 A 市场

与甲合作，这样一来竞争将不断升级。

势力范围这个因素也是通过企业间熟悉和威慑的过程机制而发生作用的，势力范围会提高企业的威慑能力。

（二）资源相似性

资源相似性是一个企业所拥有的有形资源和无形资源与竞争对手相类似的程度。一般认为，企业的竞争优势源于其内部的、与对手相区别的、有价值的资源和能力，因此在这个意义上，企业资源相似性在一定程度上导致较低的竞争优势差异，并影响企业间的互动。

一方面，若企业资源的相似性低，那么拥有独特资源的企业会有强烈的为获得竞争优势而发动进攻的倾向。同时，由于资源的不同，则可能聚焦于不同的细分市场，这样企业与其他企业共谋的动机就没有那么强烈了，更无法达到心照不宣的程度。另一方面，拥有相似资源的企业倾向于在市场上有类似的战略优点和缺点，因此，更加关注竞争对手的行动、更加能理解相互的战略和能力，因此熟悉程度增加。

（三）组织结构

多点竞争中，企业对多个不同市场的竞争战略和行动的协调控制能力对缓和企业间竞争强度有着重要的影响。企业在组织结构上需要设计协调各个地域产品市场战略和行动的部门或职能，使多个市场在战略上相互配合，从而使企业的整体利益最大化或损失最少。否则，各个市场"各自为政"，都进行着不断升级的竞争对抗，那么企业将面临巨大的损失风险。因此，当企业具有这种协调能力时，多点市场接触对竞争强度的缓和作用才具有可能性。

（四）市场集中度

市场集中度的不同对多点竞争企业竞争强度的影响是不同的。在市场集中度比较高的市场中，多市场接触对竞争强度的影响是最显著的。

在市场集中度比较低的情况下，企业彼此间的能力和资源是相当的，没有哪个企业在市场上能起到足够的主导作用。因此，企业没有能力去相互威胁，同时当市场上有很多能力相当的竞争者时，企业间的相互依存性较低，企业间要达成心照不宣的合作是很困难的，两个企业的竞争对抗也会将更多其他企业卷入其中。

市场集中度很高时，市场接近于垄断，具有垄断势力的企业与其他企业力量悬殊；其他企业对其威慑力量很小，协作很明显将更加困难。

市场集中度较高时，市场上存在着几个寡头企业，它们之间的相互依存性就比较高。企业会倾向于避免激烈的对抗，因为一旦这样的对抗发生，所需要付出的成本和代价都将会是很高的。例如，市场集中度较高时，价格战中绝对的经济损失要比低市场集中度的情况下大得多。因此，市场集中度较高时，进攻的潜在损失和报复反击的可能性高，企业间的威慑力量大。同时，较高的相互依存性也使企业间更加熟悉，更加关注竞争对手的行动，并且更加需要基于竞争对手的行动而采取行动。

因此，市场集中度比较高时，企业间的熟悉和威慑力量更大地发挥作用，从而促进心照不宣的合作产生，缓和竞争强度。

总之，企业在势力范围、资源相似性、组织结构和市场集中度四个因素的影响下，通过相互间的熟悉程度和威慑力量两个过程机制的多次作用与互动后，选择心照不宣的协作战略，则竞争强度将有所缓和。对于这种多点竞争协作战略，对目前我国企业竞争比较单一化的现实是很有意义的，但仍需要将其结合我国市场的实际做进一步的研究和论证。

（原载《南开管理评论》2002年第6期，第32～38页。本文由蓝海林、黄嫚丽合撰）

经济转型期国有集团公司行为的政治学解读

一、引言

作为一种政府政策创造或者推动的产物，国有集团公司在我国经济从计划体制向市场体制转变的过程中发挥了其特有的管理、投资与重组方面的功能，对促进社会稳定与国有企业竞争力的提高有重要的作用。但是，国有集团公司在战略选择和投资取向上的盲目性、在管理体制上的低效率和高成本、在资本和资产结构上表现出的不合理又使它们备受指责，被认为是深化经济改革与提高国家竞争力的障碍。因此，我们面临着两个非常具有挑战性的问题：①应该采用什么样的理论工具才能够全面和客观地分析或者解释国有集团公司的行为；②这种分析和解释能否指导国有集团公司优化自己的行为。

二、我国国有集团公司行为的理论解释

我国的国有集团公司从20世纪80年代初开始萌芽，其发展经历了四个大的阶段。第一个阶段：集团公司的萌芽阶段（1980—1986年）。国家先后在1980年发布了《国务院关于推动经济联合的暂行规定》、在1986年颁布了《国务院关于进一步推动横向经济联合若干问题的规定》，这些政策措施的实施有力地促进了横向经济联合健康稳定的发展，也为集团公司的发展创造了有利的条件。第二个阶段：集团公司的创建阶段（1987—1990年）。1987年，国务院、国家体改委与国家经委发布了《关于大型工业联营企业在国家计划中实行单列的暂行规定》和《关于组建和发展企业集团的几点意见》，后者对集团公司的含义、组建集团公司的原则以及集团公司的内部管理等问题第一次做出了明确规定。在这些政策和行为的推动下，全国掀起了组建集团公司的热潮。第三个阶段：集团公

司的发展阶段（1991—1993 年）。我国真正意义上的集团公司从 1991 年开始蓬勃发展。1991 年 12 月国务院批转了国家计委、国家体改委、国务院生产办公室《关于选择一批大型企业集团进行试点的请示》（即 71 号文件）。这份文件的核心内容是所谓的"六统一"，以此为基础，国家陆续颁布了《试点企业集团审批办法》《乡镇企业组建和发展企业集团的暂行办法》《关于国家试点企业集团登记管理实施办法（试行）》等一系列相关法规，对集团公司的组建和运行进行规范，促进了集团公司的发展。截至 1993 年底，全国已组建起集团公司 7500 多家，其中县级以上的有 3000 多家。第四个阶段：集团公司的规范阶段（1994 年至今）。随着 1994 年《中华人民共和国公司法》（简称《公司法》）的生效，集团公司内部成员之间的经营管理和相互关系有了基本的行为准则和法律规定，从而为集团公司进一步规范经营管理行为奠定了基础。1997 年 4 月，国务院批转了国家计委、国家经贸委、国家体改委《关于深化大型企业集团试点工作的意见》，提出"建立以资本为主要纽带母子公司体制"的目标。从此以后，我国国有集团公司的发展进入了一个相对比较规范和理性的发展阶段。

到目前为止，学者们对集团公司的行为已经提出了多种理论解释。其中，占主导地位的理论解释主要来自三个方面，即经济学、社会学和政治学的解释（Hoskisson, Eden, Lau, et al., 2000; Guillen, 2000; Keister, 1998; Khanna and Palepu, 2000; Yiu, Hoskisson and Lu, 2003）。这三种不同的理论从不同的方面对解释经济转型中的国有集团公司的行为做出了各自的贡献，同时又存在着各自的缺陷。

（一）我国国有集团公司行为的经济学解释

按照经济学，特别是制度经济学的观点，国有集团公司的产生与发展主要应该是"市场失效"的产物，是基于经济学，尤其是交易成本经济学方面的原因而出现的，是企业对降低交易成本、扩大规模经济和发挥范围经济效益等追求的结果。因此，大力发展国有集团公司应该是我国政府采用的一项重要的发展经济的措施，其目的主要是通过建立国有集团公司来克服金融市场、人才市场、产品市场的缺乏或者存在不健全的缺陷，促进经济发展。这种学派的观点应该可以在一定程度上解释我国国有企业发展的原因和作用。

（1）在国有集团公司发展的第一个阶段上，政府需要解决的主要问题是如何克服国有企业当时存在的"小而全"和"大而全"的问题，促进国有企业进行跨地区、跨部门、跨行业的联合，解决生产资料缺乏和交易成本过高的问题，充分发挥国有企业的生产能力以满足被压抑了很久的巨大的市场需求。

（2）在国有集团公司发展的第二个阶段上，资金、人才和技术严重缺乏，严重影响整个社会生产力和人民生活水平的提高，因此一些大型国有企业或者成功的国有企业开始利用自己在资金、人才和技术方面相对比较富裕的资源，通过投资方式进入自己的上下游行业或者开拓新的行业，寻找降低成本、稳定供应和获得高收益的新的发展机会。

（3）在国有集团公司发展的第三个阶段上，邓小平同志"南方谈话"使经济发展进入了"提速"阶段。当时宏观经济面临的主要矛盾是机会多而资源不足，使国有性质与集团公司这种组织形式的结合可以发挥特别重要的作用。这个时期的国有集团公司普遍增加多元化的程度，有的已经完全采用了不相关多元化的战略，目的主要是利用人才和财务上的范围经济或者杠杆作用。这个时期是国有集团公司发展最快的时期。

（4）在我国国有集团公司发展的第四个阶段上，我国经济发展进入了一个全新的阶段。外资企业与民营企业得到了迅速发展，并且在经济总量上超过了国有企业；市场经济的发展导致市场供给迅速提升，在绝大多数行业出现了供过于求的局面；政府开始控制信贷规模、改革金融体制，建立和健全金融市场；人才市场，特别是经理市场开始建立。产品市场、经理市场和金融市场的建立与健全导致国有集团公司面临着更加激烈的竞争，但是相当多的国有集团公司在经过盲目和高速多元化发展之后则开始受到资产结构与行业结构不合理的困扰。于是，政府加大了对国有企业改革与扶持的力度，国有集团公司开始进行重组，主要战略是降低多元化程度，采用相关多元化发展战略，其目的是要利用规模经济与范围经济效益。

（二）我国国有集团公司行为的社会学解释

按照社会学派的观点，国有集团公司主要是一种社会网络关系，通过其内部特有的价值规范和行为法则应对环境的变化和加强对越来越多的下属企业的有效控制。社会学派的观点同样可以在一定程度上解释我国国有集团公司的历史由来和内部管理的机制。

（1）与各种生产要素的稀缺有关。由于整个社会的生产资源，包括资金、原材料、管理与技术人才等各种要素非常缺乏，而且要素市场还没有建立和健全起来。在这样的情况下，采用集团公司所建立的内部资源交换系统可以在一定程度上弥补外部要素市场的不足，克服当时过高的交易成本。集团公司所以能够在组合多个国有企业的基础上出现和得到政府的推动，主要是因为无论当时的国有企业分属于什么经济部门或者行业，它们的所有制、管理机制、价值观和经营方式基本上是一致的，比较容易快速形成相对稳定的经济联合体。

（2）在经济转型的过程中，政府没有把原来隶属于各个部门的国有企业一下子推向市场，让它们完全独立地适应全新的环境，而是大力发展国有集团公司。这首先与我国特有的历史和社会环境有关。在当时的历史条件下，绝大多数国有企业是高度计划经济的产物，并且长期依靠政府计划和协调获得资源与实现销售，基本上不具备自我经营、自我发展、自我积累和自我控制的能力。通过政府部门转化或者跨部门国有企业重组而建立集团公司，内部没有明确的产权纽带与母子关系，所依靠的基本上是原来在计划经济条件下建立的行政隶属关系、行为规范和共享的价值观念。实际上是以这些企业原来存在的行政隶属关系和共享的价值观代替产权纽带，促进各种形式的联合和保持这些附属企业的控制。

（3）国有集团公司的发展与整个社会价值观念的转变有关。在长期计划经济条件下所形成的社会价值观念不可能很快转变，消费者相信国有企业、相信大型国有企业，不愿意购买个体私营企业或者集体企业的产品；金融机构相信国有企业，愿意支持国有企业；管理者、技术人员和职工愿意在国有企业工作。因此，在各种配套政策还不健全和整个社会价值观念尚未发生根本转变的情况下，以国有集团公司代替政府部门或者通过一个国有企业而实现集团化发展，比较符合当时的社会价值观。

无论是采用经济学还是社会学的理论都可以在一定程度上解释经济转型过程中我国国有企业的行为，但是都不能够合理地解释经济转型过程中我国国有集团公司在行为上所表现出的一些特殊性。正如在许多处于经济转型过程中的国家一样，在我国经济转型过程中也一直存在着经济增长和政治稳定之间持续不断的对立状态。一方面，政府希望推动国有企业成为真正的企业，从而发挥国有企业在经济发展中的作用；但是另一方面，政府又通过影响迫使国有集团公司在许多方面承担了大量的社会责任，包括稳定价格、稳定就业、投资增长等。上述两种理论学派的观点还不能够很好地解释经济转型中政府对国有企业行为的影响，而在经济转型过程中我国国有集团公司不完全是一个单纯的经济效益追求者，也很难被认为是一个典型的传统文化演变的产物。

（三）我国国有集团公司行为的政治学解释

按照政治学的解释，国有集团公司应该是政府为实现其目的而扶持和依靠的一种政治工具或者手段。通过政府政策的推动所发展起来的国有集团公司为实现政府的政治目的，而不是自己的经济目的发挥了重要作用，相应地也通过与政府的互动（谈判）得到了相当的扶持或者优惠。政治学的观点有可能在一定程度上解释我国国有企业在目标行为上的矛盾和管理上存在的问题。

（1）发展国有集团公司是政府的有意所为。在经济转型过程中，我国政府面临的问题是：政府希望尽快建立市场经济，但是建立完善的市场经济制度需要一个过程；政府希望放弃计划经济，但是还需要计划经济制度发挥作用。因此，政府发展国有集团公司存在两个矛盾但是又统一的目的：一方面是为了发展市场经济，特别是把大量的国有企业推向市场成为市场竞争的主体，实现投资和促进经济发展；而在另一方面又是为了发挥计划经济的作用，特别是通过国有集团公司控制重要的行业、掌握重要的资源和保证社会的稳定。

（2）我国国有集团公司是政府直接推动的产物。这种直接推动超过世界上任何其他国家的政府，因为我国政府不仅是经济政策的制定者，而且还是国有资产的所有者代表。因此，在整个国有集团公司发展的历史上，国有集团公司的产生与发展基本上就是政府改革、政府政策和政府操作的结果。

（3）国有集团公司行为直接受到政府政策推动、指引、规范和扶持的影响。由于上述两个方面的原因，政府的目的和政策直接影响了我国国有企业在整个经济转型过程中的行为。我们可以从很多方面或者分成不同阶段去描述这种影响的存在和表现，但是也可以采用一个简单的方法，那就是从经济转型过程中我国政府所需要实现的最基本目的——稳定与发展的角度出发去分析这种影响。如果我们能够从上述角度去分析我国国有集团公司在经济转型中的行为，就会发现它们在行为上的矛盾是有理由的，因为政府的目的就存在矛盾。

（4）国有集团公司的行为得到了政府的补偿。在市场竞争条件下，如果一个企业承担了过多和过重的社会责任，它应该没有继续存在下去的理由。国有集团公司就是这样的企业。它们生存下来了，因为政府通过各种形式的保护或者"软预算"补偿了国有集团公司。但是，国有集团公司的竞争力不高（包括集团公司和附属企业两个层次），当然也是因为同样的原因——与社会责任相适应的各种保护与"软预算"。

三、基于政治学解释的国有集团公司行为的优化

在推动中国经济转型的过程中，我国政府通过各种政策与措施去推动和扶持国有集团公司，使之成为一种有利于实现政府两个既冲突又统一的目标——社会稳定与经济发展——的政治工具。这不仅不应该受到指责，而且应该说是非常难得的智慧之举。依靠国有集团公司的建立与发展，我国政府实现了政府与国有企业的分离，把国有企业推向了市场；同样，通过集团公司的建立与发展，我国政府又保持了对国有企业的控制，使其在保证社会稳定方面发挥了重要的作用。所以，我国的经济转型过程不仅得到了平稳推进，而且使经济发展取得了举世瞩目的成就。应该指出，在建立市场竞争过程中，如果一个企业被要求承担了过多和过重的社会责任，其竞争优势和存在的理由就应该越来越少。但是，国有集团公司不仅生存下来了，而且还有很大的发展，因为我国政府通过各种形式的保护或者"软预算"补偿了国有集团公司。但是，同样的原因——与承担社会责任相适应的各种保护与"软预算"也导致了国有集团公司（主要是在竞争性行业国有集团公司）存在着一些"先天不足"。这种不足主要表现在集团公司总部而不是在附属企业的身上：①国有集团公司总部基本上没有真正考虑过自己存在的经济学意义，因为它们以前没有被要求承担国有资产保值与增值的责任；②国有集团公司总部对其附属企业行为的影响作用非常有限，因为没有所有权的支撑，它们只能够采取分权或者行政管理的模式；③即使政府现在将国有资产的经营权授予了国有集团公司总部，但是它们不知道采用什么样的方式去实现国有资产保值与增值。本文揭示国有集团公司是政府在经济转型过程中所扶持和利用的一种政治工具，不是想

否认国有集团公司应该对自己的行为承担责任。因为在同样的政府影响之下，有的国有集团公司就是比同行业的其他国有集团公司表现得更好；相反，本文主要目的是希望我国国有集团公司能够基于这种政治学解释去改善自己的行为。

（一）清醒地认识自己的角色

虽然国有集团公司在地域、行业和年龄等各个方面存在着非常大的差异，但是在笔者进行案例调查和企业咨询的过程中发现，部分国有集团公司管理者对于政府在经济转型过程中对国有集团公司的要求并不是非常了解，受困于角色对立或定位冲突：①只是了解其中一种角色和要求，因此或者不能够得到政府的支持或者不能够建立市场竞争力；②了解两种角色或者要求，但是总是从对立的角度来理解两个角色或者要求的关系，经常抱怨；③能够理解两个角色或者要求之间的联系，但是不能够有效地处理好两个角色和要求的冲突。只有很少一部分国有集团公司的高层管理者[例如珠江钢琴集团、中国国际海运集装箱（集团）等企业的管理者]能够从特殊的治理结构安排、行业特点以及个人领导艺术出发，一方面发挥好政治工具的角色、得到政府的支持和减少一些不必要的干扰；另一方面则利用政府的支持推动市场创新与管理升级，主要以竞争力的提高对社会稳定做贡献。

这些杰出的国有集团公司的管理者之所以能够以竞争力提高作为切入点，主要是他们非常了解政府把国有集团公司作为实现稳定与发展的政治工具，是一种必要和阶段性措施（至少在竞争性行业是如此）。从长远来说，国有集团公司必须能够在经济上创造净价值才能够继续生存和发展。因此，在这些国有集团公司与政府的博弈中，它们不拒绝政府的"软预算"，但是不把这些作为竞争优势的来源，它们更关注"软预算"带来的副作用；它们不满足于担任行政管理的角色或者采用分权为主的管理模式，相反采用了集权管理模式，把发挥组合效益作为自己存在的主要理由和价值创造的主要来源。它们值得认真总结的成功经验有两点：①通过股权结构的安排和保持企业家精神尽可能地排除国家所有权与政府逻辑对国有集团公司的不利影响；②通过逐步消灭附属企业的独立法人地位而发挥组合或者说集团优势。

（二）适时转化观念、管理模式和角色定位

从计划经济向市场经济的转变是一个漫长的过程，在各个阶段，政府需要解决的主要矛盾不同，政府的国有企业改革措施也有很大区别。成功的国有集团公司必须能够根据自己对政策变化趋势的看法，动态或者适时地改变自己，就有可能更主动地发挥集团公司的影响，增加附属企业的竞争力。

（1）推动转变文化与管理理念，在整个集团内部建立以积极竞争和创新为主要内容的文化，以此推动附属企业建立竞争优势。加强对附属企业的文化控制有利于增加附属企业的市场创新活动，如果其文化内容是非常积极的，那么文化控制对附属企业的影响会产生更好的效益。这方面的典型代表应该是海尔集团。

（2）在产权纽带尚未建立的时候就推动管理模式的转变。大多数国有集团公司（除自己建立型以外）在相当长的时期内采用的是以分权为主的松散型管理模式，研究表明它们对附属企业的效益没有产生重大的影响，这是受制于它们独特的产生方式和行政连接纽带。但是，杰出的国有集团公司则在产权纽带还没有明确的情况下，就依靠强势的领导对国有集团公司进行一定形式的重组，采用相对集权的管理模式和加强对附属企业的战略、财务、文化控制。这些管理模式上的大胆创新有利于提高附属企业的经济效益。

（3）在争取政府理解的前提下，主动推动优化产权结构。在竞争性行业，绝大多数国有集团公司的管理者都非常清楚国有独资的产权结构的弊病。但是，相当多的管理者是被动地等待政府推动来解决国有企业的产权问题，只有少数杰出的管理者主动争取政府的理解，并且对解决产权问题进行了一些大胆的尝试：①主动发展一些控股或者参股的合资企业；②推动附属企业引入战略投资者；③出让母公司的部分产权等。这些措施，一方面继续保持了国家对企业的控制，另一方面有利于减少政府的干扰、改变管理机制和实现管理水平的提高。

（三）寻找发挥集团公司作用的战略与模式

相当多的国有集团公司是在政府推动下，基于政企分开和归口管理的需要而建立起来的，当时并不非常明确建立集团公司在经济上的理由。在它们发展的早期阶段都不同程度地经历了机会带动、负债经营和高度多元化的所谓松散型增长,承受了资产结构和资本结构不合理的困扰,受到社会对它们存在理由的广泛的质疑。随着经济转型过程的深入,至少在竞争性行业的国有集团公司将逐步转变成为一个更为市场化的产业组织。现在是国有集团公司应该认真反思自己存在理由的时候。国有集团公司应该认真地借鉴西方集团公司的经验,思考如何发挥集团公司作用、选择合适的集团公司战略和集团公司的管理模式,确定自己改革与发展的基本思路。

(1) 集团公司存在的理由应该是创造高于社会平均水平的净价值。大多数国有集团公司都没有经过一个自然生成的过程,也没有必要在经济学上证明自己的存在。在日趋成熟的市场经济条件下,国有集团公司总部或者集团公司必须更多地从经济学角度明白自己存在的理由、创造价值的方式。随着国有集团公司与附属企业产权纽带的建立和资产经营责任的明确,国有集团公司已经成为处于国有资产管理部门与附属企业之间的机构,体现了至少双重委托—代理关系,因此相对来说运营成本和代理成本比较高。国有集团公司存在的理由不在于投资形成了许多附属企业,因为股东可以直接投资这些附属企业而不必通过集团公司"代理"。国有集团公司存在的理由在于能否建立一个组合效益大的行业组合和发挥组合优势的管理模式。为了证明自己存在的理由,它所创造的价值应该高于其运营成本和社会的平均水平。因为如果一个国有集团公司无法达到这样的水平,就有可能成为其他国有集团公司和其他所有制企业收购兼并的对象,丧失存在的理由。

(2) 集团公司创造价值的主要方式就是建立与管理行业组合。因为在大多数情况下,国有集团公司不是直接经营产品或者服务,而是代替政府在多个行业或者多个市场运作的附属企业进行一种相当粗放的管理。许多集团公司创造价值的主要方式就是把政府影响简单地传递给附属企业,然后把附属企业的战略和利润汇总到自己身上,而不知道集团总部或者集团公司应该怎么样为附属企业创造价值服务。其实,集团公司创造价值的方式就是:①通过投资和重组建立多行业或者多市场组合,因为组合中存在着一些适合集团公司而不是附属企业去开发的具有经济价值的机会;②通过合适的管理模式去管理自己建立的行业或者市场组合,因为组合效益需要"匹配的"管理模式才能够被挖掘出来,从而创造一种集团公司的组合优势。

（3）集团公司应该实现行业组合与管理模式的动态匹配。在经济转型的过程中，我国大多数国有集团公司没有认真考虑过组合经济效益的来源问题，但是多元化程度却在不断提高。这是因为：首先，在政府推动和机会带动下，国有集团公司承担经济发展的重任；其次，通过多元化实现发展同样可以保持或者增加企业的就业规模；最后，在相当长的时期，国有集团公司实际上是没有权力重组附属企业（因为没有授权经营国有资产）和解决重组所带来的富余职工问题。因此，相当多的国有集团公司都是"旧的不去，新的猛增"，而这种不相关程度很高的多元化组合正好合适分权管理的模式。市场竞争的激烈、银行信贷体制的转变以及国有集团公司经营职责的调整已经迫使大多数国有集团公司在优化自己的行业组合，因此同样需要它们动态地调整合适的管理模式。大多数广东国有集团公司已经开始调整自己的行业组合，实现对主业的回归，降低多元化程度。但是，相当多的集团公司还没有关注管理模式转变的重要性，还在或多或少地沿用以分权为主的政府管理企业的模式。例如，针对相关限制性多元化组合，集团公司不能够采用以集权管理为主的管理模式，集团公司就可能浪费组合中存在的降低交易成本、共享规模经济和范围经济效益的机会，并且摧毁附属企业的价值，不能够针对组合特点建立相应的管理模式，没有通过对附属企业的影响而发挥组合优势，这是当前多数国有集团公司面临的主要矛盾。

（原载《南方经济》2004年第6期，第29～32页。本文题目略有改动）

中国企业集团概念的演化：
背离与回归

　　"企业集团"的概念不清、使用混乱越来越强烈地困扰着我国学术界、法律界和企业界。在企业集团的学术研究中，国内外学者甚至是国内学者之间很难进行学术对话，主要原因在于他们对"企业集团"有不同的定义或看法；在我国的法律和工商行政管理领域，企业集团被明确规定不是独立法人，然而实际上许多企业集团却"变通"地被注册登记为"企业（集团）"；在企业界，一些成长中的中型企业正在想办法通过建立母子公司产权纽带而成为企业集团，而另一些企业集团则在努力减少内部法人转变成为大企业。造成上述分歧和对立的根本原因就在于我国正处于一个特殊和高速变化的经济转型期，为了满足某一阶段的改革需要我们引进"企业集团"的概念，而这个概念随着改革任务的变化在内涵与外延上迅速地发生了改变，甚至背离了概念本身的原义。现在这种对企业集团概念内涵和外延所做的阶段性的改变，又在新一轮的改革与实践中与原义发生背离，甚至可能约束下一阶段改革实践的发展。因此，通过回顾中国企业集团的发展过程，了解企业集团概念在中国的变化及影响，分析中国企业集团发展面临的问题与挑战，达成共识，明确界定中国"企业集团"的概念和用法，对于解决当前中国学术界的分歧和解决中国企业集团发展中的诸多问题均有重要的和紧迫的意义。

一、"企业集团"概念的原意

　　尽管到目前为止，企业集团（Business Group）的概念仍然是国内外学术界争论的焦点，但是"企业集团"作为法人企业联合体的观点可能是没有分歧的一种认识，因此对企业集团概念的认识应该从企业集团最基本的组成部分——企业开始。

　　新制度经济学中众多理论与研究对企业的本质、企业的边界等问题进行了探讨。科斯（1937）认为，企业的本质是降低交易成本而产生的一种替代组织与制度安排，因此企业存在的理由或者合法性就在于对市场价格机制的替代。企业的边界可以形象地描述为："一个开始于单一形式的企业，将不断扩大，直到使新的活动内部化的边际收益与边际成本相等，扩大的趋势才会停止。"（埃格特森，2004）企业不是因为人具有控制他人的欲望而存在的（Granovetter，1994），也不是为了在行动表现出"集体性"而被认可的，企业在克服"市场失灵"方面具有特殊的结构优势（Williamson，1975）。

在整个社会生产或者经济体系中，企业和市场是两种可以相互替代的协调生产的手段，两者是处于两个极端的和最主要的经济组织形式（Williamson，1975），它们既相互独立，又相互联系。企业的边界取决于交易成本与组织成本，然而在交易成本的影响下，在企业与市场的"连续统一体"或者"谱系性结构"之间存在着不同的制度或者契约安排，作为中间形式的其他制度或者契约安排只是少量或者不稳定的现象，一般会向两端转化（Williamson，1975）。从这个意义上，可以把企业集团看成介于企业与市场之间的一种中间组织（Chung，2001）。

在企业与市场之间存在着不同类型的中间组织，西方学者用于描述这些中间组织的概念很多，但是其中最具有包容性的概念应该就是"战略联盟"（Strategic Alliance）。战略联盟关系，既包含了市场交易关系，也具有企业内部非市场交易的特征。按照联盟的性质或者连接关系的性质，战略联盟可以划分为两种（Hitt, Ireland and Hoskisson，2001）。

（1）非资产型战略联盟，主要是指多个法人企业因为要实现共同的战略目标或者满足共同的经济利益而建立的一种稳定的（具有一定的排他性）契约关系或者合作组织，包括卡特尔、辛迪加、战略性外包、战略网络组织、特许经营、虚拟组织等等。这种组织成员之间的关系可以是建立在文字性合同基础上的，也可以是建立在默契基础上的。这种联盟关系可以存在于两个企业之间，也可以存在于多个企业之间；其中的企业可以是对等的，也可以是不对等的。基于这种联盟关系，这些法人企业之间会采取一些共同或者互利的行动，但是其中的法人企业并不丧失其独立性。

（2）资产型联盟，主要是指两个以上的法人企业之间因为要实现共同的战略目标或者满足共同经济利益而建立的一种以产权为基础的联盟关系，例如托拉斯、康采恩、相互持股企业、合资企业、合作企业等等。这种联盟关系可以通过相互直接持股而体现，也可以通过成立一个新的法人企业体现。在这种联盟中，合作方之间的股份有可能是对等的，例如，建立一个合资企业；也有可能是不对等的。参与合作的法人企业与新建立的法人企业之间是法人企业之间的关系，应该以产权为纽带和遵循公司治理制度的安排，因此绝对或者相对控股一方对新建企业的影响更大一些。

上述的介于企业与市场之间的中间组织或者制度安排在西方成熟市场经济国家由来已久。例如，在1867年德国就出现了第一个卡特尔组织，但是西方学者或国家并没有将这些中间组织称为"企业集团"。直到20世纪70年代末，西方学者在研究日本和韩国经济发展的过程中才第一次对这种企业之间的联合关系予以重视和研究，称之为"企业集团"，并且发现不仅是日本、韩国，而且在其他国家与地区都存在着用名称不同、性质相近的概念去描述这种法人联合体的现象。（Keister，2000）西方学者之所以对这种特殊的联合体感兴趣，主要是因为它们具有不同于成熟市场经济国家的大企业或者战略联盟的一些特点：第一，企业集团不是指一个独立法人企业内部的资产、业务关系（例如多分部制企业）或者多个法人企业之间的临时性市场交易关系，而是多个法人企业之间长期、稳定和密切的关系。尽管如此，企业集团一般不被登记或者当作具有独立法人资格的企业。在经济转型国家，这种多个法人企业之间长期、稳定和密切的关系在降低交易成本和弥补市场缺失方面表现出了特殊的竞争力。第二，企业集团内部成员之间的关系纽带是多重和复杂的，存在着以产权或者资产为纽带的资产性战略联盟的关系，例如控股、参股、合资、合作的关系；也存在着以合同或者契约为基础的非资产型战略联盟关系。最令西方学者感兴趣的，并不是这些法人企业之间的产权关系和合同关系，而是经济转型国家所特有的法人企业之间的社会关系和行政关系。因此，如果不是为了强调新型市场经济国家企业之间存在的特殊的社会关系与行政关系，西方学者一般不会使用"企业集团"的概念，而是采用战略联盟、战略外购或者网络组织等概念去描述法人企业之间的合作关系。

在引进"企业集团"这个概念的时候，我国是把企业集团当作一种存在于企业与市场之间的中间组织或者法人联合体来运用的。经过20多年的发展，"企业集团"这个概念在我国的使用范围和频率超过了世界上任何其他国家，但是其内涵却越来越偏离了"中间组织"或者"法人联合体"的原意。

二、"企业集团"概念的引进

我国企业集团的出现是 1978 年以后经济和工业改革的结果（Keister, 2000；Lu, Bruton and Lan, 2004）。20 世纪 80 年代初，中国急需通过扩大企业的自主权和扩大企业的生产能力以满足迅速扩大的社会需求。其中，扩大企业自主权需要实现政企分开，扩大生产能力则需要打破行政上的"条块分割"，因此在学习已经实现经济起飞的日本和韩国经验的基础上，我国引进企业集团的概念，导致了三种类型的企业集团的出现和发展。

第一种类型：企业联合型。为了打破当时阻碍生产力发展的所谓"条块分割"的情况，国务院于 1980 年下达了《关于推动经济联合的暂行规定》，目的是促进刚刚获得经营自主权的企业之间进行横向与纵向的合作。为了防止这种经济合作失去控制，并为了减少矛盾，国务院又在 1986 年下达了《关于进一步推动横向经济联合若干问题的规定》，推动横向联合的企业之间实现"六统一"，并且给予一些大型联合体计划单列的待遇。1987 年，国务院制定了《关于组建和发展企业集团的几点意见》，第一次正式使用了"企业集团"的概念。因此，中国企业集团产生的第一种，也是最典型的一种方式就是：在推动国有企业横向和纵向联合的基础上，通过行政手段推动经济联合从松散型向紧密型转变。

第二种类型：政府重组型。在计划经济条件下，各级政府的各种经济部门实际上都管理着许多的"独立"法人企业，它们分布在各个不同的地区、各个不同的领域或者在价值链的不同环节上。政府在一方面要"搞活"国有企业、培育竞争主体、开始由计划经济向市场经济转变，而在另一方面又要保持对这些国有企业的控制和保持整个社会的稳定。因此，政府就通过建立"企业集团"这样的"中间组织"，将原来的政府经济部门全建制地转化为企业集团，既实现了政企分开，又保持了对国有企业的控制。在这个特殊时期，由政府部门转变而成的企业集团总部没有被明确指定为下属国有企业的产权所有者代表，因此这种方式产生的企业集团仍然是基于行政关系的国有企业法人联合体。

第三种类型：自然成长型。我国也有少数企业（国有、集体和民营企业）经历了从单一行业经营到多元化经营成长过程，从而成为企业集团。在当时的历史条件下，为了获得政府的承认与支持，寻找合适的概念去反映企业的这种发展和变化，它们也借用了"企业集团"的概念。从表面上看，这些法人企业通过多元化投资而成为企业集团，与前两种类型的企业集团在建立方式和连接方式上有非常大的区别，更像西方所说的控股公司或者母公司。但是，它们最多只能被称为控股公司的雏形或者说是基于行政关系的紧密型企业法人联合体。这是因为：一是这些企业集团本身的法人财产权没有得到确认，它们的子公司随时可以被政府部门划拨出去；二是它们对全资企业的管理主要不是依据产权，而是依据行政权。

在这个阶段的初期，中国企业集团的确是横向和纵向相关的独立法人之间的一种合作关系或者制度安排，这与国外对企业集团特征的描述基本一致。为了增加协作性而形成的联合体，即最典型意义上的企业集团。虽然后两种方式产生的企业集团更像西方意义上的"控股公司"或者"多元化经营企业"，但是由于其内部的连接主要还是依靠行政纽带，因此被称为企业集团也是可以的。

三、"企业集团"概念的背离

进入20世纪90年代以后，企业联合型企业集团，即没有登记成为法人的松散型企业联合体的成长遇阻；相反，大量出现和迅速发展的基本上是政府重组型和自然成长型企业集团。推动企业集团在这个特殊的阶段上迅速发展和壮大的力量主要来自两个方面。一是政府推动。1991年以后，国务院出台了《关于选择一批大型企业集团进行试点的请示》（即71号文件）《试点企业集团审批办法》《乡镇企业组建和发展企业集团的暂行办法》《关于国家试点企业集团登记管理实施办法》等一系列相关法规。二是市场带动。1992年邓小平同志发表"南方谈话"以后，中国经济又进入了一个高速发展的时期，市场机会多，机会带动而导致相当多的企业采用了不相关多元化发展的战略；企业集团总部一直看成最好的"资金放大器"，这个时期资金相对缺乏导致了许多企业走上集团化道路。在市场机会多而金融市场机制尚不健全的情况下，这两种企业集团内部存在的不明确的资产连接和明显的行政关系更有利于发挥财务上的范围经济效益，成为金融市场缺失的一种更好的替代组织或者机制。到1993年底，全国登记为"企业集团"的企业已经达到了7500家，如果考虑民间没有

登记而自称为"企业集团"的企业,这个数字将超过 10000 多家。(Keister,2000)

中国企业集团数量上的增长同时也带来了重大的危机。①由于各个企业集团都是利用自己的财务杠杆进行多方面融资、跨行业投资、高度的分权管理,导致企业集团总部既无法在经营上获得规模经济和范围经济效益,又丧失了对下属企业在战略、财务、资产等的控制。其中,国有企业集团受制度因素的影响在过分多元化与管理失控方面表现得最为典型。②国内众多市场从卖方市场转变为买方市场,市场竞争突然加剧,许多行业出现了结构恶化与恶性竞争,企业集团面临收益下降和资本结构恶化。③整个国家的宏观经济过热,固定资产投资过大,基础原材料价格上涨,企业间的"三角债"增加,银行不良贷款巨大。从 1993 年中期开始,国家终于开始了一轮也是迄今为止最有力度的宏观调控,高度不相关多元化发展时期的结束,也导致了仅仅依靠行政纽带而在战略、投资、财务和资产管理上失控的企业集团走到了尽头。

认真总结 20 世纪 90 年代初中国经济发展中存在的问题与面临的挑战,党中央在 1993 年 11 月召开的十四届三中全会上通过了《关于建立社会主义市场经济体制的若干问题的决定》。为了发展社会主义市场经济,我国政府开始在宏观上大力推进完善财税、金融、投资、外汇、外贸等经济体制的改革,迅速建立和完善要素市场;在微观上完成对国有企业,尤其是国有企业集团的产权改革,从而在根本上克服国有企业,尤其是国有企业集团在体制上的缺陷,发展和扶持一批紧密性、大规模和具有国际竞争力的大型企业集团。此后的多年里,我国政府采用了一系列有力的政策措施推动了我国国有企业集团发生"质"的改变。

第一,通过实施国有资产授权经营和《企业国有资产监督管理暂行条例》,将国有资产的经营权委托或者授权于企业集团的总部,将政府与国有企业集团和企业集团与内部成员之间的行政管理关系转变成产权上的委托—代理关系,从而为整个企业集团内部的产权改造提供合法依据。

第二,推动企业集团在进行清产核资的基础上,明确产权关系、建立产权纽带,推动下属企业的产权改造,从而使原来企业集团内部基于经营和行政连接而存在的所谓核心、紧密、半紧密和松散的关系转变为基于产权连接的全资、控股和参股的关系。

第三,在实施新的《公司法》的基础上,推动企业集团按照母子公司的管理体制，建立和健全母子公司的治理结构，规范母子公司的行为。借助这样的管理体制，企业集团对成员企业的管理必须依据产权纽带、必须通过董事会得以实现；企业集团控制和影响下的法人企业之间必须按照市场规则发生交易关系，否则就是不正常的关联交易。

上述以明晰产权和建立母子公司管理体制为主要内容的改革措施有效地克服了我国企业集团在公司治理和管理机制上存在的问题，在创造"真正"大企业的道路上迈出了最重要的一步。但是，同样的改革措施却使中国企业集团在本质特征上越来越偏离"企业集团"概念的原来的内涵——法人联合体，相反越来越接近西方意义上的一种大企业——控股公司。

四、"企业集团"概念背离带来的束缚

中国加入WTO之后，中国社会稳定和经济的发展所面临的主要问题是如何提高我国企业的国际竞争力，使我国企业在国内市场上有能力抵御全球化企业和积极参与国际竞争。当前，我们最应该回答的问题是什么样的企业能够担当这样的历史使命。早在1995年，美国管理学会的前主席威廉·纽曼教授就曾经指出：中国需要在竞争性行业中建立世界级企业。2002年，美国战略管理学家陈明哲教授也提出了基本相同的观点。中国企业不可能像亚洲"四小虎"的企业，利用低成本优势"走出去"，然后在西方国家中提高竞争力，实施高差异战略。美国等西方国家不会轻易容许中国企业进入发达国家市场。但是，中国企业又不能学习美国企业的模式，即先在国内市场做大，然后再走向国际，因为中国企业在国内做大以前全球化企业就已经大举进入中国市场了。中国企业需要将自己有限的资源高度集中于相对集中的行业，争取在素质而不是在规模上达到世界级水平，通过横向与纵向整合，形成规模经济与范围经济上的国际竞争力。在全面提高我国企业国际竞争力和发展世界级企业的过程中，中国应该直接发展和扶持大型企业或者大公司，而不应该是采用不相关多元化战略和控股公司模式的企业集团。这种企业集团既容易导致过分多元化，又不利于发挥经营上的规模经济与范围经济。

面对全球化给我国企业带来的冲击和机遇，完成了产权改造和建立了现代企业制度的中国企业面对的挑战是如何提高自己的国际竞争力。因

此,继续在现在的意义上使用"企业集团"的概念,将会不利于我国企业的成长,妨碍我国在竞争性行业发展出一批世界级企业。

首先,在建立母子公司管理体制的过程中,如果继续沿用"企业集团",而不是强调"企业"的概念,将导致我国绝大多数企业集团总部转变为"控股公司"(例如各个地方国有资产经营公司),并且专门从事所谓多元化发展与资本经营。这种"控股公司"的生存欲望将从根本上阻碍它们降低多元化程度和实施对国有企业的改造。发展具有国际竞争力的大企业需要我们逐步减少或者消灭这种所谓专门从事资本经营的企业集团,培育更多专注于相关行业经营的大企业。

其次,在建立母子公司管理体制的过程中,如果继续沿用"企业集团"这个概念,而不是采用大企业的概念,将导致我国绝大多数企业集团忽视集约经营、降低交易成本、扩大规模经济和获取范围经济效益的作用。"企业集团"这个概念的核心是松散的法人联合体,如果在保持这个概念的前提下对成员企业进行产权改造,就会没意义地在企业集团内部设立过多的独立法人企业,从而严重影响内部交易成本的降低,影响核心专长的共建与共享。因为从法律意义上来说,法人企业是平等的,不存在直接的控制与指挥的关系,企业集团如果要集中采购、规模生产、统一营销等就将受到诸多的限制。发展具有国际竞争力的大企业要求我们逐步减少而不是增加内部的独立运作的法人企业。

最后,在重点扶持大企业集团的过程中,继续沿用"企业集团"的概念将误导一些成长中的上市企业和民营企业。政府原希望扶持的是主业突出、规模优势明显和行业竞争力强的企业,但是如果我们采用"企业集团"的概念,就可能而且事实上导致许多单一行业的上市企业和民营企业希望成为多元化的企业集团,或者不适当地将密切相关的内部经营单位变成独立运作的法人企业,从而牺牲了一些本来有可能成为"行业冠军"和参与国际竞争的民营企业。

五、结论:企业集团概念的回归

根据上述对中国"企业集团"概念演化的分析,可以清楚地发现:在特殊的经济转型过程中,受制度因素变化的影响,"企业集团"概念的"名"与"实"经历了一个从"统一"到"对立"的过程。虽然这种

"名"与"实"分离引发了许多的问题和分歧,但是在中国加入WTO以前,正是借助于这种有目的的"分离",我国政府在保持社会稳定和经济发展的前提下,一方面基本完成了政企分开,明确政府与国有企业的产权关系,建立了政府对国有企业的监管制度;另一方面基本完成了对国有企业的资产重组。

中国加入WTO以后,全球化竞争的影响已经使我国经济体制改革的基本目标,从引入竞争机制和建立市场经济转变成完善市场机制和发展具有国际竞争力的大企业。因此,若继续允许甚至强化企业集团概念,"名"与"实"的分离所产生的束缚作用将越来越大。我们认为,现在应该恢复"企业集团"原本的含义,即明确企业集团作为一种法人联合体而不是法人这样一个根本特征,在此基础上不仅各种相关的分歧可以得到统一,更重要的是由此带来的各种问题可以得到防止或者解决。

第一,从学术的角度来看,恢复"企业集团"概念在国际学术界认同的本意有利于将对企业或者公司的研究与对这些企业或者公司的某种特性的研究加以区分,实现与国外学术界的完全接轨。事实上,把企业作为一个企业集团来加以研究只是反映了这个企业与其外部企业的稳定关系;或者说在企业与市场之间的某种特殊的制度安排,与之相关的概念还包括了战略联盟、战略性外购和战略网络等。但是,这个企业完全有可能具有其他更为重要和需要我们进行研究的特征,例如它有可能是一个控股公司或者母公司,因为它通过投资而控股或者参股许多企业,但是它并不实际经营这些企业;它有可能是多元化经营的企业,因为它不仅投资而且在多个行业经营,但是它采用的是事业部而不是母子公司结构;它还有可能是一个国际化经营的企业,因为它进入了多个国家的市场,并且建立了海外分公司或者子公司。

第二,从政府政策制定的角度来看,恢复使用"企业集团"的本义有利于切断"企业集团"与"大企业"或者"竞争力强的企业"之间的必然联系,提高政策制定的针对性。为了应对加入WTO,我国政府应该发展和扶持的是那些行业特征明显、行业市场占有率高和具有国际竞争力的大企业或者"强"企业,而不是那些多元化程度高、无法建立核心专长和发挥规模与范围经济优势的企业集团。我国政府应该更加明确地提出要发展和扶持大企业或者大公司,从而推动现在的企业集团降低多元化程度,提高行业集中度;关注于建立核心专长,提高产业链整合能力;追求在行业中做强，而不是在规模上做大。与此同时，我国政府仍然可以采用鼓励"企业集团"的方法去鼓励大企业之间以及大企业与中小企业之间的合作。

第三，从企业战略的角度来看，恢复"企业集团"的本意有利于切断"母子公司管理体制"与"大企业"或"竞争力强的企业"之间的必然联系，从而使企业的组织结构与管理模式更适合"做强"。虽然建立母子公司的管理体制是有利于理顺国有企业集团内部的产权关系，但是它仅适合于采用不相关多元化战略的控股公司，而不适于采用纵向一体化、相关多元化、市场多元化战略的企业；这种管理体制可以加强资产管理与控制，但是无法实际降低交易成本、提高规模经济与范围经济效益；这种管理体制有利于企业将资产与经营规模扩大，但是不利于企业在一个或者几个相关行业中做"强"。现在，相当多的大型企业就是因为自己有"企业集团"这个"名"而把自己定位为资本运作中心，因此这不仅没有降低反而在增加多元化程度；或者是在已经降低多元化程度之后，还在建立和强化母子公司的管理体制，结果严重影响了组合效益、规模效益的发挥。

（原载《管理学报》2007 年第 3 期，第 306～311 页）

企业战略管理:
"静态模式"与"动态模式"

我国企业战略管理理论的大规模引进、推广是在20世纪的80年代中期至90年代中期。针对当时市场机会多而竞争不激烈的经营环境,所引进的主要是西方企业战略领域中理性主义流派的理论和方法。本文将这种以理性主义为基础并且适用于相对静态环境①的战略管理模式称之为"静态模式"。但是,这种战略管理模式在当前我国战略管理实践中面临着越来越"尴尬"的局面:①企业的战略行为中,事前计划的行为越来越少,事中反应或者创新性行为越来越多,优秀的战略往往不是计划出来的,而是总结出来的;②越来越多的战略决策不是在战略制定阶段,而是在战略实施阶段上做出的;③在越来越动态的环境下,时间的紧迫与信息的有限凸显了非理性因素对企业战略决策的影响,战略管理的科学性与战略管理的严肃性受到了明显的挑战。我国企业战略管理的实践已经走在了理论的前面,摆在我们面前的最紧迫的任务就是要实现企业战略管理模式上的创新。

一、理性主义流派与战略管理的"静态模式"

企业战略管理产生于理性主义对经验主义的克服和超越。20世纪30年代以后,管理学者们就开始注意到经营与决策、常规决策与非常规决策、战略决策与经营决策的差异,其目的就是让管理者使用更多的时间和更科学的方法做出战略性决策。20世纪50年代末期,企业战略管理学者就一直在努力为企业战略制定者提供制定战略的概念模型、过程模型、科学分析方法,而学术界后来把做过这些努力的学者通称为企业战略管理中的理性主义流派,其中包括设计学派、计划学派与定位学派。(Mintzberg,

---

① 企业外部环境本质上是动态的,但其变化的速度受技术、经济全球化、体制改革等因素的影响,相对变化速度较慢的外部环境称之为静态环境,反之称之为动态环境。

Ahlstrand and Lampel，1998）

设计学派认为"战略形成应该是一个有意识的、深思熟虑的思维过程"（Andrews，1981），因此制定战略需要设计模型"以寻找内部能力和外部环境的匹配"（Christensen，Andrews，et al.，1982）。设计学派代表了有关战略制定过程的最具影响力的观点，其主要的贡献包括提出了战略制定的过程模型、产生战略选择的SWOT模型以及提出了一致性、协调性、优势和可行性等战略选择评价的原则。

计划学派在承认设计学派的绝大多数前提条件和理论观点的基础上，把战略管理过程划分成制定、实施、评价与控制三个阶段；把原来比较简单、非正式的战略制定模型转变成为一个非常精密的过程模型，其中主要包括目标确定、外部审查、内部审查、战略评价；把战略的内容体系详细和严格地分解成为目标体系、预算体系、战略体系和程序体系。（Mintzberg，Ahlstrand and Lampel，1998）在计划学派看来，"战略产生于一个受控的、有意识的正式规划过程，该过程被分解成清晰的步骤……并且由分析技术来支持"（Steiner，1969）。这个经过正式过程而制定的战略，应该通过目标分解、预算、程序和各种中间计划得到贯彻。

与上述两个学派过分关注战略决策的过程和方法不同，定位学派将自己的注意力放在了战略的内容上。定位学派认为，企业可以选择的关键战略很少，从而致力于寻找企业的通用战略。（Porter，1980）定位学派认为战略制定仍然应该是一个受控、有意识的过程，所不同的是它认为选择合适的定位战略需要更加理性的方法和科学的计算。

由于这个时期西方企业的经营环境相对比较稳定，市场机会比较多，而各个行业内部竞争不太激烈，因此后来对理性主义流派的批评高度集中于这些理论与方法提出的三个基本前提上：①企业经营环境是相对稳定和可以预测的，因此企业战略是可以预定的；②企业管理者在进行制定战略的过程中可以具有充分的时间和信息；③一个人的大脑能够处理与战略决策有关的所有信息，因此企业的首席执行官就可以全面负责战略的制定工作。尽管如此，上述三个学派的出现毕竟有其特殊的历史条件和历史贡献。正是在这三个学派的影响下形成了一个被西方企业广泛接受和使用的战略管理模式。为了更加容易揭示这种适应静态环境的战略管理模式的特点，本文将这种模式称为"静态模式"（见图1）。其主要特点是：

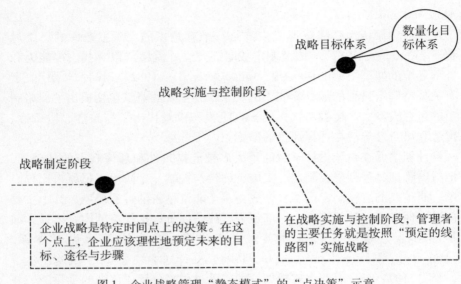

图 1　企业战略管理"静态模式"的"点决策"示意

第一,企业战略决策是一个"特定时间点上的决策"。实施企业战略管理的企业应该在自己认为需要进行战略调整或者开始一个新的经营周期之前,由企业战略管理者对与企业今后发展有关的重大、长期和整体性的问题进行研究,制定尽可能正确、全面和详尽的战略,这就是企业战略管理中的战略制定阶段需要完成的核心任务。一旦企业战略得到通过,企业高层管理者在此后 3 年或者 5 年战略实施阶段的任务就是执行,这也就是所谓的"战略制定与战略实施分离说"。

第二,企业的战略行为应该是预定的,就好像一个"线路图"。如果承认企业战略决策是一个"点决策",那么就等于认为所有企业的战略行为都应该是事先计划而不包括应急反应的行为。根据理性主义流派的观点,企业在战略制定阶段所需要做出的决策不仅包括宗旨、目标、战略与政策,而且还包括中间计划、行动方案、重大行动的程序以及各种计划、方案的预算。制定这样的战略基本上就等于预先规定了战略实施过程中几乎所有战略行为,这就是所谓的"战略计划的预定说"。

第三,企业战略决策的核心是制定目标。根据理性主义流派的观点,企业战略决策的核心就是制定企业的目标,甚至认为制定战略就是制定目标。(Lorange,1980) 为了提高企业战略实施的有效性与效率,非常强调目标的全面性、数量化和可测性，因此这个时期的企业特别偏好以下行为：①为所有重要的经营活动制定目标；②高度关注目标的定量化；③喜欢将数量化目标逐一分解、细化。理性主义流派认为，战略目标越是具体和数量化，战略的评价与控制就越容易。

第四，企业战略决策是理性决策。理性主义流派针对经验主义存在的局限，提出企业战略选择的正确性依赖于战略制定者思维过程的理性化程度与决策方法的科学性。其中，设计学派强调的是战略思维模式的重要性，计划学派强调的是战略制定过程和方法的科学性，而定位学派强调的是战略选择的科学性。正是因为这些贡献，建立了企业战略管理的过程模型和层次模型，只要依据这些模型和方法进行分析和推理，那么战略决策的科学性就能够得到保证，这就是所谓的"战略制定程序化"。

第五，企业战略实施与控制的关键是按时、按质和按量完成计划。既然企业战略是一个"点决策"，而且企业的主要战略行为都应该是事先计划好的，那么企业在进入战略实施阶段以后，主要任务就是有效和有效率地执行战略计划，实现战略目标。虽然企业在战略实施阶段中需要适时地评价与调整自己的战略行为，但是在理性主义流派看来：①无论调整是因为环境变化还是执行不利，都说明战略制定工作没有做好，否则就不需要调整；②战略实施过程中的主动或者被动调整都应该是按照计划进行的调整，因此需要事先就制定好应急计划或者重新开始新一轮的战略管理过程。

20世纪80年代中期到90年代中期，中国的经济转型正处于初级阶段。这个时期，经济改革的主要任务就是打破计划经济、实现政企分开，通过厂长经理负责制和承包制搞活企业，希望它们能够成为自我经营、自我发展、自我积累和自我约束的市场竞争参与者；通过改革措施极大地调动国有企业的积极性，促进生产力的迅速发展，以解决当时社会存在的突出的供需矛盾。在这样的宏观背景下，我国引进西方企业战略管理的理论与技术，主要的目的就是要促进我国企业管理者实现以下转变：①重视企业内部常规决策与非常规决策的区别，有效地分配自己的精力；②重视战略决策与经营决策的区别，树立市场与竞争的意识；③掌握战略决策的科学方法，减少重大决策过程中的盲目性和经验主义；④重视战略目标的科学性和实施目标管理，全面提高企业管理的有效性与效率。基于循序渐进原则和针对性原则，从事企业战略管理理论引进、推广的学者们都不约而同地引进了当时西方企业战略管理领域的主导学派——理性主义流派的理论和企业战略管理的"静态模式"。

二、非理性主义学派的批评与"静态模式"的局限

就在中国引进理性主义流派的理论和推广应用"静态模式"之前，西方战略管理领域发生了一次重大变化，出现了7个以非理性主义为主要特点的学派，它们是企业家学派、认知学派、学习学派、权力学派、文化学派、环境学派、结构学派。西方企业从 20 世纪 60 年代末期开始的不相关多元化发展失败说明，以理性主义为基础的战略管理理论并不能够保证企业战略管理的有效性和效率，因此企业战略管理陷入了历史上最严重的理论危机和信任危机。在认真总结这个时期企业战略行为的基础上，相当一部分学者发现了以下三个重要的事实：①企业的经营环境已经开始从相对静态向相对动态转变；②企业战略管理者的决策通常是在时间和信息有限的情况下进行的，因此战略决策应该是一种次优决策；③企业的战略决策不再是个人的决策，而是一个团队的集体决策。这些重要的发现直接导致企业战略管理领域出现了一种新的思潮——非理性主义流派。非理性主义流派认为，传统的理性主义，尤其是计划学派陷入了三大谬误，即预定的谬误、程式化的谬误和分离的谬误。（Mintzberg, Ahlstrand and Lampel, 1998）

这个时期的学者们运用政治学、社会学、心理学、人类学等多学科的理论和方法对企业战略管理者的实际决策行为进行了实证研究，并且根据自己的研究成果对传统的理性主义观点及其所支持的"静态模式"进行了非常有针对性的批评。

第一，企业的战略行为包括了非计划性的应变行为。一些学者通过跟踪研究若干企业的发展历史发现，企业实际发生的战略行为事实上包括了两个组成部分，一部分是计划好的战略行为（the Proactive Strategic Behavior），而另一部分则是反应性的战略行为（the Reactive Strategic Behavior）。因此，他们认为企业战略也有两种，一种是事先制定的战略（the Planned Strategy），另一种则是实现了的战略（the Realized Strategy），而且在绝大多数情况下实现了的战略不同于事先制定的战略。

第二，企业战略管理者需要在战略实施过程中进行战略决策。由于企

业经营环境越来越动态化，企业之间的互动越来越显出速度、学习和创新的重要性。因此，企业高层管理者越来越需要根据环境变化与对手的反应来调整自己的战略，其中有些决策从表面上看是反应性的，但是如果这些反应性的行为具有创新性，或者对竞争对手产生长期的抑制作用，同样会对企业维持与建立长期竞争优势产生重要影响，因此具有战略意义。

第三，企业战略的核心内容很难具体化和定量化。在经营环境越来越难以预测的情况下，企业要想制定长期、具体和数量化的目标越来越困难。在竞争互动越来越重要的情况下，战略的好坏并不完全取决于企业自己的努力和企业内部系统的一致性，而在很大程度上取决于竞争对手的反应，因此制定定量化目标系统的作用相对下降。如果企业过分重视数量化目标，有可能会导致企业在实施战略的过程中忽视自己的长期发展方向与战略定位；如果企业战略对战略行动的规定过于具体，就会降低战略实施过程中企业的反应速度与创新能力。因此，非理性主义流派认为战略意图、宗旨和定位的保持比数量化目标和操作性计划的实现更重要，定性目标的实现比定量目标的实现更重要。

第四，非理性因素在战略决策中可能发挥重要作用。非理性主义流派的学者认为，企业战略管理者必须在过程中决策，必须在过程决策中考虑对手的反应，必须关注速度与创新，完全采用理性主义的方法不仅不可能，而且会影响速度与创新。同样，绝大多数企业的重大战略行动是高层管理者集体决策的结果，影响集体决策的许多非理性因素同样会影响企业的战略决策。现在，企业高层管理者的价值观和决策中的非理性因素对企业战略决策的影响越来越大。

第五，战略实施与控制过程中应该考虑速度与创新的作用。由于环境可预测性下降，竞争互动的重要性上升，速度与创新越来越成为优势和盈利的主要来源，战略实施与控制阶段的核心任务已经发生了根本性的变化。严格执行和准确实现事先计划好的战略固然很重要，尤其是对战略意图、宗旨与定位的保持，但是适应环境和对手战略的变化，及时主动地实现企业战略的目标、途径、策略的调整与创新则变得越来越重要。

第六，战略管理三个阶段的划分不可能太严格。如果上述看法具有合理性，那么战略管理三个阶段在时间上很难划分。现在，企业战略管理三个阶段上的活动已经相互交叉，因为企业战略也是过程决策。同时，三个阶段的活动也已经互为因果，因为战略实施的保证措施包括公司治理结构、组织结构、管理机制、领导团队组建以及企业文化。从这个意义上说，企业战略管理三个阶段的划分只剩下了逻辑上的意义。

非理性主义流派对传统战略管理思想与"静态模式"的批评在中国得到了非常有力的证实，因为企业战略管理的理性主义流派的理论与中国战略实践的矛盾表现最为典型与突出。过去20年中，在经济全球化与经济转型两大因素的影响下，中国企业所面临的经营环境表现了很强的动态化趋势，例如经营环境复杂多变、互动越来越快、竞争优势越来越难以保持。越来越多的企业高层管理者认为，在相对动态环境下竞争，快速应变与创新成为竞争优势和利润更重要的来源，因此，企业战略决策有一部分是在战略实施过程中做出的，企业战略行为事实上也包括一部分非计划和具有积极作用的应变与创新性行为。在相对动态的环境下，企业在战略制定阶段不应该过分重视目标，尤其是非常具体和数量化目标的制定与实现，而应该更重视企业的战略意图、宗旨和定位的选择与保持；不应该过分关注"具体的细节和步骤"，应该更关注战略实施过程中的应变与创新；不应该只重视战略决策的逻辑过程与科学方法，更应该关注影响企业战略决策的深层因素和非理性因素，例如公司治理、组织结构、管理机制、控制方法、高层管理者构成以及企业文化等因素。（张平和、蓝海林，2005）

三、整合的努力："动态模式"

针对西方企业战略管理实践面临的危机，非理性主义流派对传统的理性主义及其支持的"静态模式"的批评的确有些得理不饶人。但是，非理性主义流派只是试图补充理性主义流派的理论与方法，而不是全盘否定；只是为了揭示"静态模式"的不足，而不是完全推翻整个模式。为了挑战这个传统和长期主导整个领域的学派，非理性主义流派没有试图直接与传统的理性主义流派在理论与方法上进行整合，但是这没有妨碍其他学者在整合两大流派的理论上做出努力。

在认真回顾和分析了西方企业战略思想与实践的历史之后，著名的企业战略管理学者亨利·明茨伯格等（Mintzberg, Ahlstrand and Lampel, 1998）试图对理性主义流派与非理性主义流派的观点进行整合。他首先肯定战略是一种计划（Plan），在实际上就是对传统的理性主义流派理论以及"静态模式"的肯定。但是，他认为这种传统的理性主义观点以及所支持的"静态模式"的确存在着一些片面或者不完善的地方。因此，他指出非理性主义对补充与完善人们对企业战略的认识在以下几个方面发挥了历史性的作用：①揭示了在信息与时间有限的情况下，企业高层管理者的价值观以及整个企业文化对战略决策的影响，因此他认为战略也是一种行为模式（Pattern）；②揭示了在相对动态的环境下愿景与定位的重要性，因此他认为战略也可以是一种愿景（Perspective）或定位（Position）；③揭示了企业战略不仅应该包括涉及企业的一些重大、长期与整体性的决策，而且还应该包括与竞争互动有关的策略和手法，因此他认为战略也是一种手腕或者手法（Ploy）。但是，明茨伯格在整合理性主义与非理性主义观点的努力仅限于理清战略的概念，所采用的整合方法基本上是兼收并蓄，所形成的看法还没有表现出明显的实践指导意义。（蓝海林，2001）

为了让明茨伯格的上述努力能够更好地指导企业战略管理的实践，克服当前我国企业战略管理理论与实践相脱节的问题，本文认为应该将上述整合的努力转化成一种能够指导企业战略管理实践的新的模式，以便取代已经备受批评，但是仍被我国战略管理学术界认同和企业界普遍使用的"静态模式"。我们把这种更适应动态环境的战略管理模式称为"动态模式"。为使战略管理的"动态模式"更加容易被理解和接受，本文把"动态模式"也称为"河床模式"。这主要是因为河床图形的一些特点可以形象地表达"动态模式"的本质特点：①水能够积少成多，并且最终变成了蕴含巨大力量的河流，这能够非常恰当地代表企业战略的力量；②"河床"规定了河流的基本走势和流向，但是河床的确给河中的水留下了很大的自由，非常符合"点决策"与"过程决策"的关系；③正所谓水无定式，逢低而进，遇阻则绕，毕竟东流，恰似企业在战略实施过程中的行为。（见图2）

企业战略管理的"动态模式"是在吸收了理性主义流派和非理性主义流派观点的基础上对传统"静态模式"的一种改进。本文希望通过这个模式的提出，揭示在动态竞争环境下企业战略管理的本质特征，即"动态模式"的本质特征。这主要表现在三个方面。

第一，企业的战略行为既包括事前计划的行为，也包括事中反应性的行为；既是一种"点决策"，也是一种"过程决策"。企业在"点"上的决策相对比较宏观，主要包括意图、愿景、宗旨、定位、方式、政策、原则、手段的设计，就像河床对水流的约束一样，这种事前的计划可以防止未来企业在重大战略选择上迷失方向或者失去控制。同时，企业在"点"上的决策又不能够太具体化和数量化，它必须给"过程"中的管理者足够的应变和创新的空间，以便允许管理者根据内外部环境的变化和竞争对手的反应对自己的战略进行一些动态的调整、创新与转型。有效的战略管理者必须能够在"事前计划"与"事中反应"之间保持动态的一致性，能够在"点决策"与"过程决策"之间保持动态的连续性。

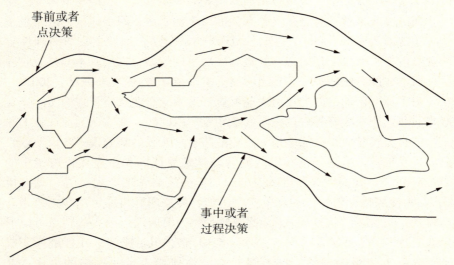

图2　企业战略管理"动态模式"（即"河床模式"）的"过程决策"示意

第二，有效地制定与实施战略管理，既需要依靠理性，也会受到非理性因素的影响。认识这个特征，将有利于企业战略管理者针对不同的情况进行决策和合理选择决策的方法。企业战略管理者在"点"上的决策，包括对企业的战略意图、宗旨和定位的规定，可以更多地借助理性思维的过程和采用理性分析的方法，但是在"过程"中对战略意图、宗旨和定位的坚持则更多的是依靠企业价值偏好和选择。企业战略管理者在战略实施过程中的决策则需要应变、博弈，面临速度、创新的要求，因此，理性的方法就显露了其局限性，而非理性因素的影响就会取而代之。考虑到这种特点，动态环境下的企业更应该重视公司治理、组织结构、管理机制、控制方式、高层管理者、企业文化的设计与建设，从而提高动态环境下战略管理的有效性和效率。

  第三，正是因为有效的战略管理者必须要能够运用理性和非理性手段在"事前计划"与"事中反应"之间保持动态的一致性，在"点决策"与"过程决策"之间保持动态的连续性，所以，战略管理"动态模式"不再强调战略管理三种活动的外在区别与先后关系，相反更多关注的是战略管理过程三个阶段之间的内在联系与交叉影响。

  （原载《南开管理评论》2007年第5期，第31～35、60页）

案例分析：
毕马威公司 20 世纪 90 年代的战略转变

"毕马威公司 20 世纪 90 年代的战略转变"的案例所描述的是毕马威公司（简称"KPMG"）在 1992—2001 年期间所经历的一场根本性的战略转变。这个战略转变的发起人、领导者就是当时任 KPMG 英国东南区分公司总经理，而在 2001 年已经成为 KPMG 全球董事长的科林·沙曼。经过近 10 年非常成功的战略转变，KPMG 已经成为世界上最大的专业服务提供商之一。在截止于 2000 年 9 月的财政年度中，KPMG 的服务收入达到 135 亿美元。从表面上看，KPMG 战略转变的成功所表现的是这个公司的战略管理能力，但是实际上我们所应该欣赏的是科林·沙曼，他既是一个管理者又是一个战略家，他不但具备杰出的战略管理能力还具有特别的战略实施能力。

一、敏锐的战略观察家

科林·沙曼是 KPMG 所属英国公司的一名资深合伙人，1992 年开始成为所在公司最大业务地区——英国东南区的总经理。虽然当时他只是一个区域市场的领导者，却具有一种强烈和超乎于其职位的愿望，那就是希望使自己所在的分公司和整个 KPMG 成为全行业最杰出的企业，这个愿望造就了 KPMG 后来的"成为领先者计划"，也是整个案例的起点。

对于已经在 20 世纪七八十年代连续取得成功的 KPMG 来说，成为行业的领先者并非"天方夜谭"，因为当时它已经是整个行业 6 个最有竞争力的企业之一。但是，实现这个愿望最大的难处之一恰巧就在于 KPMG 何时能够出现科林·沙曼这样一个"超现实主义"的人物，他能在公司所有的人都在感受成功的喜悦时发现"问题"，并且具备解决问题所需要的战略能力。

如果说 20 世纪 90 年代初 KPMG 的绝大多数员工都在"海水下面浸泡"的话，那么科林·沙曼就是整个公司中为数不多的"岛屿"。他看到了整个环境、行业和竞争正在和将要发生的变化趋势，这种趋势有可能把整个行业带入一个以价格竞争为主要内容的时代。科林·沙曼之所以得出以上判断，主要是基于以下四个原因：①在过去20年的时间里，主要的会计师事务所采用的发展战略基本相同，即以客户关系为基础，通过相关业务的多元化发展，从而最大限度地获得营销方面的范围经济，从而导致6个控制市场的主要竞争者具有几乎相同的业务组合；②经过一系列的购并与发展，六大竞争者在规模与掌握的资源方面无实质性差异，其各拥有自己的客户，但是缺乏能够引领整个行业发展的领袖企业；③为了成为行业领袖，6个主要竞争者有可能陷入一场无差异的激烈竞争，从而导致整个行业的毛利润下降；④低价格竞争在行业内也已发生，而且受到了诉讼的威胁，并正受到政府有关机构严格的规则与规定的监管。

虽然整个行业正处在一个动荡和变革的时期，但是科林·沙曼对自己所处行业的关键成功因素的认识是非常深刻和坚定的。他认为，会计师以及整个财务服务行业是一个客户关系导向的行业，良好的客户关系是企业竞争优势的主要来源。为满足客户日益增长的综合性需求，在过去20年中，各个主要会计师事务所已在业务方面实现了相关多元化发展，但是这种战略的实施没有给客户带来更高的价值感受。导致此情况的根本原因在于，各个事务所没有对自己的管理理念、组织结构、管理机制和企业文化进行相应变革，没有能力把存在于相关多元化组合中的规模经济与范围经济效益发挥出来，各个业务的质量与成本都没有同时发生明显的改变。

正因科林·沙曼具有全球化的视野以及对企业环境、行业背景和竞争变化趋势的洞察力，他才能在担任KPMG英国东南区总经理之初就非常客观地分析整个公司，尤其是自己所管理的区域公司面临的挑战：①从表面上看，KPMG把为客户提供最高质量的服务作为公司的宗旨，但是公司主要的业务单位却不是按照客户类别划分，而是按照学科专业划分，这些以学科专业为基础的业务单位主要是专业导向而非客户导向；②在满足客户综合性需求方面，分别负责不同行业/市场客户的市场小组没有足够的权力去协调和整合跨学科、跨专业人员的活动；③曾在KPMG发挥过重要作用的合伙人制度暴露了一些不能够适应人员协调与整合需要的弊病，主要包括：关注"全才型"合伙人的培养但是忽略了团队的建设，重视发挥了合伙人的作用但是忽视了团队的合作，突出了合伙人的特权和地位但是牺牲了整个企业的效率、创新和凝聚力。

针对整个环境、行业背景和竞争变化的趋势以及 KPMG 本身存在的问题，科林·沙曼坚信："如果哪一家事务所有能力协调和整合其人员，并因此而为其客户带来真正的利益，那么这家事务所就会脱颖而出。"而在他开始推动整个公司实现战略转变之前，已经形成了非常系统的战略计划。

二、杰出的战略实施者

作为一个杰出的战略家，科林·沙曼最值得欣赏之处，也是能够推动 KPMG 成功实现战略转变的重要原因之一，就是他能充分地认识到自己准备从事的工作具有多么大的难度：①KPMG 不仅不存在重大危机，而且在此前一个时期表现得相当成功；②KPMG 拥有一大批管理专家——合伙人，其中每一个人都可以影响公司的重大决策，甚至对公司的战略转变提出自己的独特见解。因此，科林·沙曼从来没有公开宣布自己要推动整个公司实现战略转变，没有详细说明这个转变的全部内容，更没有大张旗鼓地全盘推出自己已经基本考虑成熟的战略计划；相反，他是在悄悄地和逐步地完成一场革命性的战略转变，但在整个过程中显得非常松散而且充满感性色彩，就像一部由一系列偶然拼凑在一起的连续剧，其内在的本质和联系只有在事后才能够被企业内外的人们所完全认识。为了成功地实施 KPMG 的战略转变，科林·沙曼努力做到了以下六点。

第一，实现了公司宗旨和战略意图的转变。1997 年在科林·沙曼成为 KPMG 全球董事长之后，他为企业提出了新的宗旨和战略意图："KPMG 应当是世界领先的会计与咨询服务公司。我们应当通过向客户提供最高质量的服务来实现这一目标。这些高质量的服务应当能够为客户带来很大的附加利益，能够达到或超过客户对服务质量的预期。我们应当借此与我们的客户、我们的员工及社会建立永久性关系，而且值得他们永远信赖。简单地说，KPMG 是一家为了客户、员工和社会的利益，将知识转化为价值的全球性咨询公司。"

第二，实现了公司管理理念的更新。科林·沙曼开始推动战略转变之前，KPMG，至少是它的英国公司的管理理念是以专业为导向的，各个合伙人关注的是各个学科的专业性能否得到体现和贯彻，因此其运作模式更像一个研究所，而不是一个公司。事实上，科林·沙曼就是通过树立客户为导向而开始推动整个公司的战略转变的。他认为,"关键是要将客户意识融入我们的公司";然后,为了贯彻客户导向而推动整个公司结构、评价机制和行为三个要素的循环转变,从而使公司的全体员工开始关注为客户创造价值;最后,整个企业就从一个"专业化、高度保守和有时候也有些自满"的机构转变成为一个能够按照公司化运作的企业。

第三,实现了整个公司战略的调整。虽然科林·沙曼一再声称其没有实现战略创新而是在实现组织转变,但他在把客户意识引入企业的同时,制定并且实施了以客户为中心的新战略。其具体内容包括:①以行业而不是学科专业为基础向重点客户提供更专业化的服务(推行20:20运动),加强了满足客户需要的专业和综合能力,提高了服务深度;②在突出会计财务优势的基础上向管理的其他领域扩大业务范围,提高了产品线宽度,使公司从原来的会计事务所转变成为一个能够提供综合管理咨询服务的企业;③实施全球化战略,力争成为世界领先的咨询顾问公司(即"成为领先者计划"),从而扩大了市场的广度。没有这样的战略调整,KPMG的业务无法在很短时间里达到135亿美元的规模。

第四,实现了整个公司的组织重组。科林·沙曼推动的战略调整更多的是在组织重组掩护下推进的。由于客户需求在深度、宽度和广度上的增加,满足客户的需要客观上要求KPMG英国公司和KPMG整个全球组织结构进行相应的调整,从而使KPMG能够更好地为客户提供服务。科林·沙曼采用超矩阵结构,在原来按地区设立业务单位的基础上,分别建立了以若干行业为基础的业务单位和以若干以专业技能为基础的业务单位,并且确立了行业性业务单位的核心地位。正是这个组织重组不仅促成了KPMG战略的调整,而且支撑了其战略调整的实现。

第五,实现了管理机制,尤其是控制机制的转换。在推动战略转变的过程中,科林·沙曼知道仅仅引进客户导向是不够的,必须从管理机制特别是评价与控制机制入手去改变员工的行为,这样才可能保证客户导向的实现。首先,推动公司治理结构的改变,把经营权与决策权分开,并且通过正规的机制而不是合伙人之间的非正式协商去保证决策的正确性;其次,明确了区域、学科与行业三种不同业务单位和各个层次管理者的职责和权利;最后,根据企业新的战略与管理理念的要求调整了员工的考核方法和奖励方法,促进了各个团队的整合和团队的内部合作,以及员工对满足客户需要的关注。

第六，实现了公司文化的更新。合伙人制度不仅是整个会计咨询行业的传统，而且是 KPMG 文化传统的基石。科林·沙曼非常清楚地知道 KPMG 公司长期采用的合伙人制度具有两重性，一方面合伙人制度是 KPMG 的竞争优势——确保专业人才与客户关系的重要来源，另一方面合伙人制度又是 KPMG 迎接未来挑战的核心障碍。因此，科林·沙曼一方面继承了 KPMG 固有的文化传统，非常重视发挥合伙人的作用，并尽量不触及这些既得利益者的利益；但是，另一方面他也把合伙人制度作为改变 KPMG 文化的切入点。这体现在：①修改了对合伙人的能力要求，成立了专门的发展中心；②改变了合伙人的选拔方法，成立了合伙人评价中心。在此基础上，科林·沙曼才推出了整个 KPMG 新的"价值章程"，从根本上实现了整个企业的文化创新。

三、高超的战略艺术家

杰出的战略家不仅能够提出正确的战略，更重要的是要能够有效地推进战略的转变。科林·沙曼最值得欣赏之处，也是能够推动 KPMG 整个公司成功实现战略转变的另一个重要原因，就是他充分认识到推进战略转变的难度，并且在推进的过程中表现了非凡的毅力和高超的艺术。

在推动整个 KPMG 的战略转变过程中，科林·沙曼面临以下几个困难。

第一个困难来自于他的位置。虽然他是一个能够改变公司发展方向的战略家，但是他开始推动战略转变的时候只是 KPMG 英国公司最大区域业务单位的总经理。以他当时的位置和影响力，发起和推动整个 KPMG 公司的战略转变工作实属自不量力。但是，一方面，科林·沙曼坚信如果自己能够成功地推动所在区域公司的战略转变，就应该可以推动英国公司以至整个 KPMG 的战略转变；另一方面，他非常注意在自己的权限范围之内去发起和推动战略转变。

第二个困难来自于这个行业的特点。无论是会计事务所还是咨询行业，其最重要的资源或优势就在于人力资源，具体来说就是合伙人。作为一个战略家，科林·沙曼知道战略转变的成败，一方面取决于对传统的所谓"神秘合伙人制"的改变，因为没有这种改变，公司的"组织结构、评价机制和行为"的改变就无法有效地推进；另一方面又取决于那些位高权重的合伙人能在多大程度上接受和认同其见解,如果这些合伙人离开企业,那么战略转变就意味着失败。科林·沙曼主要是通过三个有效的措施来化解其面临的难题:①通过举办各种由合伙人参加的研讨会,让合伙人了解公司面临的问题,使合伙人成为战略转变的原动力;②在推进战略转变的过程中,非常重视发挥现有合伙人的重要作用,尽量保护他们的利益;③在推进合伙人制度改革的过程中采用了"老人老制度"和"新人新制度"的"双轨制"的办法。

　　第三个困难来自于这个企业的特点。知识密集型企业的战略转变要比劳动密集型企业的战略转变更困难、更复杂和需要更多的时间。无论是 KPMG 还是在其区域公司中,70%的员工是具有硕士学位的高级知识分子。科林·沙曼意识到在下列三种情况下进行公司的战略转变会遇到很大的阻力:①一开始就公开宣布战略转变的全部计划和措施,如这样,必然会导致全公司的"天才们"从各个角度对上述计划和措施进行旷日持久的讨论,从而导致公司的战略转变久拖不决;②战略转型采取自上而下的方法推进,知识分子作为一个特殊的群体,最不喜欢的就是专制,其更习惯自下而上地进行改革和创新,如反其道行之则必适得其反;③根据明确和严格的时间表推进战略转变,如采取该种做法会给人以强制推进的感觉,而知识分子最痛恨的就是强权,强制推行战略转变的结果可想而知。故科林·沙曼没有给自己制定一个明确或者严格的时间表,没有制定战略实施的阶段性目标,更没有大规模和正规化地推进战略转变;相反,他花了大部分的时间去进行沟通和反馈,他认为最重要的转变方式就是沟通。

　　第四个困难来自于战略转变本身的性质。正如科林·沙曼所说:"在这场巨人之争中有一个很吸引人的方面,即超过并不一定取决于理念或者战略是否具有创新性,而在于是否有能力有效地将这些理念付诸实施。"其实,行业内部其他五大竞争对手也许可以制定同样的战略,而他们没有这样做的原因就在于他们没有一个领导者能够在这样一个知识密集型的企业中实现这种深层次和根本性的战略转变。因为,与其说科林·沙曼推动的是一种战略转变,不如说这是一种价值转变。他之所以能够成功地实施这样的转变,应该归功于他在实施中对各种相关利益团体利益关系的把握,应该归功于他对各种战略措施之间的关系和利弊的认识,最后应该归功于他所采用的许多高超的战略艺术手腕,包括欲擒故纵、由表及里、由点到面、循序渐进等。应该指出的是，科林·沙曼在战略实施过程中所表现出来的种种行为和艺术能力，主要不是教育的功劳，而是来自于其特殊的经历、经验和个性特点。

（原载《管理学报》2007年第6期，第788～828页）

建立"世界级企业":
优势、路径与战略选择

最近,一本名为 Dragons at Your Door(《龙在敲门》)的专著正在受到广泛的关注,作者研究了包括中国国际海运集装箱(集团)股份有限公司(下文简称"中集")、格兰仕等在内的十几个具有国际竞争力的企业。在当前国内外媒体热炒中国企业产品质量问题的时候,作者郑重地提醒西方企业:"在当今世界,已不能再把来自中国的竞争对手简单看作低质廉价的冒牌货大军,中国公司正在打破已经建立起来的游戏规则,改变全球竞争态势。"(Zeng and Williamson,2007)在我们看来这些企业可以被称为中国的"世界级企业",它们的绝对资产规模不大,但是它们在该行业或者该产品领域的一个或者多个方面表现出了位居世界前列的竞争力,并且能够据此进入西方跨国企业的"传统领地"。虽然中国的世界级企业在数量上还非常有限,但是它们给其他中国企业的进一步发展带来了希望,做出了表率。当前中国社会经济发展所面临的主要问题之一是如何提高我国企业的国际竞争力(蓝海林,2007a),为此,学术界必须从理论上去解释"世界级企业"概念提出的背景,分析发展世界级企业的可能性,研究发展世界级企业的路径与战略选择,从而为把握机遇全面提高中国企业的国际竞争力提供理论上的支持。

一、"世界级企业"的概念

"世界级企业"的概念最早见于1987年《电讯通讯》杂志,但是真正使之与中国企业联系在一起的是美国管理学会前主席威廉·纽曼教授。这位曾经将企业战略管理理论引进中国的学者于1995年在中国承德举办了一个动态一体化战略研讨班,并且提出"中国需要在竞争性行业发展自己的世界级企业"。

回忆纽曼教授在研讨会上的讲话,可以发现他所提出的上述看法是非常有针对性的。首先,当时的中国已经在非竞争性行业中出现了一个

"世界500强"企业,但是他不认为这个国有大企业的经营规模可以反映其国际竞争力的水平;其次,作为一个后发展或者发展中的大国,中国有可能,也应该可以培育具有国际竞争力的大企业,但是培育这样的企业应该依靠竞争而不是依靠制度的安排,应该依靠非国有企业而不是依靠国有企业;最后,考虑到中国企业当时的实力与水平,他认为不应该以成为"世界500强"企业为目标,而应该先争取在自己的行业中成为"世界级企业",因为前者是规模和结果导向的目标,而后者是竞争力和成长路径导向的目标。

受纽曼教授的启发,香港中文大学的吕源教授与笔者在文献研究和对珠江三角洲企业实地考察的基础上,提出"世界级企业"就是那些能够在行业竞争力上进入世界前列的企业,并于2000年撰文描述了"世界级企业"的七个主要特征。

(1) 追求相对规模的企业。当时,片面追求绝对规模的中国企业普遍采用了高度多元化战略,分散了有限的资源、能力,这与发展"世界级企业"是背道而驰的。

(2) 关注产品质量与性能的企业。虽然中国企业的主要竞争优势是低成本,但是过分依靠低成本战略或者长期生产低质产品的企业是不可能具有国际竞争力的。

(3) 有能力参与全球竞争的企业。考虑到中国市场已经吸引了各个行业中的绝大多数全球化竞争者,因此,要成为"世界级企业"的中国企业必须拥有参与全球竞争的能力。

(4) 能够按照世界通行标准运作的企业。中国企业相当部分的竞争力与政府扶持、制度和市场不完善相联系,但是长期依靠这些优势或者乐在其中的企业是不可能成为世界级企业的。

(5) 能够跨国界和跨文化管理的企业。无论是从竞争的角度还是从利用资源的角度来说,要想在一个具体的行业或者产品上建立世界级的有竞争力的企业,都应该具有全球化的视野和整合全球资源的能力。

(6) 具有高度柔性的企业。世界级企业的竞争力来自于其发现、满足和保持顾客的能力,因此它必须能够及时和准确地掌握顾客的需求,必须能够在知识资源、财务资源、组织结构和企业文化等方面保持高度的柔性或者动态应对的能力。

(7) 善于取舍和保持核心专长的企业。考虑到转型过程中的中国充满着机会与威胁，希望成为具有世界级竞争力的企业必须高度专注，善于和勇于取舍，能够持续在关键的时间将有限的资源运用于关键的价值创造活动，建立和保持核心专长。（蓝海林，2000）

1998年以后，陷入调整和反思中的中国企业愈来愈清楚地意识到回归主业和建立核心专长的重要性，其中一些企业更是在上述思想的直接和间接影响下，开始将成为世界级企业写进了自己的战略意图或者企业宗旨。例如，科龙集团和中集就分别将成为制冷家电和运输装备领域的世界级企业写进了自己的战略意图。

二、国家特有优势

为什么在中国发展市场经济和建立真正"企业"的初期，纽曼教授就敢于大胆预测中国将会出现一些"世界级企业"呢？结合对中国"世界级企业"的案例研究与对曾明等（Zeng and Williamson，2007）研究成果的理解，现在看来他所依据的其实是一个非常简单的事实：中国具有一些有利于培育世界级企业的"国家特有优势"。

（1）要素成本优势。要素成本优势一直是被公认的中国企业竞争力的主要来源。依靠这个优势，中国企业将西方企业的资金、技术与人才持续地吸引到沿海地区，形成了漫长的制造带；依靠这个优势，中国通过农村人口从内地向沿海的不断转移，以及将生产基地从沿海向内地逐步转移这两种方式，有可能将"飞进"中国的"候鸟产业"长时期留在中国；依靠这个优势，中国企业能够将西方企业经营亏损的产品迅速转变成进攻全球市场的有力武器，逼迫更多的西方企业退出竞争或者将经营转到中国。（Zeng and Williamson，2007）当前经济全球化与市场国际化已经部分或者全部消解了中国在土地与原材料成本上的优势，但是中国在人力成本上的比较优势仍将具有很强的可持续性。

（2）市场规模优势。正如西方学者所形容的那样，中国是一个拥有13亿人口的"大象"，一旦中国消费者开始需要什么产品，那么中国就有可能成为这些产品的制造大国。这些消费品制造行业的发展又有可能带动相关的零配件、原材料以及设备制造行业的发展，从而使中国的更多行业上升为世界产量第一。从这个意义上说，巨大的市场规模非常有利于中国企业利用国内市场获得规模效益和学习效益，形成世界级的成本竞争能力。

（3）市场结构优势。中国市场的对外开放与巨大的增长潜力，使国外企业纷纷参与其中，提高了中国市场的竞争水平，大量性质和行事规则不同的中小企业又从低端增加了中国市场的竞争强度。因此，中国市场是全球竞争强度、动态性和复杂性最高的市场。置身于其中，中国企业不仅可以获得大量的知识、经验，而且可以在与上述企业的互动中历练自己的竞争力。

（4）人才素质优势。发展世界级企业，中国还具备其他国家所难以具备的人才素质优势。这种优势具体表现在三个方面：①中国大学教育，尤其是工科大学本科教育的规模与水平是非常突出的；②外国独资、合资与合作企业帮助中国培养了大量的中高级技术与管理人才；③中国有大量的海外华人和海外留学生回国投资与就业，有效地获得和使用外资企业培养的人才和海外回国人才已经而且还将继续迅速地缩短中国企业与西方企业在管理水平、技术水平和商务经验上的差距，提高中国企业的创新能力。

（5）经济转型过程的优势。绝大多数理论研究表明，经济转型中的中国企业普遍会受到制度与市场不完善因素的干扰（蓝海林，2007b）。但是我们必须承认，在计划经济手段还可以发挥作用的时期，如果政府决定支持某一个行业或者某一个企业，其支持力度与行动速度可以是惊人的，于是在市场经济仍然有待完善的阶段上，企业可以从市场不完善、信息不对称和机会不均等得到的好处也是惊人的。有效地利用这个阶段上仍然存在的"机会"，也是中国企业的一种特定优势。

经过20多年的经济改革与市场开放，中国企业所能够依赖的"国家特有优势"已经发生了一些非常值得重新评价与高度重视的新变化：低成本优势已经有所下降，而有利于创新或创造差异的优势则正在逐步明显地表现出来。充分利用这种具有"复合性"特点的"国家特有优势"，中国企业有可能通过低成本实现创新，通过创新去降低成本，或者同时获得低成本创新优势，从而在国际竞争中成为世界级企业。

三、企业特有优势

"国家特有优势"的确为中国许多行业的企业提供了成为世界级企业的可能性,但是,只有那些能够建立与发挥企业特有优势的企业才能够走出中国、走向世界。中国的世界级企业经实践证明:只有在某个行业或者产品上建立与发挥大规模制造优势,中国企业才能够将市场规模优势转化为制造成本优势;只有在产品市场上获得控制权,甚至垄断性地位,中国企业才能够将要素成本优势和制造成本优势转化为相应的盈利能力;只有将盈利持续地用于提升企业的创新能力,才能够最终在成本与差异两个方面形成整合优势(蓝海林,2001),成为世界级企业。因此,依靠企业特有优势,先做中国第一再做世界第一,就成为发展中国世界级企业的有效路径。

要想成为世界级企业,企业必须依靠特有优势争取在一个行业或者产品上占有国内最大市场份额。这种思想是西方学者2002年在沃顿商学院西院举办的一个关于中国企业的小型研讨会上提出的。与会专家比较统一地认为,加入WTO以前中国所面临的主要问题是如何增加市场活力,发展经济的主要动力就是增加企业数量和鼓励企业之间的竞争。因此,这个时期中国经济虽然充满活力,但是各个行业都存在着企业数量多、行业集中度低、同行竞争激烈、行业平均利润率低的问题。加入WTO以后中国面临的主要问题是如何提高国际竞争力的问题,就像20世纪二三十年代的美国一样,发展经济的主要途径就是造就出像杜邦、通用电器和通用汽车那样的垄断企业。依靠这些在国内市场上具有垄断地位的企业,跨国公司对中国市场大举进攻之势才能够得到一定程度的抑制,中国企业才能够"走出去"成为世界级企业,否则就将失去造就"跨国公司"的历史机遇。为此,西方学者建议中国企业应该大胆和快速推进横向购并实现行业整合。

事实上,国际学术界与企业界之所以突然对中国的世界级企业充满惊奇,关键并不在于这些"中国第一"企业所表现出来的成本优势,而在于这些企业所表现出来的学习和创新能力。事实上,这些所谓的"中国第一"企业所获得的成本优势,已经迫使西方企业放弃了大众化或者标准化产品市场,退到了高科技、个性化或者专门化市场,但是西方企业仍然可以享受高科技、个性化和专门化市场应用的高价格和高收益。接着,这些中国企业再将大规模低成本经营所获得的资金、能力、经验和网络优势,继续以低成本方式进行学习与创新,就会迫使占据高科技、个性化和专门化市场的西方企业无法获得高价格和高收益,从而彻底退出整个市场。曾明等(Zeng and Williamson,2007)是这样描述上述企业所造成的威胁的,"中国公司正在打破已经建立起来的游戏规则,改变全球竞争态势。它们选择的工具是成本创新:一种通过各种新方式,充分利用中国成本优势为全球客户服务的战略"。他们还向西方大企业提出一个非常严峻的问题:"设想一个顾客可以以较低的价格买到高科技、多品种、个性化商品的世界,设想一个全球顾客的货币价值等式被中国的跨国战略所改变的世界,你们还能够在这种巨大变化的竞争态势中生存吗?"

四、"世界级企业"的成长路径和战略

在建立企业特有优势的道路上,中国企业面临许多制约与诱惑:市场的割据限制了企业扩大市场占有率的能力,融资和购并的困难阻碍了企业对分散的行业进行快速整合,众多机会的诱惑导致企业难以抑制实施多元化战略。因此,资源、能力和经验都相对不足的中国企业必须高度集中、取舍清晰、持续改进才可能将劣势转变为优势,将短期优势转变为长期优势。

针对中集、广东格兰仕集团有限公司(简称"格兰仕")、深圳大族激光科技股份有限公司(简称"大族激光")、广东东菱凯琴集团有限公司(简称"东菱凯琴")等世界级企业的案例(见表1)研究表明,这些中国的世界级企业在战略上具有两个明显的特点:①相对比较合理的产权结构和治理结构,有利于这些企业排除制度的干扰和机会的诱惑,持续将全部资源与能力高度集中于一组特定产品或者特定行业。在建立世界级企业的过程中,这些企业对竞争优势的关注胜于对增长速度的关注,对"做强"的关注胜于对"做大"的关注,对行业或者产品间相关性的关注胜于对单一产品或者行业盈利机会大小的关注。②实施业务集中与市场多元化战略使这些企业逐步积累了资源、提高了能力、丰富了经验,从而使企业能够在正确的时间将有限的资源投入关键的价值创造环节上,建立一组"企业特有优势"或者核心专长。正是这种企业特有优势的建立与发挥,才使这些企业可以交互提升、有机整合并同时具有成本和创新两个优势。

表 1　案例企业的基本情况与特点

企业	中集	格兰仕	大族激光	东菱凯琴
初创时间（年份）	1980	1978	1996	1988
公司总部地址	深圳	顺德	深圳	顺德
公司性质	1994年上市的股份有限公司	民营企业	2004年上市的股份有限公司	民营企业
员工总人数（人）	50000	30000	5000	20000
总资产（亿元）	229.23	180	20	25
销售收入（亿元）	300	180	16	40
经营产品	集装箱、道路运输车辆、罐式储运设备制造和销售服务	微波炉、空调、电烤箱、电饭煲、电磁炉等小家电	激光切割机、激光打标机、激光焊接等	电热水壶、咖啡壶、面包机、电熨斗等西式小家电
行业地位	全球规模最大、品种最齐全的集装箱制造集团	国际领先的微波炉、空调机小家电制造集团	亚洲最大、世界知名的激光专业加工设备制造商	中国小家电出口额最大的企业
市场状况	占据世界标准集装箱市场70%的市场份额，中国第一家登机桥制造商	2006年微波炉占全球约50%市场份额，连续12年蝉联中国微波炉市场销量及占有率第一	2005年至今，公司的激光打标机产销量居世界第一，2006年印制线路板钻孔机产销量世界第三	连续6年电热水壶全球占有率第一，是中国电热水壶、咖啡壶、搅拌机最大的出口商

在这些世界级企业中，中集应该是最为杰出的一个。从1982年制造出第一个标准集装箱到在全球标准集装箱、冷藏集装箱和罐式集装箱市场占据垄断性的市场份额，从2004年成为集装箱行业的世界级企业到现在成为登机桥和专用车行业销售量最大企业，中集为我们演绎了一个企业逐步成为"世界级企业"的成长路径和战略选择。

（1）成本管理优势。从1980年到1990年，中集经历了从濒临破产到强劲回升的10年。然而，就是在它处在破产边缘的期间，中集依靠1万个标准集装箱的生产能力，在成本与质量管理能力上练就了自己的竞争优势。迄今为止，这种在困难时期所建立起来的管理能力与相应的价值观念，被一次又一次转移到相关的产品领域，并且在转移中得到强化。

（2）治理结构优势。1990年，中集利用市场机遇和成本优势，吸引了中国远洋运输公司的投资，进行了股份制改造，形成了两大国有股东各占45%股份、国外企业和企业员工各占5%股份的股权结构。现在中集国有股份被逐步和对等地稀释到了17%以下，而自然人所拥有的股份比例则进一步上升。正是治理结构上的优势保证了中集在过去20多年的时间里可以在获得政府支持的同时避免政府干扰，可以在保持持续高增长的同时避免走上不相关多元化的道路。

（3）融资能力优势。特殊的机遇与地理位置上的优势，使中集在1993—1994年就成功上市，获得了我国其他同行所不具备的持续融资能力。这种能力由于中集实施高度集中战略而得以善用，从而保证中集在发展的各个关键阶段上能够拥有充足资金实施成本和创新战略。

（4）网点分布优势。1993年以后，企业充分和及时地利用资本市场上的融资能力，先后收购兼并了八九个中国沿海重要码头旁边的标准集装箱和冷藏集装箱企业，在中国和全球集装箱行业最为关键的网点上建立了国内外其他同行无法比拟的优势——网点优势，强化了自己在物流成本上的优势。

（5）采购成本优势。在形成生产网点优势的同时，企业对收购后的企业实施主要原材料采购的整合和统一，因此也就同时获得了采购规模的优势。由于后来企业所进入的登机桥和专用车行业与其原来的集装箱在基本原材料上相同，所以中集在主要原材料采购方面的规模经济和范围经济效益优势得到不断强化。（Zeng and Williamson，2007）

（6）全球营销优势。在连续进行横向收购的过程中，企业对所有集装箱制造企业的营销进行整合与统一管理，从而形成了对市场的控制和营销上的范围经济效益。

（7）购并整合能力上的优势。在连续从事横向收购和整合多家同行企业的过程中，中集在购并和整合能力上形成了独特优势。这种能力使其在后来的产品多元化和国际化发展中发挥了重要的作用。

（8）技术创新优势。高度专注和巨大的经营规模以及良好的融资能力，使中集能够了解整个行业的技术发展趋势，并且能够在研究开发方面进行大量的投资，从而形成了很好的消化、应用、创新的能力并进而构建企业的技术创新优势。中集的技术创新优势一方面源于成本创新能力：每当公司从国外引进产品或者技术之后，总是想方设法通过创新降低成本增加自己的国际竞争力；另一方面，在高技术和专门化的高端产品领域，中集则主要通过制定行业标准和设置技术障碍来建立自己的技术创新优势。

五、结论

中国的世界级企业依靠国家和企业特有优势，"先做中国第一，再做世界第一"的战略已经引起了西方学者的高度重视。曾明等（Zeng and Williamson，2007）建议西方企业应该正视中国企业，以在中国设立公司或者与中国大企业合作的方式，通过分享中国的国家特有优势，对抗这些中国世界级企业的挑战。事实上，少数西方跨国公司10年前就已经采取了他们所提出的战略。例如，目前国外品牌在我国碳酸饮料、轮胎、轿车、手机等行业的市场占有率都超过了60%，因此，从这些行业中再产生中国世界级企业的可能性已经很小。如果更多的西方企业接受哈佛学者的建议，纷纷来中国进行大规模制造和寻求成本优势，或者以购并的方式提高它们在中国市场上的占有率，那么同时具有成本与差异优势的企业将是西方跨国企业，而中国企业在成为"世界级企业"的道路上的机遇就会愈来愈少、困难则愈来愈大。因此，有志于进一步提高国际竞争力的中国企业应该从应对西方企业战略调整的角度，更坚决地向中国的世界级企业学习，更加精心地选择自己的经营范围，将有限资源和精力用于建立成本与创新优势；应该尽快发挥优势去实施横向开拓战略或者横向兼并战略，以提高市场占有率。

（原载《管理学报》2008年第1期，第9～13页）

中国企业战略管理行为的情景嵌入式研究

有两股力量一直在推动着中国企业战略管理学科的发展，一是中国企业在转型过程中的战略实践和快速成长，二是西方企业战略管理理论和方法的引进、消化、吸收和应用。在20多年的发展过程中，中国企业国际竞争力不断提高，中国经济对全球经济的影响不断扩大，这不仅引发了国外战略学者的研究兴趣，也增加了国内学者在学术研究和实现理论创新上的自信心。通过大量的国际学术交流和博士研究生培养，国内战略管理学科已经出现了一批能够掌握西方战略管理的研究范式和研究方法的学者，他们已经在尝试着运用实证研究的方法，尤其是大样本数据定量分析的方法对中国企业战略管理行为进行研究。在此基础上，国内战略学者开始提出了两个宏伟目标：一是"顶天立地"，即希望运用西方战略学者的研究范式和方法研究中国企业战略管理行为，并且争取使所取得的研究成果既能够在国际高水平的杂志上发表，又能够为优化中国企业战略实践提供指导；二是发展中国式战略管理，意欲总结和提炼一套具有中国特色的战略管理理论和方法。客观地分析中国企业战略管理行为研究的现状，下列两个方面的缺陷则比较明显地限制了上述目标的实现：①在研究背景和研究问题的把握上，对经济转型过程中中国企业所面临的特殊情景以及在这种特殊情景下所表现出来的行为特点缺乏深刻认识，因此很难抓住既有理论价值又有实践意义的研究问题；②在确定研究的内容和提出假设的过程中，对研究对象行为动因和行为特点缺乏系统的把握，严重影响了研究结果的科学性、创新性和指导性。因此，国内战略学者要想在中国企业战略管理行为研究方面实现"顶天立地"的目标，必须将中国企业战略管理行为嵌入在中国的特殊经营环境尤其是制度环境之中，并且从制度转型与企业战略行为互动的角度加以研究。

一、情景嵌入

作为一个以企业战略行为为研究对象的管理学科，企业战略管理本来就具有比较典型和突出的情景嵌入的特点，因为所谓企业战略行为其实就是企业对外部环境变化所做出的一系列长期、重大和根本性的反应，离开对企业嵌入情景的理解就难以准确判断企业战略行为的合理性。

"嵌入性"（Embeddedness）作为经济学研究中的一个基础性概念，最早见于20世纪50年代经济史学家卡波拉尼的论文《作为制度过程的经济》。他认为，经济问题应该被嵌入更大的社会背景之中加以研究（Polanyi, Arensberg and Pearson, 1957）。80年代，Granovetter进一步扩展和丰富了嵌入性的概念，指出经济行为嵌入社会结构，而社会结构的核心是人们生活中的社会网络。（Granovetter, 1985）在引入嵌入性概念之前，企业战略管理行为一直被认为具有"权变"的特点，企业战略管理的研究基本上采取的是"如果—那么"的范式。随着企业战略管理研究的深入，愈来愈多的学者开始在企业战略管理行为的研究中使用情景嵌入性的范式，其核心是希望通过对影响企业战略管理行为的外在因素及其相互关系进行全面、系统和深入的分析，包括对其历史、文化、关系、制度、结构的分析，并且将所研究的具体战略管理行为嵌入在对复杂情景的综合分析中加以解读。

西方企业战略管理的研究起源于对企业战略制定方法的研究，其中理性主义学派先后提出了战略制定的概念模型、过程模型以及相关的科学方法。在此阶段上，嵌入性的特点并不明显。然而，随着企业经营环境从静态向动态的逐步转变，非理性主义学派发现企业高层管理者的价值观、认知方式、学习能力、决策方式等因素愈来愈明显地影响企业战略决策，这导致企业战略制定方法的研究开始表现出情景嵌入的特点。西方企业战略管理理论的进一步发展归功于对企业战略选择行为和战略实现行为的研究。沿着理性主义学派所建立的环境决定行为的基本范式，以鲁梅特和波特为代表的一些战略学者归纳和概括出企业在竞争战略、多元化发展战略、增长方式方面的若干基本选择，从而导致随后的学者们采取"权变"或者"情景嵌入"的视角，运用结构、行为和绩效的研究范式，集中研究企业在什么情景下采取何种战略可以取得更高的经济效益，试图为企业高层管理者在不同的环境下选择"匹配或者合适"的战略行为提供理论指导。

中国企业战略管理学科是国内战略学者在引进、消化和应用西方企业战略管理理论和方法的过程中发展起来的，他们所做的主要工作就是根据中国企业在不同情景下所表现出的需要，从而引进西方企业战略管理的理论和方法，以解读这些理论和方法，进而研究在应用这些理论和方法过程中需要进行的修正和创新。从20世纪80年代末期到90年代中期，中国企业战略学者所从事的主要工作是引进和推广国外关于企业战略制定的理论与方法，目的是推动中国企业的高层管理者重视战略性决策和采取理性和科学方法实施战略管理，因此企业战略管理的情景嵌入性并没有得到充分的认识。90年代中期以后，中国企业战略管理实践的发展和需要才使以中国企业战略管理行为为对象的应用研究成为可能和必要。经过10多年的努力，国内战略学者在中国企业战略行为研究方面取得了两个方面的进步：一是逐步克服了自己在掌握国外最新研究成果和实证研究方法上的缺陷，缩短了与西方战略学者在理论水平和研究方法上的差距；二是通过自己在实证研究方面所取得的经验和教训，愈来愈清楚地认识到企业战略管理行为的研究具有情景嵌入的特点。例如，基于对20世纪七八十年代美国企业的多元化与绩效关系的研究。研究西方战略学者认为不相关多元化是经济效益最低的战略选择。据此国内战略学者从1996年开始就反对中国企业实施不相关多元化战略（蓝海林，1996）。但是，中国企业并没有按照西方战略管理的理论选择自己的战略行为，反而在90年代中后期推动了第一次不相关多元化发展的高潮。为了解决自己的疑惑，国内战略学者针对中国企业多元化发展进行了一系列的实证研究。研究结果发现：①中国是新兴市场经济国家，90年代中期的中国市场具有机会多而资金严重缺乏的特点，在这个特定的情景下采取不相关多元化发展战略确实有可能获得更高的经济效益。（蓝海林，2001）②在这个阶段上，中国企业，尤其是国有企业集团还不能被认为是现代意义上的企业，它们的战略选择行为既受经济因素的支配，也受政治因素的支配。因此，国有企业集团对不相关多元化战略的偏好需要从经济学和政治学两个角度加以解释（蓝海林，2007a）。③中国企业所嵌入的还不是一个充分有效的市场经济体制，实施不相关多元化战略可以使企业更有效地利用行业开放、市场失效和政府优惠等非市场机遇，所以在最近两三年中国企业又经历了第二次不相关多元化的高潮，所不同的是这次的主角是上市公司和民营企业。（黄山、蓝海林，2007）

强调对中国企业战略管理行为的情景嵌入式的研究，不是忽视西方企业战略管理的理论和方法，而是希望在运用这些理论和方法的时候关注应用情景和研究对象的特点。确立情景嵌入的视角有利于国内学者从中国企业所处的现实环境和面临的挑战去寻找研究问题，提高研究的针对性和实践意义；有利于国内学者基于中国实际和中国企业的行为特点去建立研究模型和提出理论假设，提高研究的创新能力。事实证明，在中国企业战略管理研究上，西方战略学者和中国企业家所感兴趣的都是基于中国情景的研究成果。因此，中国战略学者要想实现"顶天立地"的目标或发展中国式战略管理理论，关键在于深入和全面地把握中国情景以及嵌入其中的中国企业的战略行为特点。

二、以制度为基础的观点

对中国企业战略管理行为进行情景嵌入式研究，就会发现中国企业所嵌入的经营环境正在经历着两种转变，一是从计划经济向市场经济的转变，二是从相对封闭向相对开放转变。在这种特殊的经济转型环境中，中国企业战略管理行为在很大程度上会受到制度环境的影响。所谓制度环境，主要是指存在于企业之外又为所有企业共同遵守的规则和价值体系，既包括影响企业行为的各种正式规则与制度也包括影响企业行为的各种非正式规则和行为规范。在经济转型国家或者新兴市场经济中，企业战略管理行为的制度解释尤为重要（Peng，1997，2002），因为转型经济国家的制度框架仍然处在转型或形成之中。因此，制度环境分析被西方学者认为是探求经济转型国家企业战略本质的强有力工具和最佳的理论范式（Hoskisson，Eden，Lau and Wright，2000）。

在计划经济制度和价值观念被逐步放弃，而市场经济制度和价值观念还没有完全建立起来之前，中国企业战略管理行为的解释不仅需要以市场为基础（Market-based）和以资源为基础（Resource-based）的观点，而且更需要从以制度为基础（Institutional-based）的角度加以解释。（Peng，2002）例如，在中国市场竞争非常激烈和企业产权关系已经普遍理顺的情况下，中国民营企业对不相关多元化战略的偏好更准确的解释不是以市场或者资源为基础的视角，而是以制度为基础的视角。从正式制度影响的角度来看，采取不相关多元化企业仍然有可能获得高收益的原因是：①因为转型期间整个国家在产品市场、资本市场、劳动力市场、政府管制以及合同的强制执行方面存在着不同程度的制度空白，因此，多元化的企业可以通过内部市场配置优势或充当政府说客，部分弥补外部市场的不完善，从而获得较高的收益。（Khanna and Palepu, 1997）②在实施横向和纵向整合战略的过程中，中国企业仍然面临着制度不完善所造成的市场分散、母子公司体制以及购并市场低效率的问题。在中国民营企业很难通过横、纵向整合战略做强自己主业的情况下，高度多元化战略就变成了企业实现高增长的另一个可行的选择。从非正式制度的角度来看，中国企业高层管理者对不相关多元化战略的偏好来自于社会，特别是政府对大企业的认同和缺乏公司治理约束条件下管理者动机的驱动。（黄山、宗其俊、蓝海林，2006）

从制度约束的角度去研究中国企业战略管理行为，重点需要研究的两个根本问题是：①中国企业战略管理在哪些方面、以何种形式和在多大程度上受到制度因素的影响，或者说制度的不完善可以在多大程度上影响企业的战略选择。这样的研究成果可以在经济转型和企业战略管理的理论上实现创新，因为中国是一个最典型的经济转型国家，同时也可以从优化中国企业战略行为的角度对经济体制的改革提出政策性建议。②在相同的制度环境中，为什么有些中国企业会选择不同的战略？为什么有些企业可以持续地利用制度变化或者突破制度环境的制约而发展成为具有国际竞争力的企业，例如中国国际海运集装箱（集团）股份有限公司，而另一些企业则不可以？这些问题的回答将有利于指导中国企业突破制度约束和选择正确战略行为。

三、共同演化

如果我们承认制度影响对中国企业战略行为具有非常重要甚至是决定性的影响，那么采取从共同演化的视角来研究中国企业战略管理行为，即重点研究制度环境与企业战略管理行为之间的互动关系和演化规律就显得尤为重要，因为嵌入在这种渐进式、分权化和试验性的经济转型中的中国企业不仅是变化的被动接受者，同时也是变化的推动者。为了在相对稳定的条件下完成前无古人的经济转型，中国政府通过分权激发各级地方政府和企业的改革创意，通过让个别地方和企业试验选出正确的方法，整个改革开放就是在各级地方政府和企业的不断创新、总结和推动过程中不断被推进的。在这一过程中，企业战略管理行为与制度之间进行了充分的互动。

西方学者在多样化、选择和变化的持续性研究中发现了组织与环境存在共同演化的现象（Lewin and Volberda, 1999），并且指出企业战略行为实际上是"管理意图性、环境和制度作用共同演化的结果"。共同演化可以区分为微观共同演化和宏观共同演化。其中，前者是发生在企业组织内的共同演化，主要考虑的是企业内资源、动态能力以及竞争力之间的相互影响和相互作用的过程；后者则是发生在企业与其所嵌入的利基（Niche）环境之间的共同演化，关注的是在一个更为宏观的层面上的相互影响和相互作用的过程。（McKelvey, 1997）从制度环境与企业战略共同演化的角度去研究中国企业战略管理行为，我们发现处于经济转型期的中国企业战略管理行为有三个明显特点。

第一，制度的变迁与我国企业的战略选择存在着密切的关系。例如，中国国有企业，尤其是企业集团战略管理行为的变化，包括增长战略的选择和重组战略的选择在很大程度上受制于国有资产管理体制的变化。因此，研究中国企业成长规律必须研究企业所嵌入的制度环境演进，因为中国企业在不同阶段上的战略选择往往需要从这个阶段的制度分析中寻找解释。

第二，转型中的中国企业的战略管理行为在适应新制度的同时还要受制于旧制度。中国需要在相对短的时期里完成从计划经济向市场经济、从相对封闭向相对开放的转变，因此制度变化的速度明显快于西方。嵌入在这种制度环境下，具有较长发展历史的中国企业在战略选择上往往同时受制于前后两种制制度，那些在原来的制度环境下比较成功的企业往往会在制度转型的关键阶段上被新企业所乘机超越，因为它们不能或者很难动态地适应制度变化或者主动影响制度变化。（见图1）

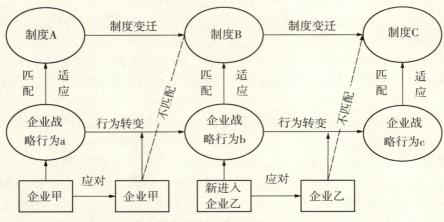

图1 企业应对制度变迁的动态过程

第三，中国企业的战略选择有可能突破现有制度的限制，并且"影响制度框架本身朝着什么样的方向演进"（North，1990）。企业战略行为及其变化不仅仅是组织对外部环境的消极适应，同时也是通过战略主体选择主动改变、塑造外部环境的过程。（Child，1997）因此，在面对特定的和不断演进的制度框架下的各种正式和非正式的约束，能够持续实现高增长的企业往往就是能够通过主动反应而提高自身的能力（Oliver，1997），包括应对制度变迁的能力、学习适应能力、选择和创造能力等。这些成功的企业不仅是转型经济中的制度适应者，而且也是转型经济中的"制度建构者"（Institutional Actors/Institutional Entrepreneurs）。正是在这个意义上，西方战略学者认为中国企业所受到的制度影响非常复杂，一方面中国可以拥有很多"制度"，但是从另一方面也可以说中国没有"制度"，因为在分权化和实验性的制度转型过程中，几乎所有的制度都可能被突破或者创新。

四、关注例外

为了提高研究的创新性和时效性，国内战略学者必须密切关注中国企业经营环境的变化以及嵌入其中的企业实践，特别是制度环境与企业战略管理行为之间的互动关系和演化规律。为此，国内战略学者应该对典型的企业，尤其是表现杰出的企业予以高度重视，从而使对中国企业战略管理行为的研究从战略管理研究的最基本的问题开始：为什么在相同的经营环境尤其是制度环境下，某个企业或者某些企业的战略行为与其他企业的战略行为不同、与现有的理论假设不同？例如，按照西方制度经济学的理论，所有竞争性行业中的国有企业都不可能继续存在下去，但是为什么在这些行业中仍然存在着一些国有企业，甚至是具有国际竞争力的国有企业？又如，在绝大多数企业采取高度多元化战略时，为什么个别企业甚至是资源非常强大的企业始终坚持自己的核心业务？采取结构性案例研究的方法去回答这些问题将使国内战略学者及时地发现和解决企业面临的重大问题，迅速实现理论上的创新；或者提出具有创新性的假设乃至基本理论，对政策制定者和企业战略决策者提供具有前瞻性的指导。

在特殊的经济转型条件下研究中国企业战略管理行为不仅需要研究视角上的创新，而且需要研究方法上的调整。中国经济转型所具有的渐进式、分权化和试验性的特点，嵌入其中的中国企业战略行为表现出高度动态和离散的特点。在这种情景下，采取大样本数据的定量分析方法面临着下列一些特殊的困难：①中国经济改革和对外开放的推进具有分权化和试验性的特点导致中国企业所嵌入的环境尤其是制度环境在地区、层次、对象和行业等方面存在很大差异。例如，制度距离不同的企业受到制度影响的差异非常巨大。正是因为这样的原因，有关中国企业战略行为的研究在研究模型的科学性和研究数据的质量上很难被国际高水平杂志所接受。②中国经济改革和对外开放的推进具有渐进性的特点，中国企业所嵌入的经营环境，特别是制度环境变化处于不断地改进和调整之中，影响企业战略行为的因素可以在相对比较短的时期内发生很大的变化，因此以大样本数据为基础、以统计分析为主要方法所取得的研究成果往往落后于企业的实践和需要，研究的滞后性限制了研究成果的实际指导意义。③在中国经济转型过程中，计划经济和市场经济两种体制同时影响着中国企业战略管理行为，经济学、社会学和政治学可以从不同的方面解释中国企业战略管理行为，因此，如果我们不能正确分析研究对象的性质和行为特点就很难选择正确的研究视角和建立正确的研究模型。

为了提高研究的针对性和科学性，国内战略学者在开展研究设计的时候必须具体地描述研究背景和研究对象，做好理论准备和文献研究，仔细规定研究的问题，严格界定成果的创新意义，否则项目研究的针对性，包括理论意义和实践意义很容易受到质疑；在提出研究假设、抽取样本和运用统计方法的时候必须谨慎和严格，必须关注不同性质、不同区域和不同行业企业所嵌入的经营环境和制度环境可能存在着很大的差异。为此，国内战略学者必须加强定性研究和案例研究，并且通过这样的研究全面了解中国企业嵌入的经营环境的演化过程和性质特点，具体把握不同性质、地区、行业和层次的研究对象的行为规律和特点。例如，通过对中国企业所嵌入的经营环境的定性分析，可以使国内战略学者更加全面地和科学地认识中国情景的特殊性；通过对中国企业发展和制度变迁的历史分析，可以使国内学者更准确地把握中国企业战略选择与制度改革之间的相互影响和共同演化的规律；通过对中外企业以及不同性质、行业和地区企业的比较分析，可以使国内战略学者更好地了解研究对象的行为特点。在此基础上，通过典型案例的研究则不仅有利于发现具有理论创新和实践指导意义的研究问题，而且可以验证和完善在定性研究所得到的结论。总之，加强定性和案例研究有利于克服在研究模型、研究假设、调查问卷设计方面的盲目性或主观性，而这种盲目性或者主观性则是目前所发表的学术论文中存在的比较普遍的问题。

必须说明的是，本文强调关注典型案例研究不是想否定基于大样本数据的统计研究方法，而是希望国内战略学者认识到关注例外和案例研究可以有效地克服我们在使用这种方法的过程中所表现出的不足或者局限性；不是否认理论创新的重要性，而是希望国内战略学者，尤其是领导型的学者能够基于中国管理情境和案例研究提炼一些创新性的想法与假说乃至基础理论，从而引导更多的年轻学者从事真正具有创新性的研究；不是忽视研究国际化的方向，而是希望国内战略学者通过案例研究而提升与国外学者平等交流与合作的能力，推动中国企业战略管理研究水平的进步。

五、结语

本文的主要目的不仅在于强调和推动对中国企业战略管理行为进行情景嵌入式研究，而且在于为中国企业战略管理行为进行情景嵌入式研究提供一种更为具体的思路，其中包括四种逻辑顺序清楚的研究视角，即情景嵌入、制度基础、共同演化、关注例外的研究视角。嵌入在中国这样一个经济转型国家，影响中国企业战略管理行为的因素很多，但是制度变迁及其所产生的影响是最为重要的因素，因此对中国企业战略管理行为进行情景嵌入式研究必须确立制度基础的视角；嵌入在中国正在经历的经济转型过程之中，制度转变实际上就是政府行为和企业战略行为相互作用的结果，因此对中国企业战略管理进行情景嵌入式研究必须确立共同演化的视角；嵌入在中国这样一个经济转型仍然在不断深入的国家之中，创新对经济制度变革和企业战略调整具有特殊的意义，因此对中国企业战略管理行为进行情景嵌入式研究不能够只是关注具有普遍意义的行为，而且也要关注"例外企业"的行为，因为这些企业的行为可能更具有创新性和带动性。

（原载《管理学报》2009年第1期，第78～83页。本文由蓝海林、李铁瑛、王成合撰）

基于整合视角的中国企业国际竞争力

改革开放以来，提高中国企业国际竞争力问题一直是我国经济学者和管理学者非常关注和持续研究的重要课题。但是，加入世界贸易组织（WTO）使中国的对外开放和经济改革进入了一个新的历史阶段（王梦奎，2002），中国企业开始面对一种全新的形势，那就是中国企业将在更加市场化和全球化的条件下与跨国企业在国内和国外两个市场上开展动态竞争。但是，目前关于中国企业国际竞争力的研究视角还没有充分反映中国企业所面临的新形势和新挑战，并且尚未有效地指导中国企业提升国际竞争力。

一

中国加入 WTO 之前，国内市场和国外市场、外向型企业和内向型企业的边界一直划分得非常清楚。在中国经济转型的这个特定历史阶段上，研究中国企业国际竞争力问题的主要目的，就是要提升中国外向型企业在国际市场上的竞争力，促进外向型企业的出口和实施"走出去"的战略。在这段时期里，我国学者对提高中国企业国际竞争力的研究大体上可以划分成两个大的领域。一个是研究中国外向型企业如何提高国际竞争力问题，学者们主要从国际经济学、国际贸易理论和跨国投资理论的角度，研究我国企业应该如何发挥国家比较优势，或者国家特定优势（Country Specific Advantage），主要目标就是从宏观上改善与提升我国企业国际竞争力政策环境。另一个领域是研究中国内向型企业如何建立和发挥竞争优势，学者们则主要从微观经济学、产业经济学和企业管理理论的角度，研究我国企业应该如何根据外部环境、行业特点去建立不同于其他国内同行竞争对手的优势，主要目标是在微观上改善企业战略行为和资源配置方式。

随着中国加入 WTO，经济全球化的影响和经济转型的深入已经而且还将进一步打破国内市场和国外市场、内向型企业和外向型企业的边界，中国企业国际竞争力问题的研究将在一个全新的情景中展开。

（1）国外跨国企业正在以更加直接、快速的方式进入中国，参与中国市场和行业的整合。国外跨国企业一直把利用中国要素成本和市场规模优势看成保持和提高其国际竞争力的最重要的机会（Dunning，1998；魏后凯、贺灿飞、王新，2001；毛蕴诗，2001），它们利用中国"入世"后所实施的一系列旨在与国际接轨的改革措施，迅速地转变了自己对华的投资战略，即从以国际贸易为主转变为以直接投资为主，从以合作和合资为主转变为以独资为主，从以自己建立为主转变为以收购兼并为主。当跨国企业从高端市场向中低端市场压下来的时候，中国市场愈来愈明显地成为全球市场的一部分，而不再专属于中国企业。因此，我们很难继续把国际竞争力的问题看成是中国外向型企业，包括出口企业、对外投资企业和跨国经营企业在国外市场上面临的问题，因为内向型企业在国内市场上的生存和对国外企业的抵御同样需要国际竞争力。

（2）得益于一系列旨在迎接加入 WTO 和接轨性的改革措施，少数在国内市场具有很高占有率的中国企业开始在国内和国外两个市场上获得了支配性的市场地位。其中，一批在主业具有竞争力的民营和国有企业通过国内外上市而改善了治理结构和融资能力，增加了对研发和制造的投入，在国内市场上实施了围绕主业和上下游行业的整合战略，提高了在国内市场上的占有率。而一些在国内拥有绝对市场权利的企业则进一步利用加入 WTO 带来的机遇，通过收购兼并国外企业，在提高国际市场占有率的同时分别强化了自己在研发、制造、营销方面的优势，在成本和创新两个方面表现出了"世界级"的竞争力。因此，继续将中国企业划分成内向型企业和外向型企业已经没有实质性的意义。

这充分说明，中国企业国际竞争优势的建立不仅依靠宏观政策推动，更主要的是应该依靠微观企业的战略行为；国际竞争优势不仅来源于对国外市场的开拓，更主要的是来源于对国内市场的控制；中国企业的国际竞争力不仅来自于国家特定优势，例如低成本优势，更重要的是来自于企业在发挥国家特定优势过程中所建立的企业特定优势（Firm Specific Advantage）。

二

在经济全球化的条件下,研究中国企业国际竞争力问题需要打破存在于两个市场、两种企业和两种视角之间的边界,将原来孤立、割裂和对立的观点整合起来,并且在整合中实现观念和理论的创新。这不仅可以解释当前中国企业所面临的战略挑战,而且可以指导更多的企业迅速提高国际竞争力。

(1) 国家特定优势与企业特定优势的整合。所谓国家特定优势,是指一个国家所具有的特殊优势或者比较优势,如要素成本优势、市场规模优势、市场结构优势、人才素质优势及经济转型过程优势等。(蓝海林,2008) 所有在这个国家环境中经营的企业可以将这些差异或特点作为自己与其他国家企业竞争的优势。所谓企业特定优势,则是企业在国际化过程中自身所建立和具有的独特优势,如企业在资源、能力方面所特有的竞争优势。这些优势不受特定的区域限制,因而可以在国际化经营企业的内部以公共产品的形式进行跨国转移。中国的比较优势或者国家特定优势的发挥和建立一直是研究中国企业国际竞争力问题的核心,国家的比较优势或特定优势的性质和大小不仅决定了我国企业能够出口什么和出口多少,而且决定了我国企业跨国经营战略的基本战略选择、市场定位和实施跨国进入的方式。由于低廉的劳动成本被认为是中国最主要的国家特定优势,因此劳动密集型产品、低成本市场定位和出口加工为主的国际化方式就成为我国企业国际化经营的主要特点。中国加入 WTO 之后,单纯从国家特定优势的发挥和建立的角度去研究中国企业国际竞争力问题已经暴露出三个非常重要而且愈来愈明显的缺陷:①过多的企业将自己国际竞争力的提高建立在国家特定优势,尤其是要素成本优势的发挥上,导致绝大多数国内出口企业面临着行业集中度低、同行竞争多、市场控制度低和购买者权利大等问题,因此这些企业的价值创造力很低;②这种低附加值的经营严重影响企业的技术改造、产品研发以及承担愈来愈高的社会责任,因此这种简单利用要素优势发展起来的外向型企业已经受到资源、环境、技术等各个方面的限制,基本上不具备可持续发展能力;③在中国企业实施"走出去"战略的过程中,愈来愈多的企业意识到如果国家特定优势,尤其是要素优势可以为其他在华经营企业所共享,不能够无条件地跨国转移。中国加入WTO之后，愈来愈多的中国企业意识到如果没有企业特定优势，仅仅通过国家特定优势已很难产生合理的收益。围绕出口所产生的激烈竞争降低了国内企业与国外企业讨价还价的权利，使它们根本没有足够的能力积累资金从而实现技术和产品创新，因此根本无法支撑中国企业实施更高水平的国际化战略。

（2）国外市场和国内市场的整合。长期以来，在研究中国企业国际竞争力方面，国外市场和国内市场、外向型企业和内向型企业是区别对待的。外向型企业只与国外市场发生作用，内向型企业只与国内市场发生联系。正如本文前面提到的，研究内向型企业如何针对国内其他竞争企业建立竞争优势，与研究外向型企业如何利用国外市场建立自己的特定优势完全是被分离的。但是，随着经济全球化影响的日益深入，国内外市场和内外向型企业的边界已经不存在了。这是因为：第一，中国的国家特定优势已经不再专属于中国企业，任何在中国经营的外国企业都可以愈来愈平等地分享中国的国家特定优势，它们正在以中国的国家特定优势来作为其全球竞争的工具。相对于中国企业来说，国外跨国企业普遍拥有资金、技术、品牌和管理上的竞争优势和全球产业链或市场控制优势（Kumarand，毛蕴诗，1999），而在新形势下实施战略调整的国外跨国企业在华战略的目的就是抓住中国加入WTO的机遇，发挥上述两个方面的优势，争取在中国若干市场上获得垄断性的市场份额，提升其与国内企业和国外企业多市场互动的能力。国外跨国企业的战略目的主要是通过下列方式推进的：①通过纵向整合，国外跨国企业降低了交易成本，控制了关键资源，提高了对整个产业链的联动能力和控制能力；②横向收购所在行业的中国企业，迅速提升自己在中国市场上的占有率。第二，提升国际竞争力也不再专属于外向型企业，利用国内市场也不再专属于内向型企业。这是因为内向型企业已经愈来愈直接地面对着国外企业在国内市场上的争夺，内向型企业需要通过全球化利用资源去提高自己的竞争力；而外向型的企业更需要利用国内市场去建立自己的特定优势。

面对加入WTO带来的全球化影响，中国经济的可持续发展在市场、资源、环境等多方面所受到的制约愈来愈明显，中国企业所存在的数量多而规模小、产量大而质量低、增长快而效益低的问题已经愈来愈突出，发展一批具有国际竞争力、能够在国际市场上占据一席之地的骨干企业已经成为中国经济可持续发展的必然选择（吴敬琏，2000）。而目前中国已经出现了这样一批骨干企业,如中国国际海运集装箱(集团)股份有限公司(下文简称"中集集团")、振华港口机械公司、青岛啤酒等,这些企业的实践已经揭示和证明了这样一个明显的事实:中国市场具有世界级的规模和潜力,也同时具有世界级的竞争强度,能够在这个市场或利用这个市场在某个产品上取得中国第一的企业就有可能将中国的国家优势转变为企业持续发展的能力。(Zeng and Willamson, 2007)

(3) 宏观政策视角与微观战略视角的整合。一直以来,中国企业国际竞争力的研究主要是针对外向型企业国际竞争力的提升,以建立和发挥中国特定优势为基础。中国企业对外出口和直接投资的数量与水平长期以来被认为主要是资源。加入 WTO 之后,中国政府对外向型企业的政策支持和优惠受到了 WTO 规则的限制,首先是劳动力成本的上升导致了以此为主要优势来源的企业难以应付,社会责任要求的提高导致这些企业无法适应,出口政策的调整导致许多企业基本上丧失了生存的可能。中国外向型企业的劣势愈来愈明显地暴露出来。事实逐渐表明,中国企业国际竞争力的提升不仅需要宏观政策的推动,更主要的是要依靠微观企业战略力量的推动。如果微观企业不能够通过战略的力量建立自己特定的优势,那么它就没有理由长期享受国家特定优势,没有可能将成本优势转化为差异优势,更没有可能全面提升产品或者服务的附加值和可持续的发展能力。

三

面对中国经济发展在加入 WTO 以后所面临的来自资源、市场、环境等各个方面的制约,提升中国企业的国际竞争力研究成为摆脱制约的突破口;面对跨国企业在中国所实施的横、纵向整合和多点竞争,捍卫和提升中国企业对价值链和国内市场的控制,已经成为提升中国企业国际竞争力的关键途径,及时打破边界和转变观念,以整合的视角去研究中国企业提升国际竞争力问题不仅具有重要的理论意义,而且具有非常及时的现实意义。

首先,从整合的视角研究中国企业国际竞争力的提升和发挥,可以给中国企业国际竞争力的提高设立一个符合全球化趋势和中国企业实际的指标或者目标。采用企业出口创汇、对外投资以及是否实现了跨国经营等指标来衡量中国企业的国际竞争力已经不符合全球化的要求(张金昌,

2002；陈芳、赵彦云，2007）；采取规模，特别是销售规模，如是否进入财富"500强"为指标来判断企业的国际竞争力，既片面，也不符合中国企业实际（王东、彭胜文、王凯华，2006）。在经济全球化的新形势下，中国企业提升国际竞争力的目标应该将国内和国外、内向和外向两个方面的指标整合，以反映国内市场就是全球化市场的一部分；应该放弃盲目追求销售规模，推动中国企业在若干个有关竞争力的指标上最强，最好能够进入世界前列。因此，在今后一段时期里，发展中国世界级企业应该是中国企业提升国际竞争力的目标。"世界级企业"的概念是美国战略管理学会前主席威廉·纽曼教授1994年在承德举办的由大连理工大学承办的"动态一体化战略研讨班"上第一次引入中国的。纽曼教授当时就提出中国需要世界级企业，特别是在竞争性行业。笔者结合中国实际以及已有文献，进一步归纳出"世界级企业"的若干主要特征（蓝海林，2001）。此后，世界级企业这个概念不断为国内的企业所应用。例如，中集集团首次将世界级企业写入企业宗旨，中兴集团、华为集团等国内著名企业也将建设世界级企业作为自己的目标。

其次，从整合的视角研究中国企业国际竞争力的提升和发挥可以将中国企业的战略定位在发挥中国两大特有优势的结合点上，一是成本优势，二是市场优势。这是因为：①中国市场就是全球市场的一部分，而且是竞争最激烈的一部分，占据中国市场需要国际竞争力；②某一产品只要中国市场需要，中国就可能很快地成为这个产品的世界最大出产国和消费国，因此如果能够在这个规模巨大和竞争激烈的市场上占据绝对市场份额，那么一定能够在低成本上获得国际竞争力，同时可为建立高差异优势而积累所需要的资金；③利用国际化过程中的国家差异、规模和范围经济获得学习效益，中国企业完全有可能以低成本实现创新，或者通过创新降低成本，全面提升自己的国际竞争力。

再次，从整合的视角研究中国企业国际竞争力的提升和发挥可以发现，提升中国企业国际竞争力最现实可行的战略选择就是围绕主业、立足国内，实施横、纵向整合战略。①考虑到中国企业目前的实力和管理水平，依靠不相关多元化战略会导致中国企业做大，但是也会导致它们与提升国际竞争力的目标愈来愈远；依靠共享型相关多元化战略同样有利于企业做强，但是实施这种战略对资源和能力的要求很高。②考虑到中国的国家特定优势主要是要素成本与市场规模，通过实施横、纵向整合战略最有利于增加对关键价值链环节以及国内市场的控制，减少低水平的价格竞争对发挥国家特定优势的影响。③采取与横、纵向整合战略选择匹配的管理模式和运营模式。在这个方面，中国企业可以借鉴国外企业已有的几十年的实践经验。

最后，从整合的视角研究中国企业国际竞争力的提升和发挥可以为我国宏观经济体制的改革找到新的突破口。如果说以前阻碍中国企业提高国际竞争力的主要是产权不清，或者治理结构不合理的话，那么这些障碍已经基本上被排除了。但是，今后阻碍中国企业提高国际竞争力的可能是中国市场分散化、购并市场的不完善、中国企业普遍采用不利于实施整合战略的母子公司结构以及导致上述现象的更深刻的经济和管理体制上存在的问题。现在没有什么比提高中国企业的国际竞争力更重要了，如果说中国的第一次解放思想促成了计划经济向市场经济的转变，那么也许我们需要新一轮的思想解放，希望这次的经济体制改革能够促成更多的中国企业有效地实施横、纵向整合，并且能够造就一大批"世界级企业"。

（原载《战略管理评论》2009年第1辑，第115～124页）

中国经济改革的下一个目标：
做强企业与统一市场

面对中国"入世"带来的经济全球化影响，中国内向型企业难以抵御跨国企业在国内市场上的挤压和购并，中国外向型企业也难以提升产品在国际市场上的竞争力，整个中国经济的发展越来越明显地受到资源、环境和市场的制约。为了突破上述限制，中国比以往任何时候都更需要大力发展具有国际竞争力的企业，这就是"入世"以后中国政府推动企业增长战略从"做大做强"转变到"做强做大"的主要动因。

一、全球化与中国企业国际竞争力的提升

中国经济在"入世"前的稳定、持续和高速的增长主要是依靠下列两个战略途径实现的：第一个途径是对内搞活，发展市场经济。通过搞活国有企业，发展民营企业，以竞争和市场机制促进生产和居民收入水平的提高，满足了国内居民日益增长的物质和精神需要。第二个途径是对外开放，发展外向型经济。以生产要素方面的成本优势吸引外国对华直接投资，大力发展"三资企业"和出口加工贸易，为中国经济增长带来投资、技术、管理和大量的外汇收入。在这个特定的历史阶段上，中国的国内市场和国外市场之间存在着明显的有形和无形边界，内向型和外向型企业存在着明显的区别。

中国"入世"降低了外资企业进入中国所面临的有形和无形的障碍。占据中国市场不仅可以帮助国外跨国企业在与其他跨国企业的竞争中建立成本优势，而且可以帮助它们在与发展中国家企业的竞争中减少成本劣势。因此，国外跨国企业实施了新的对华投资战略：①通过增加资本扩大对在华企业的控制；②通过横向挤压或购并扩大对国内市场的占有；③通过纵向购并扩大对产业链的控制。面对国外跨国企业的新战略，原来专门从事内销的中国企业在产品上逐步丧失过去存在的比较明显的成本优势，在竞争互动上缺乏横向和纵向制衡能力，其在收购兼并中缺乏资本对抗的

实力，生存前景令人担忧。原来专门从事出口加工的中国企业成本优势下降，创新能力无法提升，持续发展面临挑战。最近中国出口加工企业出现的订单下降和大面积倒闭就是这类企业所面临的结构性问题和战略导向问题的集中体现。

面对中国"入世"所带来的全球化影响，中国企业已经开始意识到无论是面向国内市场还是面向国外市场，都必须具有国际竞争力才能够生存和发展；提高中国企业国际竞争力最有效的途径就是将两个长期分隔的市场整合起来，利用国内市场所获得的竞争优势支持企业国际化，同时也利用企业国际化提升企业在国内市场上的竞争力。令人鼓舞的是中国在"入世"前后已经发展出一些世界级企业，例如中国国际海运集装箱（集团）股份有限公司（下文简称"中集集团"），它们在整合国内市场和国外市场、实施"做强做大"战略上发挥了重要的示范作用。在世界集装箱制造行业中，中集集团在成本和创新两个方面都具有绝对竞争优势。2009 年，它不仅在全球的标准集装箱市场占有 70% 以上的份额，而且在全球其他细分市场上也都有 40% 以上的占有率。中集集团做强主业和建立国际竞争力的主要经验就是：①在这个高度全球化的行业中，它从来没有将国内国外两个市场划开；②在发挥生产要素成本等优势的同时，非常重视建立企业在成本管理、市场控制和公司治理等方面的特定优势；③利用企业的上述特定优势，连续收购 8 家国内集装箱企业，同时实现市场占有率的国内和全球第一；④利用横、纵向控制和集约化管理所获得的高收益，大量投资研发和购买专利，先后拥有 80 多项专利；⑤在先成为集装箱"世界第一"，然后才进入运输装备的其他领域，在所进入的新领域取得了更多的"世界第一"。

二、横向整合与市场分割的制约

一个国家在生产要素、相关和支持产业、需求要素、企业战略和市场结构四个方面的比较或特定优势决定了这个国家企业国际化的本质。在经济转型的过程中，中国已经逐步在前三个要素上建立了其他国家所难以比拟的特定优势，但是迄今为止的绝大多数中国企业仍然无法像中集集团那样能够将上述三种优势有效地转化为"世界级"的竞争力。导致这种情况的根本原因就在于中国在建立和提升上述三大国家特定优势的同时，也为自己企业提升国际竞争力造就了最明显的劣势，即企业战略、市场或者行业结构上的劣势。这个比较劣势的存在又进一步导致中国企业在提升国际竞争力和发展"世界级企业"方面无法有效地发挥上述三个国家特定或比较优势。

中国政府推动中国企业实现从"做大做强"向"做强做大"的转变，其核心就是推动企业将采取资源集中而不是分散、主业突出而不是分散、国际化而不是本地化，先以国内市场的横向整合获得规模成本优势，再以规模成本优势去建立创新优势，从而在成本和创新两个方面形成国际竞争力。如果中国企业能够在这个关键时刻，坚决和成功地实施"做强做大"战略，就有可能以企业战略为推动力，克服中国在市场结构和行业结构上存在的劣势。那么与20世纪初的美国一样，中国就有可能利用本国的国家特定优势发展出像通用汽车、通用电器、国际商用机器公司和杜邦公司一样的跨国企业，全面突破中国在资源、环境和市场上的限制。

阻碍中国企业实施资源集中和横向整合战略的根本原因是什么呢？关于这个问题，20世纪90年代中期以来国内外学者进行了持续不断的研究，而且在不同的阶段曾经得到过不同的成果。这些研究成果大体可以划分为三种。

第一，机会带动说。根据罗伯特·豪思克辛等人的研究，新兴市场国家在其经济转型的特定历史阶段上会出现一个市场机会多而资金严重缺乏的阶段（Hoskisson, Eden, Lau, et al., 2000）。在这个特定的阶段，企业将集团公司作为一种融资工具和资金放大器，通过实施不相关多元化战略去把握市场所出现的各种机会，从而实现资产规模的迅速扩大。我们认为，他们的研究发现部分解释了改革开放以来中国企业所经历的两次多元化发展高潮。

第二，所有制决定说。考虑到实施高度多元化战略的主体主要是国有企业，国内外学者都认为国有企业多元化发展的动因不能只从经济学角度解释，还需要从政治学角度去解释。（Khanna and Palepu, 2000; Fauver, Houston and Naranjo, 2003）为了在经济转型的过程中同时实现稳定和发展两个既相联系又相矛盾的目标，我国政府在政企分开、搞活国企的过程中设计和发展了一种特殊的企业形式——企业集团，并且通过国有企业集团实现了对国有企业既放活又控制的目的。在经济转型的过程中，政府，尤其是各级地方政府表现出强烈的速度和规模导向，这种导向往往通过所有制、软预算和国企高官任免三种机制影响国有企业的行为，导致绝大多数国有企业表现出对多元化、集团化经营的偏好。

第三，市场制约说。中国加入世界贸易组织之后，愈来愈多的学者发现当前阻碍中国企业回归主业或者实施集中发展战略的根本原因可能已经不是机会带动或者所有制使然，而是因为中国市场的分割性或者与造成这种分割性有关的制度因素的制约。（Meyer，2008）20世纪80年代以来，脱胎于公共经济学和新自由主义经济学的"竞争型联邦主义"促使并推动了中央政府向地方政府的分权成为一种全球性现象（Tiebout，1956；Hayek，1948）。而被该理论视为最有力的当代证据莫过于"中国式联邦主义"（Montinola，Qian and Weingast，1996），因为改革开放30多年中国在建立和发展市场经济方面取得了举世瞩目的成绩。然而，迄今为止，中国所建立的市场经济仍然存在着明显的分割性，并且导致市场分割的主要是改革进程中的制度原因。（沈立人和戴园晨，1990；郑毓盛和李崇高，2003）国内外学术界关于中国市场的性质存在着两种看法：①中国市场是分割的，而且分割性在上升。（Young，2000）②中国市场是分割的，但是分割性正在下降。（Naughton，1999）其实，这两种不同的看法之间的内在一致性就在于没有人否认中国市场的分割性。于是，就有学者整合了两种看法，认为目前中国市场性质为联邦制市场，即地方政府区域控制下的分割性市场。（Young，2000；Meyer，2008）

国内外学者对中国市场分割性的看法有效地解释了中国企业偏好高度多元化战略的主要原因：①由于地方保护的影响，企业实施跨地区销售自己的产品面临着很高的市场进入障碍；②由于各地各级政府所管辖的市场区域内存在产品标准、技术要求、营销政策的差异，导致企业的跨地区营销活动成本过高；③在准备进入的市场选择投资新建或收购兼并的方式，虽可以打破市场进入障碍，却会增加企业投资成本和降低规模经济效益；④受地方保护主义的影响，中国购并市场的有效性不高，这严重影响中国企业实施横、纵向整合战略的效率；⑤在现行市场管理体制下，企业的异地投资（无论是自建或收购）在法律上必须以独立法人企业运营，从而导致单一行业经营的企业不得不采取母子公司管理模式，这种管理模式不适合发挥横、纵向整合战略所包含的降低交易成本和扩大规模与范围经济的效益。

三、统一市场与经济体制改革的深入

如果阻碍中国企业难以提升国际竞争力和发展成为"世界级企业"的主要原因是中国市场分割性及其背后的制度因素的话,那么推动中国企业实施"做强做大"就必然要导致中国进行新一轮的经济改革,而且其核心内容将是促进中国市场统一。

在加入世界贸易组织之前,中国的第一轮经济改革的主要目的是在保持稳定的前提下,通过渐进式的改革发展市场经济和对外开放,促进经济快速增长。实现这个目的的主要方式就是"放权"。虽然这种"放权式改革"对于搞活地方、引入竞争、培育市场和快速发展发挥了重要作用,但是同时也导致了中国市场分割性的上升。

第一,通过中央对地方放权,"条条对块块"地放权,中国的各级地方政府具有几乎与中央各个部门对应的经济管理职能,并且在这些职能领域中具有相当充分的授权。这不仅减少了中央政府对地方政府的控制,更重要的是调动了地方政府的积极性和地方经济的"活力"。我们因此看到中国的地方政府几乎可以直接或者间接地动用几乎所有的职能部门、行政手段和政策措施去吸引外国和外地企业,扶持和保护本地企业,而且在这个方面越是"敢作敢为"的地方政府通常也就是在地方经济发展成绩最突出的地方政府。不可否认的是,这种权力的"乱用"已经导致地方保护盛行和对市场与企业行为的过度干预。

第二,中央允许和鼓励各级地方政府在遵守若干基本原则和基于实验的前提下,对现行的制度和政策进行突破和创新。以这种方式推进中国的经济转型不仅表现在中央和各级地方政府划定了各种各样的"特区""实验区"或者"开发区",而且表现在各级地方政府可以"创造性"地执行中央所制定的制度和政策。因此,西方学者认为中国确实有许多的制度,但是也可以说没有"统一"的制度。这种"空间"在大多数情况下得到了有效地利用,由此得到的经验教训的确为中央制定改革和开放的宏观政策提供了创意或支持。但是,这种"空间"在少数情况下也被当作制度的"漏洞",用在了地方保护和区域竞争上,从而造成区域之间出现了巨大的制度差异和市场的分割。

第三,选择以经济发展速度作为地方政府官员政绩和任免的主要考核

指标。这种特殊的制度设计造就了各个地方政府与当地企业包括国有企业、外资企业和民营企业的利益共同体关系，导致地方政府官员在引进外资、服务企业和发展地方经济方面表现出"举世罕见"的积极性和创新性。正是因为这种内在的考核晋升机制的作用，导致地方政府有了"乱用"权力和利用"漏洞"的强烈动机。

通过上述三种形式的放权，中国成功地实现了从计划经济向市场经济的转型，取得了世界公认的快速发展。但是，我们必须承认在相同的机制作用下中国市场的统一性已逐步下降，导致中国迄今为止所建立的社会主义市场经济具有分散型或者说"小市场经济"的特点。如果采取集中经营、横向整合被证明是中国企业"做强做大"，或者说利用国内市场规模和需求优势提升发展成为世界级企业的最佳战略，那么这一战略的有效实施必然要求中国市场从分散回归统一，减少中国企业跨地区营销的障碍；必然要求提高中国购并市场的有效性，减少中国企业跨地区购并的障碍；必然要求减少制度和政策不一致和地方保护对跨地区经营活动的干扰，使中国企业能够在实施横向整合战略中采取总部—分部制和集权化管理，从而获得更大的规模经济和范围经济效应。从这个角度来看，继续维持和推进"放权式改革"的弊端将更加突出，因为现行的经济管理体制更有利于导致中国企业实施行业多元化而不是集中发展战略；更有利于那些逃避全球化或依赖地方政府的企业，而不是那些积极应对全球化的"市场依赖型"企业；更有利于国外跨国企业进入中国和整合中国市场，因为地方政府吸引和保护跨国企业的意愿更强。因此，中国新一轮的经济体制改革应该以发展社会主义大市场经济为目标，以减少地方保护、促进区域合作和企业横向整合为手段，推动中国企业全面提升国际竞争力。

（原载《经济学家》2011年第1期，第99~101页。本文由蓝海林、李铁瑛、黄嫚丽合撰）

经济全球化与市场分割性双重条件下中国企业战略选择研究

中国企业的经营环境在加入世界贸易组织前后发生了根本性的变化。经济全球化的影响逐步弱化了中国国内外市场的边界，导致中国企业需要通过整合和利用国内外两个市场迅速提升国际竞争力。中国"世界级企业"的案例研究表明，实现这个目的的最佳途径就是通过实施横向整合战略提升主业的国内市场占有率，在成本和创新两个方面构建国际竞争力。（蓝海林，2008）国内市场规模是中国企业提升国际竞争力所特有的国家竞争优势，但是国内市场分割性减弱了中国企业实施横向整合战略的动机，也限制了规模与范围经济效益的获取。国内市场分割已经成为阻碍中国企业有效实施横向整合战略和提升国际竞争力的主要障碍。（徐康宁、王剑，2006；Hummels，1999）

面对中国"入世"以后的新形势，尤其是外部经营环境中经济全球化与国内市场分割性两大对立因素的影响，中国企业在战略选择上陷入了明显的"两难境地"。本文的主要目的就是将经济全球化与市场分割性作为新形势下影响中国企业战略选择的两个主要和对立的因素，从市场基础和制度基础的角度分析中国企业对经济全球化和市场分割性影响的可选战略回应；并且根据两种不同回应所构成的四种组合，概括当前中国企业四种可能的战略选择或者四种可能的战略类型，从而为企业在新形势下做出恰当的战略选择指明方向，同时也希望为中国经济体制改革寻找主攻方向。

一、"入世"后中国企业面临的经营环境

"入世"标志着经济转型进入了一个新的历史阶段，也推动中国企业经营环境发生了一系列根本性的变化。研究中国企业目前和未来的战略选择必须关注：①经济全球化和经济转型都迫切需要中国企业建立和提升国际竞争力，包括中国所有的内向和外向型企业，否则对外难以享受经济全

球化的好处，对内难以避免经济全球化带来的威胁。②中国现行的经济管理体制并不能够支撑中国企业有效地利用国内市场规模优势去做强主业和提升国际竞争力，在"大政府、小市场"的体制下，中国仍然难以制造出具有国际竞争力的"航空母舰"。

（一）经济全球化对中国企业的影响

"入世"以前，中国对外开放的主要目的就是想利用廉价的资源和劳动力去吸引外国资本、技术、管理等。但是，该阶段的对外开放在外资进入的区域和行业、外资企业在华产品销售比例上有种种限制。正是因为国内外市场之间存在着一条有形的边界，中国在这个阶段上通过对外开放、招商引资和战略联盟培养了一大批以对外加工为主的外向型企业，也通过对内搞活、鼓励竞争和建立市场机制造就了一大批以国内销售为主的内向型企业。随着中国经济的发展，全世界，尤其是国外跨国企业需要中国进一步开放，而中国也需要迅速突破愈来愈严重的资源、环境和市场的限制，这就致使中国从20世纪90年代中后期开始争取加入世界贸易组织。中国"入世"的实质就是中外多方承诺淡化或者弱化国内外市场之间的"有形"边界，从而使中国市场最终成为全球市场的一个有机组成部分。

利用"入世"所带来的机会，国外企业，尤其是国外的跨国企业迅速开始更直接和更大规模地进入中国，以自己建设和收购兼并的方式整合中国市场。通过实施这种对华战略，跨国公司能够：①调低市场定位，先是挤压，后是整合，加快了对中国市场的占有；②弥补成本劣势，提升对中国出口加工企业讨价还价的权利，增加了它们提升附加值的难度；③有效运用其在全球范围内所形成的多点竞争优势，抑制中国企业发挥竞争优势。相反，面对中国"入世"所带来的机遇，中国企业则难以建立和提升国际竞争力。在现行的市场经济体制下，中国企业单纯依靠要素成本优势，没有获得规模成本、市场控制和多点竞争的优势，没有足够的资金去完成所谓转型升级。其中，出口加工企业没有办法在巨大的国内市场上获得规模成本和创新优势，以及在研发和国际营销两个方面提高自己产品的附加值；内向型企业无法有效地实施横向整合战略，提高对国内市场的占有和控制，提高自己的盈利水平、科研投入和实施国际化战略，相反正在成为跨国企业收购兼并的对象。

（二）市场分割性对中国企业的影响

中国企业能否在实际上把握全球化机遇在很大程度上取决于中国能否进一步推动以克服市场分割性为主要内容的经济改革。经过30多年的经济建设，中国所建立的究竟是一个什么样的市场经济呢？目前，国内外学术界关于中国市场结构存在着统一说、分割说和联邦说三种不同的看法，但是没有学者否认中国目前市场结构具有分割性的特点。在以渐进而不是休克的方式推动中国从计划经济向市场经济转变的过程中，中国政府采取的是一种放权式改革。这种"放权式改革"的制度选择和安排赋予了地方政府更大的经济管理权限、经济发展的责任和发展经济的活力，从而在制度上建立了一个"鼓励地方政府参与促进发展，鼓励区域竞赛促进发展，鼓励企业竞争搞活市场"的经济发展的动力和管理机制。这种中国特色的制度选择与安排推动了中国社会主义市场经济的建设和发展，但是也导致了严重的区域竞争和地方保护，造成了国内市场从统一向分割的转变。从20世纪80年代开始，一些经济学家就关注到了我国改革开放初建立市场经济秩序时所产生的地方市场分割的问题。（吴敬琏，1987）关于市场分割的成因，多数学者认为我国的地方市场分割形成的根本原因是改革开放以来的行政性分权、地方政府实施的赶超战略（林毅夫、刘培林，2004）、地方政府的权力行使不规范与政企职责不分（杨灿明，2000）、地方官员政治利益（周黎安，2004）、区域利益驱动（徐现祥、李郇、王美今，2007）等。由此，中国依靠放权式改革所得到的是一种社会主义的"小市场经济"。其具体表现是：①区域之间产业结构趋同，竞争多于合作；②区域之间边界明显，制度环境差别很大；③地方政府权力很大，企业与政府的关系好坏非常重要；④行业集中度低，企业数量多、规模小、市场占有率低、竞争激烈、盈利小、创新能力差。

学术界在中国市场分割性变化趋势的判断上的确存在着分歧。这主要是因为在准备和加入WTO的过程中，中国市场结构已经发生了一些积极的变化。（林毅夫、刘培林，2004）首先，地方政府之间也开始参照国际经济合作的模式，推动中国各个省和省内各个市之间的合作，甚至建立区域合作机制，主动推动区域内互惠，促进区域内企业的投资与合作等；其次，各级地方政府纷纷制定优惠政策吸引国内其他地区的优秀企业到本地投资，包括土地、税收和其他方面的优惠政策，希望以优惠政策吸引外地企业在本地设立独立法人企业,并且尽量将销售额和税收留下。这种改变导致了两个相互矛盾的制度影响:一方面这种改变从外部强化了企业在国内市场实施整合战略的动机,降低了企业在国内市场跨区域横向的进入障碍;另一方面这种转变又增加了跨区域整合经营企业的运营、管理和控制上的成本与风险,增加了获得应有的规模经济、范围经济,降低交易成本的难度,反过来又抑制了中国企业在国内市场上继续实施整合战略的动机。越来越多的跨区域横向整合的企业感到地方政府的吸引政策其实是一种"陷阱":讲起来好听,落实起来困难。因为要想让当地政府兑现承诺的优惠和给予公平的待遇,企业可能需要增加分支机构的成本,增加总部的控制难度,牺牲整个企业的规模和范围经济效益。由此可见,这种积极的变化只是改变了区域竞争和地方保护的表现形式,并没有从根本上改变中国市场分割的性质和趋势。尽管中央已经出台了一些有可能弱化市场分割性影响的政策,但是,导致中国区域竞争和地方保护的管理体制没有改变,支持中国市场分割性的制度安排没有改变。除非中国政府围绕克服市场分割性而进行新一轮的经济体制改革,否则国内市场仍将具有"联邦制"的特点。(Meyer,2008)

本来经济全球化带来的机遇应该推动中国围绕企业的"做强做大"进行进一步经济体制改革,从而克服市场分割性制约。但是,经济全球化带来的威胁却阻止了中国经济体制改革的深入。现在社会稳定"绑架"了经济速度,经济速度又"绑架"了经济和政治体制,至少在可以预测的未来,市场分割性仍然是中国企业提升国际竞争力的主要桎梏。

二、经济全球化:积极与消极地应对

经过长达30多年的对外开放和对内搞活,中国已经成功地发挥了自己所特有的两大特定优势,即要素成本优势和相关配套产业优势,发展了一大批具有要素成本优势的外向型和内向型企业,同时也开发了中国第三个也是最为重要的国家特定优势,即国内市场规模优势。"入世"为中国企业发挥上述三个方面的优势带来重要的机遇。当然,中国之所以能够"入世"也是因为西方国家,西方跨国企业认为自己有能力更直接地进入中国,并且有效分享中国的上述三个方面的比较优势,因此"入世"也为中国企业的发展带来了重要的威胁。面对"入世"所带来的机遇与威胁，不同的中国企业采取了不同的应对态度和战略。考虑到对企业提升国际竞争力的影响，本文将中国企业应对经济全球化影响的态度和战略划分为积极与消极两种。

（一）积极应对战略

面对经济全球化所带来的机会和威胁，一部分中国企业采取了积极应对的战略，包括在国内市场上抵御跨国公司的竞争和在国际市场上实施"走出去"战略。采取这种积极应对战略的企业将资源高度集中于自己的主业，有效实施横、纵向整合战略，整合国内和国外两个市场，力求在成本和创新两个方面提高国际竞争力。从市场为基础的观点来看，采取这种积极应对战略的主要依据就在于中国在要素成本和市场规模方面具有国家特定优势，因此先成为"中国第一"再成为"世界第一"是完全有可能的。从资源基础的观点来看，实施这种积极战略有利于中国企业建立、保持和发挥自己的竞争优势。对经济全球化采取积极应对战略的企业大体上可以划分为两种类型。

第一种是外向型企业。在对外开放的最初阶段上，这些企业了解到中国在要素成本和相关配套产业上具有巨大的成本优势，在国外市场具有巨大的发展潜力。因此，它们在一个具体的产品领域集中发挥成本优势，以出口和出口加工的形式利用全球产业转移的机会，扩大国际市场。在相对于国内其他出口加工企业而取得了明显的成本或者差异优势之后，这些企业在第二个发展阶段上实施了横、纵向整合。通过对关键零配件和市场资源的控制提高了自己盈利水平，通过加大对研发和工业设计的投入提升了产品的附加值。在企业的第三个发展阶段上，也就是中国加入世界贸易组织之后，这些企业开始实施两种以提升国际竞争力为主要目的的战略：一是进入国内市场，希望利用国内市场克服自己在研发、营销上的劣势，扩大自己在规模成本和产品创新上的国际竞争力，形成与国外企业在两个市场上互动的能力。二是通过跨国购并，希望提高对自己下游价值创造环节的控制，实现从出口加工向国际营销的转变。

第二种是内向型企业。中国市场规模的优势非常明显，中国内向型企业认为只要能够在这个巨大的市场上占据支配性的市场份额，就有可能形成国际竞争力。在企业发展的第一阶段上，这些企业通过引进、消化和创新，争取在成本或者差异的一个或者两个方面建立自己的竞争优势。在相对于国内企业建立了明显的竞争优势之后，这些企业在发展的第二阶段上没有实施不相关多元化，而是先后实施了横、纵向整合的低度多元化战略，通过对市场和资源的控制提升了自己讨价还价的权利和企业的盈利水平。例如，中国国际海运集装箱（集团）股份有限公司将全部的资源用于扩大经营规模和收购兼并同行竞争对手，从而在主营产品的生产和销售规模上达到了世界领先水平。在中国"入世"以后，这些企业凭借世界级的销售和规模成本优势，开始与相关的世界级企业合作，强化研发投入、专利购买和以技术获取为主要目的的跨国购并行为，目的是要进一步在全球范围内建立成本和创新两个方面的竞争优势。这些企业意识到仅仅依靠成本优势是很难建立和保持国际竞争力的，因此这些企业将规模成本和市场控制优势所产生的利润投放于创新优势的建立。其中一些企业在这个阶段还实施相关多元化发展的战略，通过相关多元化发展进一步发挥和强化自己在主业上建立的核心竞争力，同时也使自己具有与跨国企业在多个市场和多个产品上动态竞争和相互制约的能力。

（二）消极应对战略

面对经济全球化所带来的机会和威胁，另一部分中国企业采取了消极应对的战略，尽量回避在国内外两个市场上与跨国企业竞争。这个战略的核心就是通过实施高度多元化发展战略，进入市场化程度低、全球化潜力低的行业，避免受经济全球化的影响，或者就是简单地达到分散风险的目的。在那些市场化程度和全球化潜力都相对比较高的行业中，跨国企业在品牌、技术、管理上所拥有的资源和能力优势太强，一旦跨国企业进入中国市场，那么就有可能发挥其全球整合和多点竞争的优势；一旦跨国企业扩大在中国的直接投资，那么这些企业将不仅在差异上而且在成本上具有难以超越的竞争优势，迫使中国企业退出或者成为收购兼并的对象。因此，与其和跨国企业在中国市场上对抗，不如通过不相关多元化回避竞争和分散风险。选择这种战略的依据是：首先，中国不同行业的市场化程度的确存在着很大的差异。我们通常会简单地将一些行业划分为竞争性行业，而将另一些行业划分为非竞争性行业，其实还有大量的行业是处于这两个极端之间。中国"入世"以后，跨国企业首先进入的当然是那些竞争性行业，而不是那些所谓非竞争或者介于两种之间的行业，因此，将部分资源转移到这些行业中来不仅可以回避风险，而且也可以获得更高的收益。其次，中国不同行业的全球化潜力是不一样的。我们通常会说有些行业的整合效益高，而另一些行业的整合效益低，当然还有很多行业是介于两种之间的。中国"入世"以后，跨国企业在全球化潜力大的行业会表现出明显的竞争优势，而在那些全球化潜力低或者介于高低之间的行业中则很难表现出明显的竞争优势。所以，通过多元化而进入这些行业，则有可能少一些受到，或晚一些受到跨国企业的威胁。最后，相当多的企业只是简单地认为进入若干不相关的行业可以分散投资的非系统风险，相信"鸡蛋放在不同的篮子中更安全"。虽然以此为依据而实施高度多元化战略的企业无可指责，但是客观地说，它们比前两种企业不仅更消极而且在消极中还夹杂着盲目。

面对经济全球化而主动选择消极应对战略的企业大体上可以分成两种：第一种是"入世"以前已经在主营业务上取得了明显竞争优势的企业。面对经济全球化的威胁，这些企业一方面发现自己的竞争优势很难继续保持和提升；另一方面发现凭借自己的资本和关系完全有可能进入一些非竞争性行业或者说是全球化潜力低的行业，例如房地产行业。第二种是原来在主营业务上没有明显优势的企业，包括众多从事出口加工的外向型企业。其中，一些内向型企业认为它们已经历史性地错过了成为中国第一的机会，很难在自己主业上避免跨国企业和国内大企业的威胁；而另一些外向型企业则认为自己没有进入国内市场或提升出口成品附加值所需的资源和能力。

三、市场分割性：积极与消极地应对

中国市场分割性对企业战略行为的影响是一种制度影响，而且实施这种影响的主体是政府及其相关的社会组织。（周黎安，2004；Meyer，2007）根据制度基础的观点，市场分割性对企业战略行为的影响可以是强制性的、规范性的，也可以是认知性的。（Norman and Nicolai，2007）这种市场分割性在中国"入世"以前主要表现为国内各地方政府为了本地利益，通过行政管制手段，限制外地资源进入本地市场或者限制本地资源流向外地的行为。（银温泉、才婉茹，2001；刘运、余东华，2009）而在中国"入世"以后，这种市场分割性则主要表现在国内各个地方政府为了本地利益，通过行政手段，限制横、纵向整合企业发挥应有的整合效益，包括降低交易成本和扩大规模与范围经济。（Wernerfelt，1984）无论是"入世"前还是"入世"后，中国市场结构的分割性特点严重阻碍中国企业通过发挥国内市场规模优势而提升国际竞争力。市场分割性对企业战略行为影响的大小取决于企业所处的行业的特点。根据资源基础的观点，企业对市场分割性影响的反应则取决于企业的资源与能力特点，包括企业自身特点、资源与能力优势和企业的管理传统等。（王晓健，2012；陈颖慧、赵海洋，2001）对中国横向整合企业的案例研究表明，在相同的制度环境和行业下，少数杰出企业，例如中国国际海运集装箱（集团）股份有限公司、青岛啤酒股份有限公司、苏宁集团等就对市场分割性采取了积极应对的战略，并且通过有效实施横向整合战略而形成了国际竞争力。（王晓健，2012）因此，考虑到对企业提升国际竞争力的影响，本文同样将中国企业对市场分割性影响的态度和战略选择划分为积极与消极两种。

（一）积极应对战略

采取积极应对战略的企业非常清楚市场分割性是现行经济体制下的一种制度安排，市场分割性的影响是政府及政府主导下的制度影响。因此，这些企业无论是原来所谓内向或者外向型的企业，都更重视整合国内市场对提升企业国际竞争力的重要性，坚信企业具有足够的资源和能力抵制市场分割性的影响，愿意通过各种变通的方式，包括市场和非市场的手段去降低或者克服市场分割性的不利影响。积极应对市场分割性的主要战略行为包括三个方面。

第一，横向整合战略。面对市场分割性，这些企业选择在国内市场上实施横向整合战略，包括外向型企业对国内同行或者同类型企业的整合。这些企业相信横向整合规模巨大的国内市场，能够最大限度地获取规模和范围经济效益，从而先在成本后在差异这两个方面建立国际竞争力。为了贯彻上述战略意图，这些企业会根据实际需要而在市场开拓与异地投资、自己建设与收购兼并、独资和联盟中间选择实现横向整合战略的手段。中国海运集装箱股份有限公司在1993年至1996年期间就先后收购了中国沿海地区6个集装箱制造企业，一跃而成为世界散装集装箱销售最大的企业。

第二，应对制度要求。在不牺牲企业战略目标和根本利益的前提下，这些企业深入分析了市场分割性的影响，对不同区域的制度要求采取不同的应对方式，包括一些折中和变通的方式。例如，中国横向整合企业的绝大多数区域子公司都被当作分公司运作的，总部给子公司的预算和自主权的大小基本上直接受当地市场化程度的影响。对于地方政府规范性的要求，这些企业会考虑接受这种要求的好处和代价，为自己做一个合适的选择；对于地方政府和当地市场的认知性要求，这些企业会根据自己的实力和价值观决定接受的程度和处理的方法。

第三，合理配置资源。为了最大限度地平衡行业整合与地方响应的需要，这些企业具体和有针对性地决定跨区域经营单位的资源配置、管理模式和控制方式。在不牺牲企业的范围和规模经济的前提下，企业有可能将更多的资源配置在土地和税收上提供最大优惠的区域。同样，如果市场整合的潜力大，那么企业就会偏向于统一配置资源和实施高度整合的管理模式；如果当地响应更重要，企业则更偏向于实施分散配置资源和低度整合的管理模式。

第四，建立政企关系。学会运用自己的资源和能力去影响当地政府，从而减少市场分割性的负面影响。对于横向整合企业来说，市场分割性的影响并不都是负面的，有的则是正面的。在实施横向整合战略的过程中，相当多的企业学会了与政府打交道的方法，包括利用自己的制度地位（例如中央企业）、关系资源甚至经济手段去建立与上一级政府的关系，然后通过上级政府影响下一级地方政府的决策。很多实施横向整合的企业在国内跨区域投资的过程中借鉴跨国公司进入中国的方法，通过与当地政府合资以及设立专门的公关部门等方式应对市场分割性的影响。

（二）消极应对战略

采取消极应对战略的企业也非常清楚市场分割性的性质、特点和影响，但是这些企业，无论是原来所谓内向或者外向的企业，更重视如何利用市场分割性的影响去获取机会或者避免全球化的影响。这些企业没有把建立国际竞争力而是把获取经济效益作为自己的战略意图，也不认为自己有足够的资源和能力去与跨国企业竞争。因此，它们认为利用市场分割性，而不是克服市场分割性更有可能实现自己的战略意图，包括争取地方政府的保护或者政策优惠，依靠地方政府而进入非竞争性或者全球化潜力低的行业等。基于企业的传统和能力，这些企业愿意也有能力通过各种方式"利用"地方政府。

采取消极应对战略的内向型企业对市场分割性的态度是既享受又惧怕。在自己的成长过程中，这些企业非常享受地方政府的优惠和保护，它们把与地方政府的关系看成企业生存和发展最为重要的竞争优势。因此，这些企业也最害怕实施横向整合战略，因为它们深知跨区域经营将会遇到的困难。它们就像一个长期被父母娇生惯养的子女，对"在家千日好，出门一日难"的感觉最深刻。面对市场分割性的影响，这种企业应对战略就是消极地将自己全部的资源和经营活动放在本地区，即经营本地化。如果企业需要更大的发展空间，那么它们也宁可选择行业多元化，也不会选择市场多元化或者跨区域经营。如果企业能够建立和维持与地方政府良好的关系，它们可以充分地利用这个政府关系平台所产生的范围经济效益，从当地政府得到很多发展机会和优惠政策。由此可见，这种战略的成功取决于实施这种战略的企业是否有能力动态地建立和持续地保持与本地政府的良好关系。

采取消极应对战略的外向型企业对市场分割性的态度是既惧怕又无奈。改革开放之初，中国市场仍然是统一的，但是不是成熟的。为了利用国外市场和扩大外汇收入，以出口加工为主要特点的外向型企业得到了迅速的发展。面对经济全球化的影响，虽然越来越多的外向型企业意识到进一步保持和提升自己的国际竞争力需要依靠国内市场，但是它们发现面对分割的国内市场，它们更像是一个大"香蕉"，外边是黄色的、里边是白色的。国内市场的分割导致它们已经很难"返回"国内市场，很难在国内市场实施横向整合战略，很难获得横向整合所应得的规模与范围经济效益。相当一部分外向型企业是因为惧怕国内市场分割性而选择出口加工作为自己的主营方式的。因此，这种企业对市场分割性的应对战略就是消极地将自己的全部资源和经营活动集中于做国外市场的生意，例如出口加工企业，让自己远离高度分割的国内市场。

四、战略选择

根据中国企业对经济全球化和市场分割性的态度及其所选择的应对战略，我们可以大体将新形势下中国企业所选择的增长战略划分为四种基本类型，并且构建了一个简单的四方格选择矩阵。（见图1）

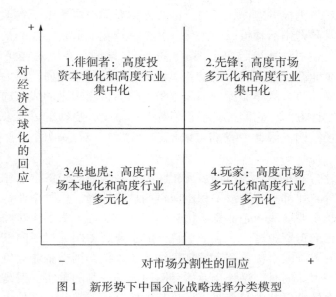

图 1 新形势下中国企业战略选择分类模型

第一，市场本地化和行业多元化相结合。为应对经济全球化和市场分割性，一些企业选择了消极应对的战略。在应对经济全球化方面，这些企业采取多元化的战略。这种战略选择一方面有可能使企业分散经营风险，另一方面可能使企业进入一些非竞争或全球化潜力低的行业从而避免与跨国企业直接对抗。同时，在应对市场分割性影响方面，这些企业采取了市场本地化（市场本地化就是指企业的投资和经营都在本地）。这种战略，一方面可以使企业在经营上免受或者少受其他国内企业或者国外企业的影响，而在另一方面可以利用政府或者当地关系的范围经济效益得到更多的发展机会、优惠政策和特殊待遇等等。实施这种战略的企业一般会高度重视企业外部关系，尤其是与地方政府的关系，而不会重视内部优势的建立与发挥，其典型的发展战略就是长期坚守本地，持续与地方政府保持良好关系，地方领导的权力范围就是企业的经营范围。我们可以把实施这种战略的企业称为"坐地虎"。

第二，投资本地化与行业集中化相结合。为应对经济全球化和市场分割性，有些国内企业选择了不一致的应对战略。它们在应对经济全球化方面选择了相对比较积极的态度，即坚持主业，因为它们相信市场经济，相信企业有竞争力就不用担心国内外企业的竞争。在应对市场分割性方面选择了相对比较消极的态度,即将全部或者主要的投资集中于本地,但是经营活动尤其是营销活动可以全国化,甚至全球化。值得关注的是,这些企业在应对上述两种环境趋势上还有些犹豫和徘徊。在应对经济全球化方面,这些企业并没有退缩,但是并不清楚自己的战略方向,因为它们还没有将通过横向整合战略而提升国际竞争力作为自己未来的战略选择。在应对市场分割性方面,它们接受了,但是并不享受,更缺乏勇气去打破和改造这种市场结构。因此,我们可以把选择这种应对战略的企业称为"徘徊者"。

第三,行业集中化与市场多元化相结合。为应对经济全球化和市场分割性,部分企业都一致采取了积极应对的战略选择。这种企业认为,持续盈利和成长主要取决于企业竞争优势的建立与发挥。为了应对经济全球化的影响,它们将资源进一步集中于自己的主业,力图通过横向整合战略去发挥中国的要素成本优势和市场规模优势、去抵御国外企业竞争,从而提升国际竞争力。同时,这种企业接受国内市场分割的事实,但是认为以企业战略的力量可以减少和克服市场分割性的制约。因此,这种企业实施了市场多元化(即在经营与投资两个方面都面向全国和全球)。通过案例研究可以发现,中国为数不多的"世界级企业"就是成功实施这种战略的典型,例如中国国际海运集装箱(集团)股份有限公司、振华重工(集团)股份有限公司等,它们先在国内市场上实施横向整合,而后再进一步在全球化市场上实施整合。我们可以将这种企业称为"先锋",这不仅是因为它们在应对经济全球化和克服市场分割性影响方面都采取积极应对的战略,而且是因为在市场分割性影响下它们很有可能过于积极和勇敢而成为"先烈"。

第四,行业多元化和市场多元化相结合。为应对经济全球化和市场分割性方面,有些国内企业选择了另外一种不一致的应对战略。与徘徊者截然不同的是,这种企业对市场分割性采取了非常积极的应对战略,但是对经济全球化战略所选择的则是相对不那么积极的应对战略。它们认为,其在克服市场分割性方面比国外跨国企业更强,但是应对经济全球化方面则不如国外跨国企业。面对全球化的竞争,它们并不惧怕,但是并不一定有志向和信心成为世界级企业,因此它们还是选择了可以减少风险的高度行业多元化战略;面对市场分割性,它们不一定认同,但是更感兴趣的是怎么样才能够有效地加以利用。我们之所以称这种企业为"玩家",就是因为这种企业一般具有三个主要的特点：①它们更重视做大企业，而不是做强企业，或者认为做大比做强更重要；②它们更重视外部机会，而不是内部优势；③它们更重视关系能力，尤其是利用政府从事资本运营的关系能力。同时，实施高度行业多元化和高度行业多元化战略实在是一种政治和经营风险都很高的战略选择，尤其是对民营企业来说，玩得好就一飞冲天，玩得不好就一赔到底，就像以前的德隆集团。

五、可能的变化与面临的挑战

目前，研究者很难从社会效益、经济效益等角度具体判断哪一种战略的效益更高，因为实施这几种战略的企业可能可以分别从市场和政府得到差不多的经济效益，这就是经济转型社会的特点。在没有理解具体企业本身特点、资源和能力以及管理传统之前，我们也不能够说哪一种战略更适合于哪一个具体的企业。但是，我们可以判断的是，绝大多数中国企业可以选择的战略是在第一和第三象限中，只有极少数企业才有可能选择第二和第四象限中的战略，因为当"先锋"和"玩家"也是要有条件的。（见图1）根据经济全球化和市场分割性的变化趋势，处于不同象限中的企业所面临的挑战和未来的发展空间可能有所不同。

在经济全球化影响进一步深入的情况下，如果中国政府围绕着如何帮助企业做强而进行新一轮改革，其核心应该是削减地方政府的经济责任与权利，那么市场分割性对中国企业战略选择的影响将会减弱。在这种情形之下，第一象限和第二象限的企业会有更大的发展空间，因为它们可以在主业上实施横向整合战略，利用国家特定优势去建立和提升成本与创新上的特定优势，迅速提高其国际竞争力。相反，第三和第四象限中企业的发展空间将受到一定的威胁，以依靠和利用市场分割性为基础的企业会因为行业竞争力不足及其相应的管理传统而难以适应环境的变化。（见图2）其中，第四象限的企业（"玩家"）所受到的影响相对比较小，因为它们的行业优势相对更明显，它们更主要的是"利用"市场分割性而不是"依靠"市场分割性。第三象限的企业（"坐地虎"）将越来越多地遭遇"玩家""徘徊者""先锋"以及跨国公司的挤压。如果这种情况能够发生的话，那么中国企业才有了"做强做大"的外部市场环境。

在经济全球化影响进一步深入的情况下，如果中国经济体制改革因为

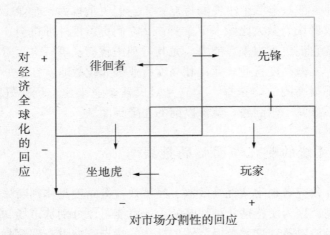

图2 经济全球化和市场分割化影响下四种不同企业战略的可能变化

需要为维持社会稳定而暂停或者倒退,那么市场分割性的影响将进一步加大。目前正在出现的一些情况表明中国市场分割性程度有可能进一步扩大:①为了维持社会稳定和政府形象,地方政府有可能加大对经济活动和行业的干预,从而导致更多的企业重视与地方政府的关系,重视地方政府的保护与支持;②为了在区域竞争中获得更大的政绩和税收,地方政府将更多的地方财政收入用于支持吸引投资和支持本地企业(包括在本地注册的外地企业),从而使横向整合企业更难获得规模和范围经济效益。如果中国经济体制改革出现这样的倒退,那么既不利于第一、第二象限的企业通过横向整合战略去提升国际竞争力,也不利于第三象限和第四象限企业的发展。如果第一和第二象限的企业被迫实施市场集中和行业多元化战略,那么处于第三象限的企业和第四象限的企业也同样难以发展。

六、结论

面临着经济全球化和市场分割性两种对立的影响,中国企业基于自身特点、管理传统和资源能力分别做出了积极和消极的战略回应。运用市场、制度和资源基础的理论,本文对中国企业对上述两种对立影响的回应进行了组合分析,构建了由四种可选择战略所构成的矩阵模型。虽然图1的矩阵仍然是一个概念性的模型,但是我们希望这个概念性的模型能够尽快对中国企业在新形势下的战略选择发挥指导作用,同时引发更多的学者围绕其中的一些理论假设进行后续的实证研究。

目前,中国企业经营环境中存在的最大变数就是中国经济改革发展方向的不确定性。依据所提出的新形势下中国企业战略选择的四方格矩阵,本文对中国经济改革未来趋势及其对企业战略选择的制度影响进行预测,认为中国企业能否依靠国内市场规模优势提升自己的国际竞争力很大程度上取决于中国政府能否迅速推进以克服市场分割性为主要目的的新一轮经济体制改革。

(原载《管理学报》2011年第8期,第1107~1114页。本文由蓝海林、皮圣雷合撰)

中国企业的动态竞争与整合战略

随着技术进步、经济全球化和经济转型影响的深入，中国企业越来越重视经营环境、竞争互动和关键成功因素动态化所产生的影响，并且将动态竞争和动态整合战略作为应对上述动态趋势的有效战略。为了应对国内外家电零售市场、企业的竞争、信息技术和劳动力成本等角度所面临的一系列新挑战，最近苏宁电器集团对外发布了未来十年的发展战略，并且希望通过这个战略的有效实施而全面提升国际竞争力，从而为下一步实施国际化战略做好准备。借助对苏宁电器集团新战略的理解，我们可以比较全面地了解在新形势下中国企业如何制定和实施动态竞争与整合战略，以及厘清动态竞争与整合战略的性质和特点。

一、竞争动态化趋势

（一）竞争动态化（Dynamic Competition）的逻辑起点是企业经营环境的动态化

企业经营环境本来就是动态的，但是企业经营环境的动态化是特指企业经营环境中的政治、经济、社会、文化、法律、技术等因素的变化速度越来越快，变化方向越来越难以预测的趋势。例如，2004年人们只是以为招工难是广东企业面临的新问题，谁能够预测到今天这个问题已经是全国所有企业面临的共同难题呢？现在商业地产很热，人人都认为"一铺可以养三代"，但是谁又可以预测电子商务的发展会在什么时候和多大程度上改变消费者行为并威胁商铺的价值呢？与其他经济转型国家不同的是，中国的经济转型，包括对外开放与经济改革，是渐进式的而不是突变式的，这种特点导致转型期中国企业的经营环境长期处于动态变化之中；中国经济转型的进程在很大程度上取决于稳定，稳定决定对外开放与经济改革的方向和进程，因此中国企业经营环境动态化趋势相对更加明显和难以预测。企业竞争环境的动态化从根本上动摇了竞争优势可保持性的外部基础，包括行业边界、市场边界、技术基础和制度基础，也就是说企业在现有行业、市场、技术和制度基础上的任何竞争优势都可能因为行业、市场边界变化、技术进步和体制改革而丧失可保持性。因此，在经营环境越来越动态化的条件下，企业的战略管理者必须高度重视企业外部经营环境的变化，善于把握各种环境变化对企业可能产生的影响。苏宁电器集团选择在这个时点上更新未来十年的发展战略就是认为企业经营环境已经出现了一些具有战略意义的变化，例如电子商务的挑战、劳动力成本和素质的变化、城市化与商业地产的变化以及国美电器最近的变化等，苏宁电器集团必须领先对手对上述变化做出积极的和动态的反应。

（二）竞争动态化的核心内容是企业竞争互动的动态化（Dynamic Interaction）

企业间的竞争本质上就是动态的，但是竞争互动动态化是特指企业间竞争表现出越来越明显的对抗、连续和多点博弈的特点。与其他成熟市场经济国家不同的是，中国的市场经济尚在建立和完善之中。这种特点导致转型期中国多数行业和市场结构相当分散，企业竞争互动的动态化更多表现为行业内部的低水平比拼与模仿，而不是高水平的博弈和创新。企业竞争互动的动态化从根本上改变了竞争优势的来源，使速度和创新成为比规模更为重要的竞争优势；从根本上动摇了竞争优势可保持性的内在基础，因为竞争互动的动态化导致企业间的相互抑制、模仿更加容易，越来越多的企业关注以竞争规则改变行业竞争的格局。经过十几年的发展，中国家电零售行业的行业集中度迅速提高，行业内部的竞争也已经从众多小企业之间的低水平恶性竞争演变成为苏宁与国美两大对手之间的高水平互动。目前，苏宁与国美已经在全国各个地区的1500多个营业网点上形成了明显和直接的多点竞争格局。苏宁电器集团非常清楚地意识到，今后谁在全国的商业网点多，谁就更具有多点竞争的优势；谁的整合能力和动态能力强，谁就更有可能在多点竞争中有效抑制和超越竞争对手。苏宁电器未来十年的战略不仅希望在线下销售，而且希望在线上销售上超越国美电器；不仅希望在线下商店的数量上超过国美，从而获得更大的多点竞争优势，而且希望通过信息技术、物流平台的升级和管理模式的改变提高跨区域整合资源和动态竞争的能力。

（三）竞争动态化的内在动力是速度与创新战略意义的上升，即竞争动力学（Competitive Dynamics）的变化

企业间竞争互动的关键制胜因素本来是质量、规模、速度与创新，其中质量一直是企业介入某种水平竞争互动的基本前提。在经营环境和竞争互动动态化趋势的影响下，速度和创新正在越来越明显地代替规模而被多数中国企业看成更重要的制胜因素。同样，越来越多的企业重视速度和创新又进一步导致了经营环境和竞争互动的动态化。与其他成熟市场经济国家不同的是，中国的市场经济体制和制度尚不健全。在这种特殊的新兴市场中，关系尤其是与政府的关系也甚至是比质量、规模、速度和创新更为重要的制胜因素，质量还没有成为介入竞争互动的基本前提，速度和创新能否代替规模和关系而成为更关键的制胜因素与行业和区域的市场化程度存在着密切关系。家电零售行业是一个典型的和高度动态的竞争性行业。作为这个行业的领导型企业，苏宁电器的高层管理者不仅看到了规模的重要性，而且更重视速度和创新的重要性。苏宁电器之所以要在未来十年将巨大的资金投入到信息与物流平台的建设上，其实就是希望以此甩开国美在规模扩大上的纠缠，从而将竞争引入以创新为主要内容的阶段；希望以此为依托建立一个强大的后台和一体化的管理模式，从而发挥现有市场组合中巨大的规模与范围经济优势。

二、动态竞争战略

（一）动态竞争战略是一种战略思维模式

在竞争从相对静态向相对动态转变的过程中，企业战略制定者越来越难以预测经营环境和竞争对手的变化。在这种情况下制定和实施战略管理需要一种新的、更加动态的战略思维模式。首先需要更新对战略性质和特点的认识。动态环境下，战略不仅是一种事前的主动决策，而且是一种事中的反应或者创新性决策；不仅是一个时间点上就可以完成的长期、重大和根本性的决策，也是一种竞争互动过程中对抗性或者博弈性决策；不仅是一种具有充分时间和信息的理性决策，而且更多地表现为时间和信息不充分条件下受非理性因素影响很大的决策。分析苏宁电器集团未来十年的

发展战略，可以发现这个战略更关注的是未来十年企业将要做什么，包括目标市场、市场定位、投资重点、管理模式，而不是具体规定怎么做；这个战略具有很强的针对性、对抗性和博弈性，其对手不仅是现在的对手——国美电器，而且包括了未来的对手京东商城等。在实施战略管理的过程中，企业战略管理者不再一味强调竞争优势的巩固与发挥，而是更要强调竞争环境的适应和竞争优势的建立；不再简单地强调战略实施的计划性和计划执行的严格性与准确性，而是更要关注战略与环境的动态匹配、战略互动中的速度与创新；不再将计划与计划管理的严格性作为战略实施的有效性和效率的唯一保障机制，而是更要关注公司治理、组织机构、管理机制和企业文化对企业战略决策，尤其是战略实施过程中决策的影响。由此，我们可以理解苏宁电器集团未来十年的战略并没有特别关注战略实施的具体目标，例如未来十年每一年、每一种业态或者产品的销售额是多少，而是将战略实施的重点放在保证机制，包括结构、机制和文化改变的设计上。

（二）动态竞争战略是一种行业动态演化的规律

在竞争从相对静态向相对动态转化的过程中，越来越多的企业战略管理者意识到经营环境和竞争互动的动态化正在降低竞争优势的可保持性。因此，竞争优势的更新、转换和保持就成为各个企业必须考虑的问题。根据西方学者关于行业演化与动态竞争的研究成果，一个行业动态竞争的演化大体可以划分为四个阶段。第一个阶段，同行中的企业都把管理有效和效率作为竞争优势的主要来源，通过实施高差异或者低成本定位战略而建立和发挥成本与差异优势。当差异和成本不再产生竞争优势的时候，行业动态竞争的演化就进入了下一个阶段。第二个阶段，同行中的企业开始将时间和技术作为竞争优势的主要来源，通过实施创新战略创造先动优势，通过独占市场而获得高受益。第三个阶段，实施创新战略的企业意识到建立进入或者跟进的障碍才能够最大限度地享受先动和独占的好处，于是主动实施建立进入障碍的战略。第四个阶段，无论进入障碍有多高，最终还是会有企业突破进入障碍而打破先动企业的独占地位。因此，在这个阶段上先动企业与少数跟进企业开始寻求某种形式的合作，希望通过寡头垄断来获得和保持自己的高收益。在行业动态竞争演化过程中，先动企业是否能够以"自灭自新"的态度对待已有的优势和是否能够有效地运用信号将具有非常重要的意义。从未来十年发展战略的内容上看，苏宁电器集团的战略重点不是与国美电器公司在现有水平上的竞争互动，而是要通过建立和发挥新的竞争优势提升整个行业的竞争水平；不是巩固发挥现有的网点和规模优势，而是如何以"自灭自新"的心态去应对经营环境的重大变化，从而打破现有的所谓寡头垄断的市场格局。

（三）动态竞争战略是一种竞争互动的策略

美国华裔战略管理学者陈明哲教授运用博弈和中国古代军事战略思想研究企业之间的竞争互动，提出了动态互动中进攻与反击的策略模型。在这个动态竞争互动的理论模型中，企业在选择进攻或者反击之前，必须认真了解竞争态势、竞争对手和自己的实力，从而决定自己介入竞争互动的动因；必须根据介入竞争互动所要实现的策略目标，分析竞争对手的市场共同性和资源相似性，从而选择正确的竞争对手；必须比较先动与跟进的优势和劣势，预测竞争对手可能做出的各种反应，决定发起进攻和采取反击的具体行为。在这个关于动态竞争互动的理论模型中，陈明哲教授明确提出先动者优势的大小取决于跟进者跟进的速度，从而揭示速度和创新已经成为比规模更为重要的决胜因素。同时，陈明哲教授还以竞争对手的选择为切入点，研究了企业竞争互动中的多产品和多市场竞争行为，提出了关于多点竞争的理论模型。他认为，两个企业在多个产品和多个市场区域上形成的互动关系可以被称为多点竞争；相对于产品和市场区域少的企业来说，产品和市场区域多的企业具有多点竞争的优势；企业间的多点竞争可以增强一个企业对另一个企业竞争优势发挥的抑制和反击的可能性，并且最终导致企业之间的竞争强度下降和竞争优势趋同。短期来看，苏宁与国美的多点竞争还是非常原始的，不仅是因为两个企业对其店中商家的控制能力太低，而且是因为物流与信息系统相对落后，因此苏宁电器集团新战略的核心是在物流、信息技术和商店经营模式上实现先动，并且希望利用国美当前所面临的困难将先动所取得的优势转变成为可保持的竞争优势；长期来看，苏宁电器的长期竞争对手有很大的可能是来自电子商务行业对传统家电销售行业的替代，因此苏宁电器新战略的重点是想利用物流、信息技术和商店经营模式改变支撑自己战略性的进入电子商务，并且超越这个行业中的竞争对手。

三、动态整合战略

竞争动态化不仅导致越来越多的中国企业掌握和实施动态竞争战略，同时也导致它们同时开始关注和实施动态整合战略。所谓整合战略（Integration Strategy），就是指企业建立和发挥竞争优势而主动实施的各种与其利益相关团体合作的行为，其中与上下游企业的合作行为被称为纵向整合战略，而与同行业企业的合作行为则被称为横向整合战略。所谓动态整合战略，是指企业在实施整合战略的过程中特别关注保持企业对外部环境变化的快速反应、竞争互动和创新能力，这种关注会在很大程度上影响企业对整合方式和管理模式的选择。

（一）外部整合战略

中国企业经营环境的动态化实际上所反映的是企业外部各种利益相关团体，包括股东、顾客、债权人、供应商、政府、竞争对手、社区以及行业协会等团体对企业利益要求上的动态化。为了更好地应对这种动态化，越来越多的企业开始实施外部整合战略，动态地跟踪和分析其外部相关利益团队的需求变化，主动地考虑和整合各种利益相关团体的利益要求。为了提高企业与外部相关利益团体的整合，越来越多的企业开始以各种管理手段，尤其是战略管理、组织重组、预决算管理和文化管理等从而推动企业内部各个部门和经营单位之间的主动整合。因为企业内部各个部门实际上就是企业外部各个利益相关团体在企业中的利益代表，它们之间主动和自愿地整合将直接推动企业在外部与外部各种利益团体的整合。

（二）动态纵向整合战略

企业经营环境的动态化和创新在竞争互动中的作用，导致越来越多的中国企业希望放弃纵向整合战略，以市场交易的方式处理与顾客和供应商的关系。但是，速度在竞争互动中的作用和多点竞争优势的上升又导致相当一部分企业偏好实施纵向整合战略，希望通过某种形式的资产纽带和资产控制提高自己对上下游企业的战略控制。在竞争动态化趋势的影响下，企业一般会越来越倾向于采取更加动态的纵向整合战略：第一，在与上下游企业实施纵向整合的过程中，企业会在全资拥有和临时合同所构成的所谓整合方式连续统一体的中间选择自己认为具有弹性的方式,其中全资拥有的刚性最强,临时合同的弹性最强,而处于两种之间的整合方式则不同程度地兼顾了企业对刚性和弹性的需求;第二,在管理纵向整合企业的过程中,企业会在治理结构、组织结构、管理机制、企业文化方面选择既可以控制交易成本,又能够保持速度和创新能力的管理方式;第三,企业会根据经营环境的动态程度、竞争互动需要和速度与创新的重要性及时调整纵向整合的方式与管理模式。

(三) 动态横向整合战略

为了提高自己在国内市场和国外市场上的竞争力,提升自己与国内和国外企业动态互动的能力,越来越多的国内企业开始在国内实施整合(Consolidation),以便利用国内市场获得最大的规模成本优势,然后再利用范围经济在关键环节建立差异优势,力争在一个狭窄的领域中成为世界级企业。在实施横向整合战略的过程中,企业通常会面临整合方式的选择和管理模式的选择。如果选择刚性强的整合方式和高度集权的管理模式,企业将能够从横向整合中获得最大的规模经济和范围经济效益,发挥多点竞争的优势,但是同时会牺牲被整合企业对当地市场的反应速度和创新能力;如果选择刚性弱的整合方式和高度分权的管理模式,企业将赋予被整合企业最大的地方反应能力和创新能力,但是被牺牲规模经济和范围经济效益,从而增加多点竞争优势的发挥。在竞争动态化趋势的影响下,企业一般会越来越倾向于采取更加动态的横向整合战略:第一,在实施横向整合的过程中,企业会选择更加具有刚性的整合方式;第二,企业会在公司治理、组织结构、管理机制和企业文化方面选择更注重保持速度和多点竞争能力;第三,企业会根据经营环境的动态程度、竞争互动需要和速度与创新的重要性及时调整横向整合的方式和管理模式。

四、中国企业实施动态竞争与整合战略过程中面临特殊困难

与其他经济转型国家不同,迄今为止的中国经济转型主要局限于经济领域,而没有上升到政治领域,这种内容层次上的局限性决定了中国经济转型不可能彻底,以至于中国在当前和今后相当长的一段历史时期,经济

体制都具有二元结构的特点,即计划经济与市场经济体制的并存。中国在推进经济转型的过程中主要采取的是渐进和放权的方式,而不是突变和民主的方式,这种推进方式上的特点导致中国经济转型引发了严重的区域竞争和地方保护,导致中国市场从统一走向分割。中国市场存在的二元结构和市场分割的影响使中国企业在实施动态整合战略的过程中遇到了特殊的困难。

首先,为了增加本地政府的 GDP 和税收,各个地方政府纷纷以各种优惠政策吸引实施横、纵向整合企业在本地设立具有独立法人资格的子公司,以各种有形或者无形的方式反对实施横、纵向整合战略的企业在本地设立不具有法人资格的分公司。为了在当地政府和社会面前获得更高的"合法性"和享受相应的优惠政策,绝大多数实施横、纵向整合的企业都不得不牺牲跨区域经营中的整合效益,包括承担更大的交易成本,牺牲跨区域经营单位之间的资源共享和协同能力。例如,苏宁电器集团为了能够进入更多的区域和享受各个地方政府的优惠政策,就不得不在全国建立了 300 多个具有独立法人资格的经营单位。

其次,中国各个行政区域市场的制度差异很大,各个地方政府在制度的执行上有很大的随意性;各个行政区域的地方政府都尽力保护本地企业,从而使当地中小企业在与跨区域整合企业的竞争中并不处于明显的劣势。为了适应当地政府的要求和搞好与当地政府的关系,也为了提高自己与当地企业的竞争互动能力,实施跨区域纵向和横向整合战略的企业必须牺牲资源的共享而将更多的资源放在分布于不同区域的子公司,必须牺牲跨区域协同作战的能力而赋予跨区域性经营单位以更大的自主权。

最后,母子公司制和分权为主的管理模式不仅限制了中国企业获得整合优势,而且更限制了中国企业发挥多点竞争的优势。在两个同样实施纵向或者横向整合战略企业的多点竞争中,采取总部—分部制和相对集权管理模式的企业将比采取母子公司制和相对分权管理模式的企业更容易发挥自己的优势。这种企业在一个区域市场遭遇进攻的时候,很容易在另一个区域市场上对这种进攻做出反击,因为区域经营单位是分公司和集权化管理的;相反,另一种企业在面临相同情况时则很难有相同的表现,因为其区域经营单位是子公司和分权化管理的。

中国绝大多数能够在国内市场上成功实施纵向和横向整合战略的企业基本上采取了一种"变通"的管理模式去应对上述困难:一是它们在形

式上采取了母子公司制以便在跨区域整合的过程中最大限度地获得地方合法性和享受各种优惠政策;二是在内容上采取了相对集权的管理模式以便在跨区域整合过程中降低交易成本,获得规模与范围经济效益以及发挥多点竞争的优势。但是,有效地实施这种"变通"的管理模式要求企业具有很强的信息技术和信息管理能力,这也就是为什么我们可以看到中国国际海运集装箱(集团)股份有限公司、海尔集团、青岛啤酒股份有限公司都在横、纵向整合战略实施的特定历史阶段上对信息技术和信息管理系统进行了大规模投资。在横向开拓和整合中国家电零售市场的过程中,苏宁电器集团显然也对其分布于全国的 1500 多个连锁店采取了所谓"变通"的管理模式,但是发挥这种战略的整合效益和多点竞争的优势需要苏宁电器集团加大对信息化管理和物流系统的投入。

经营和竞争环境的高度动态化已经成为中国企业所特有的情境特点。在这种情境中,动态竞争和整合对中国企业来说不仅仅是一种新的企业战略选择和增长方式,更重要的是一种新的战略思维方式。掌握动态竞争与整合战略,需要中国企业战略管理者将自己的思维方式从相对静态向相对动态做一种根本性的转变。

(原载《从中国第一到世界第一:中国世界级企业的战略》,华南理工大学出版社 2012 年版,第 131~146 页)

转型升级：
来自企业家的推动

经过30多年的高速发展，中国经济已经站在了新的起点上，迎接着经济全球化所带来的新机会和新挑战。为了抓住机会和应对挑战，中国经济的发展迫切需要转型升级。最近一个时期，政府成为推动经济转型升级的主体，通过各种政策手段推动中国经济增长方式向重视社会发展、重视环境保护与资源节约、重视经济增长质量、重视区域合作、重视经济效益、重视技术创新的方向转型。推动产业升级，包括加快发展高新技术产业、改造传统产业、创造新的商业模式、建立和完善现代产业体系，提升中国企业的价值创造力，等等。但是，转变经济发展方式和产业升级只是宏观外部环境，尤其是政策环境对企业的一种客观要求，其中既有机遇也有威胁，而企业是否和如何适应这种外部环境的客观要求，则是企业战略决策者尤其是企业家的一种战略选择。正是从这个意义上说，企业尤其是企业家才是实现经济转型升级的主体。2011年"广东经济风云人物"评选活动以"转型升级"为主题，一共评选出了十位对广东经济转型升级做出杰出贡献的企业家。我们就是想从企业战略的角度去解读广东经济风云人物及其对广东经济转型升级的贡献，希望从中了解什么是企业战略意义上的转型升级？导致企业推进转型升级的主要驱动力是什么？企业家的价值选择对推动企业的转型升级发挥了怎样的作用？

一、企业战略视角下的转型升级

从企业战略的视角来看，企业的转型升级其实就是企业为了应对和利用外部环境变化趋势而采取的一系列行为，这些行为通过转型升级而发挥和建立自己的竞争优势。在这些行为中，有一些属于投资大、实施周期长、修正起来损失巨大的行为，因此我们可以把这种转型升级的行为称为企业战略行为。例如，广东水电集团的前身就是一个专门从事水力发电设施建筑施工的企业。在企业发展的不同历史阶段上，为了应对和利用经济体制、市场需求和能源资源的变化，黄迪领董事长领导这个企业采取了一系列的战略调整行为，包括从单一资质向多种资质的建筑施工企业转变，从水电建筑商向水电运营商的转变，从水力发电企业向新能源发电企业转变，从一个区域性企业向跨区域和全国化经营企业转变。广东水电集团就是通过这些战略行为实现了自己的转型升级，并且在一系列转型升级中发挥和建立了自己的竞争优势。

以转变增长方式为主要内容的战略调整行为主要表现在企业不再盲目追求经营规模，而是更关注经营的质量；不再单纯追求经济效益，而是同时考虑社会效益；不再片面强调短期利益，而是更重视企业的可持续发展。例如，广东温氏集团在关注经营规模扩大的同时，还非常注重经营质量的提升，因为它清楚地知道外部环境的变化已经使技术创新和产品质量成为企业乃至整个行业能否健康发展的关键；在关注经济效益的同时，还非常关注环境保护，因为它清楚地知道外部环境的变化已经使环境保护成为企业能否生存和能否得到政策支持的关键；在保证经济效益增长的同时，还非常关注与各种利益相关团体，尤其是养殖户的合作关系，因为它清楚地知道只有保持与养殖户的命运共同体关系，企业才可能保证产品质量和环境保护，才可能获得可持续发展。正是因为能够及时调整自己的增长方式以适应外部环境的变化，广东温氏集团才能从容应对当前中国畜牧养殖和食品行业所出现的产品质量危机，并且利用这种危机得到更好的发展。

以产业升级为主要内容的战略调整行为主要表现在：①从传统行业向高新技术行业升级，例如中国明阳风电集团、广东无线电集团以及广州佳都国际集团都是通过战略调整而进入相关技术含量更高的行业，是最典型的产业升级战略；②从产业链的低端向高端升级，例如广东温氏集团从肉鸡养殖行业向种鸡、饲料加工行业升级；③从低附加值的价值创造环节向高附加值的价值创造环节升级，例如广东温氏集团从价值链的饲养环节向研发、物流和服务环节的升级，以及广东无线电集团从柜员机的制造向银行相关服务的外包的升级；④从提供标准化产品向提供定制化产品升级，例如深圳联腾科技有限公司通过专门生产和安装异形LED产品而提升自己的价值创造能力；⑤利用现代技术提升传统产业，广州香雪制药有限公司就是运用现代生物技术和制造技术改造和提升了传统的中药制造行业的代表。上述企业的产业升级行为不仅以先动或者创新的方式带动了整个行业的升级，而且自己还在这个过程中享受了先动和创新所带来的竞争优势与收益。

二、实施转型升级战略的驱动因素

从企业战略的视角来看，推动企业实施转型升级战略的驱动因素主要还不是企业高层管理者的经济理性，因为中国企业经营环境的复杂和多变导致这些企业很难准确预测未来环境的变化趋势，很难确认实施转型升级战略一定给企业带来高于市场平均水平的收益；相反，推动企业实施转型升级战略的驱动因素主要是中国企业家的价值追求。在相同的历史阶段和经营环境中，有的企业对转型升级采取了消极应对的战略，而另一些企业则采取了积极应对的战略，根本的区别就在于这些企业是否具有一个企业家式的领导，或者说这些企业的领导是否具有强烈的企业家精神。值得强调的是，企业家精神并不专属于民营企业的管理者，也同样可以为国有企业甚至是政府官员所拥有。

（一）执着的事业追求

企业战略管理中的自由企业家学派认为，在相对动态的环境下，企业家的价值追求决定企业的战略选择。在访谈十位广东经济风云人物的过程中，我们不难发现转变经济增长方式和实现产业升级机会对所有的企业都是均等的，但是企业家追求事业的执着程度不同，往往使一些企业先于其他企业把握了这些机会。同样，我们也会强烈地感到，转变经济增长方式和实现产业升级的威胁与风险也是尽人皆知的，恰恰是企业家对事业追求的执着程度不同，使一些企业能够将危险和风险转化为动力，而另一些企业则不能。如果不是对事业有着执着的追求，中国明阳风电集团董事长张传卫不可能在探讨低压配电设备产业发展的过程中发现风力发电设备领域出现的商机，不可能以一个中小民营企业的实力进入一个大型国有和跨国企业林立的行业，不可能在整个团队竭力劝阻的情况下"裸身出户"和"豪赌一把"。如果不是对事业有着执着的追求，广州农商银行行长王继康没有必要受命改造广州农村信用社这样一个分散、落后和经营不善的传统金融机构，更没有必要在出师不利和内外交困的情况下将自己的整个职业命运与广州农村信用社的转型升级捆绑在一起。

什么是企业家心目中的"事业"呢？在访谈十位广东经济风云人物的过程中，我们发现这些企业家所追求的"事业"在不同的发展阶段上可能有所不同，而在我们所关注的这个阶段大体上可以划分为两种类型。一种是追求做成一两件大事，而且最好能够将这一两件事情做到全国乃至全球。白云国际机场公司董事长刘子敬、肇庆高新技术开发区书记刘龙平、广州农商银行行长王继康、中国明阳风电集团董事长张传卫、广州香雪制药股份有限公司董事长王永辉、广东银达担保投资集团董事长李思聪、深圳市联腾科技有限公司董事长莫业文的事业追求基本上属于这种类型。为了做成一两件伟大的事，他们并不介意外部环境和内部条件的好坏，只关注如何做到最好。正是这样一种价值追求，才使他们能够发现和敢于把握转型升级的机会，并且在不知不觉之中实现了创新和领先。另一种类型则是追求将自己所领导的企业做好，从而能够对得起自己的前辈、同事和企业的成员，企业的延续和员工的幸福就是他们的核心价值追求。广东水电集团董事长黄迪领、广东无线电集团董事长赵永友、广东温氏集团总裁温志芬的事业追求基本上属于后一种类型。在与这些企业家访谈的过程中，发现他们背负着很多东西，也承载着很多东西。他们能够发现和敢于把握转型升级机会的重要理由就是，企业只有这样做才能够得到企业内部的认可，才能够有活路，才能够使企业得到可持续的发展。

（二）过人的创新能力

增长方式的转型需要对企业的传统和习惯有一种"反叛"的精神，需要对原来的增长方式进行改良甚至革命，需要对自己的竞争优势有一种"自灭自新"的心态。产业升级需要创新，需要发现新的需求、新的市场、新的商业模式、新的价值增加方式。在访谈十位广东经济风云人物的过程中，我们发现这些风云人物都有过人的创新能力。例如，刘子敬董事长的创新能力表现在他对什么是现代机场的理解上。在他看来，现代机场不仅是交通枢纽、物流中心，而且还是高新技术产业中心、商业中心、会议中心、总部经济中心、娱乐休闲中心，现代机场就是一个空港城市。正是这种业务概念界定的创新或者说业务的重新定义推动了整个白云机场的转型升级。再如，王永辉董事长的创新能力表现在他对中药产业化和国际化的理解上。与强调中药特殊的传统看法不同，他认为在产业化和国际化方面，我们不应该强调中药与西药的差异性，而应该强调它们的共同性。

正是这种经营理念的创新推动了香雪制药公司在中药产品的开发、标准化和制造方面实现了一系列的技术创新。

企业家过人的创新能力来源于哪里呢？首先是来源于他们非常自信，这种自信来自他们原来的经历和经验；其次是来源于他们非常愿意学习，高度重视新行业的特点和规律；最后是源于他们所具有的丰富的想象力。以莫业文董事长为例，他在自己原来从事的娱乐场所装修行业已经创业成功，因而认识到自己对这个市场的顾客需求已非常了解。面对顾客对异形LED显示屏的特殊需求，他能够寻找和利用专家，在满足顾客需求的同时也让自己掌握了这个新的技术和新的产品。他从几个顾客的特殊需求中就能够想象出异形LED显示屏的制造和装修将出现一个巨大的市场，值得自己做出长期和巨大的承诺。再如，赵永友董事长是财务出身，但是他坚信无线电集团所具有的竞争优势能够在产品定制化而不是大规模制造方面得到更好的发挥。在毫无经验的前提下，赵董事长决定收购一个专门从事银行提款机制造的企业，并且通过这种收购迅速地学习和掌握这个新的行业、新的市场和新的技术。即使是在广电运通（无线电集团的成员企业之一）还非常"幼小"的时候，赵董事长就已经敢于大胆想象这个企业有可能进入世界前列。正是因为赵董事长敢于做这种"春秋大梦"，广电运通公司进入银行提款机行业世界前列才可能梦想成真。

（三）超常的冒险意识

在现实中国的经营环境下，与转型升级相关的战略选择都具有很高的风险。实施转型升级的企业不仅需要增加大量的投资，还要处理大量的负担，例如广东农信社的转型升级；实施转型升级的企业并不一定能够很快得到市场和社会的欣赏，反而需要经过艰苦努力才能够突破行业和市场准入的障碍，例如广东无线电集团对提款机和深圳联腾科技公司对异形LED的市场开拓。在我们所访问的十位企业家中，张传卫和黄迪领两位董事长的冒险意识留给我们的印象最深。

在张传卫第二次创业的五年时间里，中国明阳风电集团仅凭着两套风力发电机的图纸和两张风力发电机的合同就成功实现了在美国上市，期间的每一次战略行动都充满着巨大的风险。试想如果德国公司开发不出来产品怎么办？仅凭图纸拿不到国外私募基金怎么办？仅凭样机拿不到国内企业的订单怎么办？金融危机期间不能够上市怎么办？其中任何一个"怎么办"不能够按时解决,张传卫都可能从转型升级的"先锋"变成"先烈"。好就好在张传卫还真的能够"处惊不乱",明明是"锅里无米",还能向私募基金描述"大餐"在即;妙就妙在张传卫的"忽悠"能力真强,让各种非常理性之人每次都能够信服他的那些不理性的故事。

如果不考虑广东水电集团国有企业的性质和内部用工制度,我们还不能够完全理解黄迪领的冒险意识有多大。在过去十几年中,黄迪领所领导的企业已经从一个水电施工的"乙方"变成了水利、风力和太阳能发电的"甲方",从一个建设施工企业变成了建筑机械——盾构机的制造商。演绎这种华丽的转型居然主要是原来从事水电建筑施工的职工队伍,其中只要有一次"学艺不精",那么华丽的转型就可能成为灾难;领导这种华丽转型的居然是国有企业的领导,只要有一次转型不成,那么就可能"壮志未酬身先死"。

三、成功实施转型升级战略的主要因素

从企业战略的视角来看,好的战略制定者并不一定是好的战略管理者,而我们所访问的这十位企业家恰巧兼具上述两种类型管理者的能力。在中国企业所面临的高度复杂和动态的环境下,企业管理者在实施战略的过程中不仅需要承诺坚定、决策科学,而且还需要行动迅速和富有创新精神;不仅需要清楚地把握战略的态势、各种利益团体的要求,而且需要具有特殊的艺术去把握战略实施过程中的内外、上下、先后、快慢等一系列的关系。

第一,成功实施转型升级战略需要企业战略管理者善于分析企业外部和内部的环境因素,善于将企业的利益、市场的需求和政府的期望有效地结合在一起,从而使企业能够在转型升级的不同阶段上得到企业外部各种利益团体,尤其是政府的支持。例如,广东银达担保投资集团的成功在很大程度上取决于董事长李思聪从自己创业的经历中发现中小企业融资担保的市场需求,了解商业银行愿意但是没有能力去满足这种需求,知道各级政府期望支持中小企业发展,取决于他善于整合政府、银行和企业本身的资源去创造一种可行的经营模式。中国明阳风电集团的成功也因董事长有在政府部门工作的经历,了解各级政府对转型升级、对发展高新技术产业以及对发展装备工业的期望,从而使企业在整个发展历程的每一个关键阶

段都得到了政府的大力支持。可以说，如果没有政府的支持就没有中国明阳风电集团如此迅速和巨大的成功。

第二，成功实施转型升级战略需要企业战略管理者采取一种动态而不是静态的战略管理模式。从我们对十位企业家的访谈来看，这些企业家在开始实施转型升级战略之前有的已经制定了一个非常理性、科学和定量化的战略，有的只是一种强烈的价值追求、大体的战略方向和若干基本的实施原则。例如，张传卫董事长在开始从事风电产业之前并不知道很多的细节，换句话说如果他知道了其中的细节也许就不会坚定不移地进入这个行业了。在战略的重大决策上，这些企业家的每一个重大决策都非常慎重和讲究科学，他们会了解各种信息、咨询各种专家、斟酌各种选择，直到用完最后的时间。例如，如果张传卫不是在最后一刻决定走联合开发而不是委托开发的道路，那么这个企业就不会拥有自己的知识产权；如果企业没有拥有自主知识产权，那么这个战略后面的故事可能就是完全不同的版本了。在战略实施的过程中，这些企业家不仅容许对事前制定的战略进行动态调整，而且在调整中特别强调速度和创新。为了实现他们的战略承诺，他们有强烈的目标导向，愿意使用一切可以采取的手段。为了应对环境和对手的变化，他们也同样具有强烈的创新精神，认为只有大胆地使用创新性的应对才可能取得先动的优势和意外的效果。

第三，成功实施转型升级战略需要企业战略管理者善于和敢于整合外部资源。有强烈事业追求的企业家总是希望自己的事业能够为人欣赏、与人共享和被人追求，因此他们在实施战略的过程中非常乐于和善于实施合作战略以整合企业外部的资源。我们可以试想一下，如果莫业文不愿意给那位LED专家35%的股权，如果张传卫不引入和整合四位王姓专家，如果李思聪不与政府合作，如果温氏集团不与农民建立长期的战略联盟，那么这些企业转型升级战略就不可能如此成功地实施。到目前为止，温氏集团的畜牧养殖事业并没有出现像蒙牛和双汇集团所面临的困境，其中的一个重要原因就是温氏集团能够与遍布全国的养殖户共享收益、共担风险、共同富裕和同步发展，从而使这些养殖户成为企业的命运共同体。

第四，成功实施转型升级战略需要企业战略管理者善于把握各个相关利益团体的要求。在广东经济风云人物的访谈中，我们发现这些企业家不仅意志坚定，而且善解人意，深知"己所不欲勿施于人"的道理。他们非常了解谁是企业转型升级的得益者和受害者，了解这些得益者或者受害者可能对企业产生什么样的影响。这一点在国有企业企业家的身上表现得最为明显。有些企业家追求的事业就是企业的发展与员工的幸福，因此他们所实施的转型升级战略就是为了让企业的员工和家人得到发展和实惠，例如广东水电集团和广东温氏集团；而另一些企业家则深知企业的转型升级肯定需要调整干部和员工队伍，难免要触及一些员工的利益，但是他们善于将做事和处理人分开，例如广东无线电集团的赵永友、广东农商银行的王继康和肇庆高新区的刘龙平。

当人们将转型升级的希望更多地放在各级政府加大推动力度上的时候，广东十大经济风云人物的故事却让我们看到了另一种希望，那就是中国企业家的成长。推动经济转型和产业升级，政府的鼓励和优惠政策固然是一股重要的推动力量，但是这股力量必须通过企业战略行为才能发挥作用。推动经济转型和产业升级的另一股更为重要的力量就是企业家的战略选择，他们的事业追求、创新能力和风险意识将在根本上推动企业选择和有效实施转型升级的战略。从这个意义上说，提升和扩大企业家队伍应该是推动经济转型和产业升级的重要措施。

（原载《从中国第一到世界第一：中国世界级企业的战略》，华南理工大学出版社2012年版，第89～103页）

企业根基之道

随着经济全球化影响的深入,中国企业的经营环境越来越复杂和多变,企业根基问题在管理实践中受到前所未有的重视。经营成功的企业希望夯实企业根基,争取做成百年老店;经营不成功的企业后悔根基不厚,希望建立持续竞争优势;因为"偶然事件"而深陷危机的企业,则埋怨根基不牢。

但是,在管理实践中,企业根基更像是一个借喻,主要是用于泛指那些决定企业长期发展的基础性因素,而不是一个学科概念;更像一个大口袋,处于不同区域、行业和发展阶段的企业对于什么因素可以被装进去存在着迥然不同的看法。究竟什么是企业根基?企业根基包括哪些内容?以及怎么才能夯实和管理企业根基?这些问题必须引起足够的重视和进行研究,以便它真正成为企业家和经理人可有效管理的对象。

一、什么是企业的根基

根据《辞海》的解释,"根基"主要有两个含义:第一是指基础,主要是直接与地基接触的,用于传递荷载结构物下的扩展部分,也就是构建一个体系的最底层和最基础的部分;第二是指本钱,也就是事先制定某种目标、开展某种活动可以凭借的东西。对于一个希望持续成功的企业来说,根基的上述两种含义都有很重要的借鉴意义:没有基础,企业难以成长为百年老店;没有本钱,企业难以战胜其众多的竞争对手。因此,构成企业根基的,不仅包括企业内部的资源和能力,而且包括企业获取的外部资源和能力;不仅包括企业的有形资源,也包括企业的无形资源。根植于企业历史和文化之中的价值观,则是企业最重要的根基。

企业家和经理人,可以从三个维度来观察和反思自己的企业是否有根基和企业根基处于什么状态。

二、企业根基正不正

一个企业陷入严重危机，人们往往会说企业根基不正是主要原因。这说明人们认为根基不正的企业，出问题是必然的。一个企业根基是否正确，主要取决于三个因素。

（一）企业经营目的是否正确

企业的经营目的和价值追求，主要源自企业家或者企业战略决策者的经营目的和价值追求。企业经营目的多种多样，但核心部分大体可以划分为两种，一种是以赚钱为主要诉求，另一种是以做事为主要诉求。以赚钱为主要诉求的企业，也是通过做事来达到赚钱目的，但这种企业不容易坚持自己的战略承诺，包括经营理念、主营业务、战略定位、经营方式；相反，以做事为主要诉求的企业也是要赚钱的，但这种企业更容易坚持自己的战略承诺。

中国国际海运集装箱（集团）股份有限公司最初的经营目的，就是成为集装箱领域的世界级企业。正是这个经营目的，保证企业在连续亏损8年之后仍然坚持自己的主业，从而能抓住中国集装箱行业大发展的机遇；保证企业在上市之后将自己全部的资金继续投放到盈利水平并不很高的集装箱行业，连续横向收购和整合中国沿海6个集装箱企业，一跃而成为全球最大的集装箱制造企业；保证企业在取得低成本制造优势之后，将更多资金投入到自主研发和购买专利上，从而在成本—创新两个方面达到世界级水平。

（二）企业经营理念是否正确

企业其实就是一个资源放大器，通过对输入资源的加工并放大而在输出产品或者服务中实现自己的盈利。因此，企业的经营涉及与输入、输出和周边环境中各种利益团体的关系。企业理念就是企业高层对这些基本利益关系的看法或者把握。

在企业的基本经营理念中，在处理与顾客关系上，如果是顾客第一，就不会出现所谓假冒伪劣产品问题；在处理与供应商关系上，如果是厂商同舟共济，就不会出现供应商"掺假"事件；在处理与员工关系上，如果是只有员工满意顾客才能够满意，就不会出现克扣工资现象；在处理与社区和政府关系上，如果是做合法公民，就不会出现偷税漏税问题。一些跨国企业不直接做自己产品的销售和售后服务，宁愿将这部分业务或者盈利交给中国代理商。这是因为在中国直接做产品销售和售后服务，可能要跟政府机构和一些企业打交道，可能会涉及一些"打擦边球"的问题。

分析那些已经成为百年老店的企业，可以发现有一个共同点，即无论企业经营环境和竞争对手如何变化，这些企业都坚持一些非常简单但又被广泛认同的经营理念和核心价值观：不熟不做。长期专注于一个行业甚至一个产品，质量优先而不是规模优先，绝对不会为了扩大规模而牺牲产品或者服务的质量，对生产或者服务进行全过程控制；一般都会选择封闭式纵向整合战略，合理盈利。绝对不会因为店好而欺负顾客、供应商，或者干一些违背商业伦理和不承担社会责任的事情；善待员工，他们认为只有员工满意了，顾客才能满意。

（三）企业经营方式是否正确

如果企业的基本经营方式，是依靠政府关系而不是依靠市场竞争力、是投机性的而不是投资性的、是过分倚重广告宣传或者过分关注低成本等而不是将资源和精力持续投放到本行业价值创造的关键环节上，这些基本经营方式都不是正确的。

需要指出的是，企业根基的重要性与企业规模的大小有关，但中小企业不能因为自己规模小而根基不正；企业根基正确与否的确与外部环境有关，但企业高层不能用外部环境来开脱自己。所谓基业常青，不仅是指企业要不断创新，而且是指企业要抵制各种诱惑或者压力。

三、企业根基深不深

谈论企业成败，根基深厚与否往往被看成一个重要指标。"深"代表时间的久远、磨合的程度；"厚"不仅仅是指占有有形资源的多少，更包括无形资源和能力。企业根基深厚与否，主要决定于三个因素。

（一）企业的历史是否久远

一般而言，企业历史越是久远，这个企业对所在行业、市场和竞争对手的把握就越深刻；与其外部各种利益团体，包括顾客、供应商、银行、社区等的磨合就越好；所拥有的关键资源和能力就更好，尤其是企业所拥有的先动优势；内部各个部门或者员工之间的协同就越默契。在这个意义上，百年老店的根基远远超过新建企业的根基。

（二）企业是否拥有或者拥有多少资源与能力上的优势，特别是核心专长

所谓核心专长，就是企业在关键价值创造环节上所具有的可持续的竞争优势。从一般的意义上说，主要喜欢投机而不是长期投资的企业、主要依靠高度多元化而不是专业化增长的企业、主要依靠政府关系而不是依靠市场竞争的企业，是不太可能建立和发挥核心专长的，所以其根基将更不牢靠。如果某个企业没有核心专长，或者其未来战略不是在建立或者强化核心专长，我们就可以判断这个企业根基不深，或者说这个企业的根基不是在被夯实而是在被削弱。

（三）企业整合外部资源的能力

一般来说，能够与竞争优势突出的供应商、经销商、银行、政府等建立稳定关系的企业，其根基更为深厚。对于处于经济转型期的中国企业来说，与政府关系越好就会被认为企业根基深厚，与关键层次或者部门的关系越好就被认为企业根基越深厚。这些认识过于片面，企业战略管理者需要特别谨慎管理自己与政府的关系，并且不要将企业的根基仅仅建立在与政府的关系基础上。

四、企业根基牢不牢

从企业战略角度来说，所谓企业根基牢靠，主要取决于两个因素。

（一）企业核心专长的可持续性

企业核心专长的可持续性，包括可控制性、难以替代性和难以模仿性。企业的核心专长，如果是依靠自己的战略力量，而不是外部力量，尤其是政府的关系而建立的，其可控制性就更高；如果是建立在企业价值创造的关键环节而不是非关键环节上，其难以替代性就更好；如果是历史上

形成的、综合性的和被嵌入在特定国家或者区域的社会文化情境之中的，其难以模仿性就远远高于新建的、单一性的和非嵌入式核心专长。

在市场化程度越来越高和市场竞争越来越动态的条件下，建立在无形资源而不是有形资源上的核心专长、建立在企业能力而不是企业资源上的核心专长更为牢靠。著名管理学家彭罗斯认为，凡是市场化的（可以买到的）资源和能力都不构成可持续竞争优势的来源，因为它们具有可转移性；只有组织性资源，例如企业的结构、机制、文化等资源和能力上的优势，是无法通过市场交易而迅速转移和难以模仿的。因此，今天很多专家在判断企业根基是否牢靠的时候，主要是判断企业的公司治理结构、组织结构、管理机制和企业文化是否具有竞争优势。

（二）企业整合外部资源的方式

企业整合外部资源的方式，更准确地说是企业锁定关键和稀缺资源的方式。全球花园工具公司是一家全球最大的剪草机制造商，它认为自己在产品研发和营销方面具有核心专长，因此只从事产品制造的最后工序——组装生产，而将所有的零配件制造外包给世界各地企业，并且实施以零库存为特点的供应链管理。而中国奶业企业之所以面临行业信任危机，就是因为无法控制整个行业最关键和稀缺的资源——牛奶源，没有办法培训、扶持和控制牛奶供应商，更没有办法保证牛奶供应商的利益。

因此，企业根基是否牢靠，与企业内外部整合或者一体化程度存在密不可分的关系。如果企业把自己与企业内外利益团体的关系看成一次性交易关系，更关注利益的博弈，如此就等于将企业根基建立在相对不牢靠的简单的合同基础之上。如果企业把自己与企业内外利益团体的关系看成是长期多次的交易关系，更关注命运共同体维系，则等于将企业的根基建立在相对比较可靠的合作基础之上。如果能够在建立和维系利益团体的关系上采取主动一体化战略，企业对自己的根基就具有更高的可控程度；反之，则可控程度更低。

从上述三个方面来理解，基本上就能清楚企业根基的基本含义。简单来说，"企业根基"就是企业的根本和企业的基础这两个概念的结合。企业根本是指企业的经营目的、理念和方式，它反映了企业对利益相关团体的终极承诺、企业的核心价值观。企业基础是指企业内部或者外部可以利用的资源和能力有多少，这些资源与能力的水平如何，以及企业可以在多长时间里使用这些资源和能力。

"基础牢而根不正"的企业迟早会出事,"根正而基础不牢"的企业则可通过有效的战略管理来补强。从这个意义上说,"根正"比"根深"更重要。

五、如何建设和管理企业根基

基于企业根基所包括的含义,企业战略管理应该是建设和管理企业根基的最有效工具之一。在严格意义上说,企业战略管理就是企业对长期、重要和综合性计划的编制、实施、评价与控制所进行的管理。企业根基所涉及的问题,都是企业所面临的所谓长期、重大和根本性的问题,这就需要从企业战略的高度和运用相关的理论加以管理。简而言之,就是要对根本、基础和动态进行有效的战略管理。

(一) 抓根本

企业根基正不正,主要涉及企业就其经营目的、经营理念、经营范围、经营方式和企业战略等问题对其相关利益团体所做出的承诺是什么、对不对以及是否能够被坚定地执行。如果企业所做承诺过于宽泛,就可以比较好地适应环境和竞争的变化,但企业各利益团体也容易失去对企业根基的控制和监督。如果企业所做承诺过于具体,就有利于对企业根基的控制和监督,但不利于企业动态地适应环境和竞争的变化。

企业家和经理人处理这种两难问题,需要注意五个方面的问题。

(1) 将企业战略内容具体划分为三个层次,即承诺、决策和行动。其中承诺要坚定、决策要科学、行动要迅速而富有创新。这种对战略内涵的划分,意在说明,不论企业的经营环境和竞争环境发生什么变化,企业对各种相关团体的基本承诺是必须兑现而不可随便改变的。衡量这些承诺是否正确的标准,并不是经济理性的基本原则,而是价值层次的原则,包括基本的社会责任、商业伦理、经营理念和价值取向。

(2) 将企业战略承诺分别放入战略意图和企业宗旨这两个重要范畴,并明确规定每一个范畴的具体内容。其实,企业战略意图和宗旨陈述包括了企业根基最基本的内容。企业战略意图和宗旨陈述是否正确,也就决定了企业根基是否正确。企业战略意图和宗旨陈述所包括的基本内容有经营目的、行业选择和经营范围、基本定位和经营方式、关键成功因素、对各种利益团体的关注、企业愿景（即价值追求）等。企业内外利益团体可以根据企业在这些方面的具体承诺，判断企业根基正与不正，相应地决定自己是否认同和支持这样的企业。

（3）企业战略管理者必须制定和在董事会上通过企业战略意图与宗旨陈述，使其变成具有法律约束力的承诺。企业战略管理者还要通过正式文件或者在正式文件上公布企业战略意图和宗旨陈述，从而使它们成为企业内外利益团体了解、认同和监督企业是否兑现承诺的一种手段。企业战略意图和宗旨陈述的时间跨度，一般在 10～20 年。企业战略管理者需要经过完全相同的正式程序才能修改其中的内容。企业内外利益相关团体，如果发现哪一个企业没有按照上述要求制定、通过、公布、尊重和修改企业战略意图与宗旨，那么它们无须了解战略意图和宗旨陈述的具体内容，就可以认为该企业根基不正。

（4）企业战略管理者必须建立合理的公司治理结构和机制，从根本上保证战略决策的科学性。企业根基是否正确，在很大程度上取决于企业战略决策者以及背后的公司治理结构。在一个治理不完善的企业中，企业根基的正确与否，主要取决于企业家或者企业高层管理者，而不是企业内部和外部制度的安排。但是，没有一个企业家能够保证每一个决策都能科学合理，都能满足所有相关利益团体的要求。

（5）为了保证企业根基正确和深厚，企业家或者企业战略决策者一项最重要的工作，就是建立一种合理的治理结构和机制，来保证所有利益相关者的利益能够在企业重大决策中得到反映和考虑；保证所有利益相关者或者他们的代表能够有效地监督企业的资产和运营情况，参与企业的大决策，包括选择企业高层、决定企业战略发展和重大投资。即使是家族企业，创业者要想防止自己做出盲目决策，防止企业断送在不肖后代或者后代纷争上，也同样需要建立合理的治理结构和机制，尽管所使用的名称可能不同。

治理结构的完善，就是要让企业根基建立在一种相互制衡的制度安排而不是个人价值选择上，防止企业根基被毁在企业战略决策者盲动、好恶和短期行为上。在一个治理完善的企业中，企业根基正确与否，主要取决于公司治理结构和程序是否有效运行。

企业战略管理者必须建立有效的结构、机制和文化来保证企业的经营目的、理念和战略决策得到有效执行。在相对静态的条件下，企业经营目的、理念和战略的执行力问题，主要是执行的严格性问题；在相对动态的条件下，企业经营目的、理念和战略的执行力问题，不仅包括执行的严格性、一致性，而且还包括执行的创新性和速度问题。

（二）打基础

企业基础主要包括资源和能力。如果想把这两项建设成企业根基，至少需要做好两件事。

（1）高度集中于自己的主业，在自己的主业上建立核心竞争力。在经济全球化和高度动态竞争条件下，建立百年老店或者实现基业常青，是一件非常具有挑战性的历史任务。第一，需要企业将有限资源和精力尽可能地先集中于一个行业、一个产品或者制造某个产品的特定价值活动上。精力集中，才会使企业高层能够比其他竞争对手更早发现市场机会，更加熟悉行业特点，从而获取先动或者创新的优势。资源集中，才会使企业高层有能力把握市场机会，做其他竞争对手无法做到的事情，在关键领域建立竞争优势。第二，需要企业将有限的资源和精力持续投入到核心专长的建立和强化上。只有这样，企业才能将先动或者创新的优势扩大，从而不让跟进者迅速进入和超越自己，才能通过连续先动而创造若干个竞争优势，从而通过这些优势的综合协同和相互强化形成核心专长。

（2）从建立、发挥和强化核心专长的角度，通过横、纵向整合进一步夯实企业根基。两大可乐公司都是先利用美国市场，在原液、品牌、渠道等方面建立自己的核心专长，然后开始横、纵向整合。它们在企业下游先用全资、控股、参股和特许经营等多种方式锁定灌装企业，通过统一采购大宗物料、统一营销等方式削弱灌装企业讨价还价的权利，从而基本上控制灌装企业的盈利水平。再利用自己手中大宗物料的采购权，削弱上游供应商讨价还价的权利，从而有效地发挥采购规模所带来的成本优势。通过全球化经营和整合，两大可乐公司基本上进入全球市场，并且在主要市场上占据了统治性的市场地位，获取了巨大的规模优势与范围优势，而这反过来进一步强化了其品牌、渠道和纵向整合方面所形成的竞争优势。此时，两大可乐公司已经夯实企业根基，后进入的竞争对手已经很难超越两大可乐公司的竞争优势和市场地位。

（三）求变通

在企业经营环境越来越动态的条件下，企业的战略承诺或者说承诺型战略，将逐步趋向于宏观指导；决策型战略，将更多地关注企业目标和实现目标的基本战略定位与途径。深厚和牢靠的企业根基能否转化为企业的竞争力，将在很大程度上取决于企业管理者，尤其是企业中下层管理者在战略执行过程中能否既贯彻企业战略意图、宗旨、目标和基本战略选择的要求，又能够根据环境和竞争对手的变化做出快速和创新性的回应。

因此，企业战略管理已经开始将战略执行重点从重事前计划落实转向重行为优化，从重事中、事后评价与控制转向重事前结构、机制和文化的建设。

现在战略实施的重点是：①通过优化公司治理结构，保持企业利益相关团体对企业战略决策和实施的关注与控制，保证能够根据企业战略的需要选择恰当的战略领导，并通过有效的激励机制使其能够基于企业最大利益决定在什么时候对环境和竞争变化做出什么样的反应；②通过优化组织结构，实现恰当授权，从而使企业管理者在实施战略的过程中既有充分授权做出迅速和创新决策，又不至于过分授权失去风险控制；③通过从企业外部或者内部选择知识经验同构或者异构的高层管理者团队来推进不同性质的战略实施；④通过构建与企业战略相匹配的企业文化，促进企业战略的有效和有效率地实施。

在今天这样高度动态和复杂的环境中，一个故步自封的企业无论如何都不可能成为百年老店。企业根基的新挑战，就是如何才能建立有效的授权、有效的激励和有效的文化，以保证整个企业能够对高度动态和复杂的环境做出快速、创新和恰当的反应。今天，如果有一个企业家问如何才能够成为一个百年老店，我们可以这么回答：你是否有勇气和有办法去建立一种结构、机制和文化以保证企业能够不断地与时俱进。因为提出这样问题的多数企业家，是希望让环境停止变化或者我们能够给出一个逃避变化的地方来达到发展百年老店的目的。

六、给中国企业家的建议

中国企业家对企业根基问题的关注，主要不是来源于过去的经历，而是基于对未来经营环境变化趋势的看法。中国企业面临的经营环境表现出制度多重性、市场分割化和竞争动态化的特点，导致企业竞争优势越来越难以发挥、难以转移和难以保持。在这样的经营环境下，保持稳定和持续的发展的确是企业面临的巨大挑战，我们认为至少有三件事情必须做起来：一是将完善的公司治理结构和治理制度作为最大的遗产留给企业。最关心企业根基问题的，一般都是那些成功的民营企业或者民营控股的上市公司。这些企业的成功与创业型企业家的个人决策和努力密切相关。企业家们应该利用自己的影响以身作则，加强公司治理结构和治理制度的建设，将自己和企业高层管理团体放在制度之下而不是制度之上，然后将完善和有效运行的公司治理结构和治理机制作为自己最重要的遗产留给企业。二是重视战略意图、宗旨陈述和经营理念对企业战略决策的约束作用。三是区别对待企业战略承诺、决策和行动，保证企业战略的连续性和创新性。

（原载《清华管理评论》2011年第3期，第42～50页）

情境理论化：
基于中国企业战略管理实践的探讨

中国企业管理理论基本上是在引进、消化、应用西方企业战略管理理论中发展起来的。对中国情境认识的逐渐深化决定着中国情境下的管理实践与西方情境下的管理理论的对话，决定着中国企业管理理论的发展。在经历了正反两个方面的曲折发展之后，中国企业管理学科正在步入一个新的阶段：越来越多的管理学者认识到重大理论创新，无论是引进性还是探索性理论创新，首先要基于中国企业管理实践，其次应该以情境理论化为前提。于是，如何将理论创新嵌入到中国情境中加强中国管理实践与理论研究的互动，以及怎样才能基于中国企业管理实践实现重大管理理论创新，成为学术界关注的重点。（徐淑英、张志学，2005；Child，2009；Whetten，2009）本文以分析中国企业战略管理学科的演化为切入点，以基于实践需要的理论与情境互动为主线，分析"情境"的概念和情境理论化的方法，探讨基于中国企业战略管理实践进行理论创新的路径与方法。

一、历史回顾：从"情境钝感""情境敏感"到"情境效应"

中国企业战略管理学科发展的历史，基本上就是一部基于中国情境引进、消化、应用和创新西方企业战略管理理论的历史。其中，中国企业战略管理实践的需要一直是促进西方企业战略管理理论引进与推广的强力引擎。在不同的历史发展阶段，一些国内外学者基于他们对中国企业当时所面临的关键战略管理问题的理解和把握，全面或者重点地引进和推广了解决这些问题所需要的战略理论与技术，非常直接和有效地推动了中国企业战略管理的实践和学科的发展。在这个过程中，学者们对中国企业所处情境差异性及其作用的理解推动了对西方企业战略管理理论的消化与创新。在跨情境引进和推广西方企业战略管理理论的过程中，情境差异引发了创新的动机，推动了以理论情境化和以情境理论化为基础的战略理论研究。

在中国企业战略管理发展的最初阶段，从事西方企业战略管理理论引进和推广的学者们注意到了中外情境的差异，但并没有将这种情境差异转化为理论创新的动机。究其原因，一是这些学者还不完全了解理论与情境的关系，认为所引进的西方企业战略管理理论和技术是情境钝感的，可以普适地运用于世界各国，当然也包括中国企业的管理实践；二是他们将中国情境差异看成一种"怪异"，没有认识到中国情境差异的合理性和长期性。在西方战略管理理论与中国情境的互动中，前者占据了绝对权威和主导的地位。在这种情况下，他们并没有致力于对引进理论进行情境敏感性分析和应用性创新，而是期待随后的经济改革可以逐步消除这些阻碍普适性理论应用于中国实践的所谓"情境差异"。

随着中国经济的崛起和中国企业竞争力的提高，处于转型经济的中国与西方存在显著情景差异的合理性得到了越来越广泛的认同：国外学者对于中国情景差异的认知由消极逐渐转变为积极，从被动承认其合理性逐渐转变为主动揭示其独特性；国内学者对西方企业战略管理理论的引进、消化则开始从不平等转变到平等，从海外化逐渐转变为本土化，从注重应用性创新逐渐转变到追求探索性创新。于是，越来越多的学者认同企业战略管理理论具有情景敏感性，进而开始探索中国情境的差异及其对于西方企业战略管理理论的影响，从而推动了中国管理理论的发展。回顾中国企业战略管理学科的发展历史，我们可以比较清楚地发现，在中国被确认为是一个转型经济国家或者新兴市场国家之后，国内外学者才开始承认中国情境差异的合理性，并开始探索这种情境差异对于企业战略管理理论的影响。

当前，中国企业战略管理学科的发展正面临着一个新的重大挑战和发展机遇。这是因为，随着中国企业战略管理实践的深入发展，一些学者研究发现，单纯的情境敏感性并不能很好地解释当前中国企业的战略行为，中国独特的情境不仅调节了一些关键战略要素对企业战略行为的影响程度与方向，甚至完全改变了影响企业战略行为的关键要素。在这种情况下，一些学者提出以"情境效应"取代"情境敏感"，并在此基础上创建与发展管理的中国理论。在开始通过探索性研究去创建管理的中国理论之前，中国企业战略管理学者必须做好情境理论化的工作，打开"情境效应"的"黑箱"。具体包括：什么是情境，其结构与维度如何；中国情境的独特性何在，即中国企业所处的情境究竟在什么方面独特于一般的经济转型国家或者新兴市场经济国家；这些独特性能否用理论解释并获得实证支持；这些独特性究竟对指导中国企业战略管理行为具有什么实质性作用。

二、情境结构：环境、组织和人的互动

无论是基于情境效应对情境理论化以构建管理的中国理论，或者基于情境敏感性将理论情境化来发展中国的管理理论，都需要对中国企业管理实践所嵌入的情境进行界定和解构。

一个国家或者地区企业所嵌入的情境究竟是什么？从现有文献的研究来看，针对不同问题或采取不同研究视角的学者可能对"情境"的构成存在着不同的看法。Cheng（1994）提出，所谓情境嵌入研究（Context-embedded Research），就是将组织所在国家的社会、文化、法律和经济因素作为预测变量的研究。因此，情境是作为外在于企业的各种环境因素。Whitely（1999）从各个国家商业系统的特点、相关制度的特性以及商业企业特点三个方面比较和概括不同类型资本主义商业系统，他对情境的界定包括了环境与企业的互动。

Weber（1964）主张，国家情境包括物质体系和理念体系的组合，以及由这一组合所影响的国家制度。在此基础上，Child（2000）对于构成国家情境的具体要素进行了进一步规定：①物质体系，即经济上或技术上的动态性物质力量，这些力量倾向于促进效率导向的规则或者编码化知识的产生。他认为，从构成物质体系的要素来看，经济性力量涉及商业资产所有权、市场、关系、资本，而技术性力量则涉及信息和沟通技术运用程度、运输设施的发展等。②理念体系，它通过持有并宣扬实质价值观或者"实质理性"而产生作用。这个理论体系所关心的是人们所依附社会组织的价值观念和其中发生的过程，涉及文化价值和理性（包括权威、身份、性别、关系、冒险）、宗教价值（包括道德与诚实，教育与工作中的性别参与、财富）、政治价值（包括国家控制、收入和财产分配、私有、国际主义）等内容。由此可见，Child认为企业所嵌入的情境主要是指企业所处国家的各种物质或者技术的条件，更主要的是指企业所处国家的各种制度和文化特点的集合。

从Child所描述的企业情境来看，无论物质体系或理念体系的构成情

境要素都是由多种因素交织而成的。首先，情境的构成不仅包括这些因素之间现在的交互影响，例如在企业外部环境中所包括的经济、政治、法律、技术、文化等因素之间的交互作用，而且有可能包括这些因素过去与现在的交互影响，例如在高速转型的中国一个企业所嵌入的情境完全有可能受前后两个阶段环境的交互影响。其次，情境的构成不仅包括社会、政府、组织和人的因素，还包括了这些层次因素之间的交互关系因素。例如，尽管整体而言中国企业外部经营环境大体相同，然而考虑到环境、组织和个人之间的交互作用，则不同类型行业或者企业所嵌入的情境存在着较大差异。最后，情境的构成不仅包括了客观因素与主观因素，而且包括了主客观因素交互作用所形成的很多新因素，因此很难区分主体与客体因素以及原因与结果因素。

基于上述考虑，我们不可以简单地将情境等同于环境。"环境"主要指存在于企业之外而对企业发生影响的各种因素，分析企业的外部环境主要是分析上述企业环境因素未来对企业的客观影响；而"情境"更多的是指企业与企业之外的各种因素的前后、内外与上下的关系及其交互作用。如果从环境、组织和人的交互作用与动态演化来理解一个国家企业所处的情境特点，那么将更有利于从演化和多学科视角来解释企业的战略行为，从而更为全面准确地揭示特定国家情境的特殊性，推动情境理论化研究的进行。

三、情境理论化：研究方法与要求

对于相对比较年轻的中国企业战略管理学科来说，情境理论化是一项全新的且富有挑战性的研究工作。为了有效地检验"情境效应"并实现情境理论化，Rousseau 和 Fried (2001) 认为必须综合使用以下三个层次的研究方法：①丰富地描述；②直接地观察和情境效应的分析；③比较研究。按照他们的说法，中国企业战略管理学者必须能够通过比较研究方法揭示中国情境的独特性，必须能够从多学科的理论和方法对这种独特性的成因、表现和稳定性进行科学的解释，必须通过各种实证研究的方法构建和证实关于情境效应的理论假设。有效实现情境理论化的一种途径是借助其他学科关于情境独特性的已有研究成果。由于一个国家或者区域的情境是由多种因素及其互动所构成的综合体系，因此，其他学科尤其是基础性学科有可能已经对这个国家或者区域的情境因素开展研究甚至提出了相关理论。例如，社会学、人类学、经济学、政治学的学者都曾经从不同的角度研究过中国情境的特点，并且提出过相关的理论。因此，从事情境理论化研究的学者完全可以借助其他学科的理论成果，在解释中国企业战略行为独特性方面提出关于情境效应的假设，并且开展相关和大量的实证研究。

有效实现情境理论化的另一种途径则是通过自己的研究提出关于情境独特性的理论假设。①在中国企业战略管理实践与现有企业战略管理理论的对话中，发现中国企业战略管理行为上的独特性；②运用现有的理论和方法对中国企业战略行为的独特性进行解释，确认现有理论在解释中国企业战略行为独特性的过程中存在的情境障碍；③对中国特定的情境变量与中国企业战略行为独特性之间的"情境效应"进行实证研究；④寻求对中国情境独特性的形成、表现和稳定性进行科学分析；⑤争取获得国内外相关学科的认同。

有效地进行情境理论化的研究，需要不断地完善中国企业战略管理研究队伍和提升研究水平。因为：①情境理论化需要企业战略管理学者跳出管理学科之外，或者整合其他人文社会学科的力量，通过夯实社会科学的知识基础和提升多学科对话的能力来增加情境理论化的理论视角和工具。②情境理论化要求企业战略管理学者必须全面、深入和持续地了解中国企业战略行为与其所嵌入情境的关系。正如 Rousseau 和 Fried 所主张的，只有对大量的情境要素与管理行为实践进行直接观察和充分理解，才能有效地概括出中国企业管理实践的行为特征以及影响企业管理行为的情境要素，也才能进一步理解情境要素与企业行为之间的关系。由于情境因素具有动态性，因此最有效的理论化方法是在演化视角中进行因子设计的分析，以探析那些显著的影响因素是怎样随着时间的改变而互相影响的，并可以区分哪个形态将从这个过程中产生出来。（Child，2009）③情境理论化还要求企业战略管理学者具有对中外企业行为和中外情境差异进行比较研究的能力。有比较才有鉴别，有鉴别才有可能发现情境差异，才有可能成功地开展情境理论化的研究工作。从目前的情况来看，海外学者，甚至是非华裔学者在中国情境理论化研究方面具有比较明显的优势。④情境理论化也要求来源于多学科领域的研究者共同协作，一旦有学者提出情境理论化的合理假设，相关的学者就应该积极响应并进行实证检验，以实现合理分工和有效配合。

四、情境理论化的尝试：市场分割性

面对经济全球化影响的逐步深入，中国企业如何提升国际竞争力的问题逐步成为国内企业战略管理学者研究的重点。相关的研究主要围绕着两个关键问题展开：一是如何推动中国企业降低多元化程度，在自己的主业上建立国际竞争力；二是如何推动中国企业在国内市场上有效实施横向整合战略，利用国内市场规模优势建立国际竞争力。

围绕着第一个关键问题的研究开始于20世纪90年代中期。在最初阶段，中国战略管理学者在引进、消化和推广国外关于企业多元化与经济绩效关系的研究成果的基础上，认为不相关多元化会导致企业经济绩效下降；并先后从经济学、政治学等视角全面探讨导致中国企业偏好不相关多元化战略的动机；试图推动政府采用健全市场经济、完善资本市场、建立有效的内部和外部治理机制等改革措施，以此来约束企业管理者实施不相关多元化战略的动机。但是，上述领域的改革措施并没有明显地降低中国企业对不相关多元化战略的偏好，其中最重要的原因在于不相关多元化企业的效益并不低。因此，在接下来的阶段，相关学者开始探究那些实施不相关多元化战略的中国企业会获得不低的甚至高于平均收益水平经济绩效的原因，研究结论包括市场机会多、政府软预算和地方保护等等。随着中国"入世"后全球化影响和体制改革的深入，一般意义上的市场机会、政府软预算和地方保护对不相关多元化战略的诱导作用逐步下降，而越来越多的研究揭示，以区域竞争和地方保护为基础的市场分割性是采用不相关多元化战略获取经济效益的重要来源和推动企业实施不相关多元化战略的主要动因。

围绕着第二个关键问题的研究开始于中国"入世"之后。在对中国少数世界级企业的案例研究中，国内外学者发现这些"入世"企业之所以成功，首先在于它们认识到中国企业国际竞争力的主要来源是国内巨大的市场规模优势；其次在于它们能够将全部的资源高度集中于一个具体的行业甚至产品上，通过在国内市场上实施横向整合战略，借此获得了世界级的规模成本优势和相对垄断的市场地位之后，再进一步获得世界级的差异优势。（蓝海林、李铁瑛、黄嫚丽，2011）为什么这种"先做中国第一，再做世界第一"的战略没有被广泛采纳呢？对于多数民营企业和地方性国有企业而言，自身缺乏突破市场分割性约束的资源能力，盲目模仿而过早进行跨区域横向整合将面临进入壁垒和整合的困扰，很容易由"先锋"而沦落为"先烈"，同时这些企业却拥有在当地发展的资源能力，因此，它们更多地放弃了充当"先锋"进行横向整合的机会，而选择了可以享受市场分割性收益的"坐地虎"角色，在本区域内采用高度多元化的发展战略，并依赖当地政府的保护取得了不错甚至很好的绩效；对于多数出口加工型企业而言，由于它们既缺乏享受市场分割性收益的资源，又缺乏克服市场分割性约束的能力，因而只能"徘徊"于国内和国外市场之间，继续从事低附加值的组装生产。面对市场分割性，实施横向整合战略并取得成功的少数"例外"企业是中国的央属企业，尤其是以香港为总部的央企，中国"入世"以后，这些企业不仅能够在一个行业甚至能够在多个行业中有效实施整合战略。相关的案例研究表明，央属企业的成功是因为其具有能突破区域竞争和地方保护约束的特殊地位与关系，并利用资源能力在国内市场上有效地实施了国际化战略。这种"例外"，不仅不能证明中国国内市场是一个统一的市场，而恰恰说明这一市场更像是一个"联邦制市场"。

总结中国企业战略管理学者对中国企业如何提升国际竞争力的研究成果，如图1（蓝海林、皮圣雷，2011）所示，最终引发出一个关于中国情

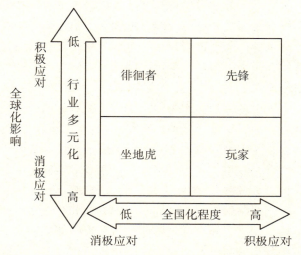

图1 经济全球化和市场分割化影响下四种不同企业战略

境独特性的问题：中国的国内市场是一个统一市场吗？对这个问题的深入探索使得我们开始接触到国内外经济学家关于中国市场分割的研究和相关的成果，并且颇有"梦里寻她千百度"的感觉。假如我们能够将市场分割性视为中国经济转型过程中的独特情境特征，不仅可以解开此前在企业多元化和提升国际竞争力研究方面的许多困惑，而且有可能成为中国情境理论化的突破口。具体来说体现在四个方面。

第一，将中国市场分割性作为中国情境特征符合"情境结构"的概念要求。作为一个国家市场结构的特征，市场分割性的形成是中国经济转型过程中的一种制度选择和制度安排；市场分割性集合了 Child 所说的物质体系和理念体系中主要因素及其交互关系，这种特征一旦形成就具有相当高的稳定性和持续性；市场分割性能够从环境、组织和个人三个层次的交互作用形成对企业管理行为的实质性影响，因此市场分割性能够在多大程度上影响企业的战略选择与企业所处行业的市场化程度、企业的隶属关系、管理传统，甚至高管团队的构成都存在着密切的关系。

第二，将中国市场分割性作为中国情境特征具有理论和比较研究的基础。从 20 世纪 90 年代后期开始，以林毅夫为代表的国内经济学者对中国市场分散性的成因和表现进行了持续的研讨，并形成了六种不同的解释。（林毅夫、刘培，2004）国外经济学者则运用二手数据，从产业结构、跨区域经济合作等方面对中国市场分割性的表现进行了实证和比较研究，相关的结论也得到了国外学术界的认同。事实上，国外学者和跨国企业对中国市场分割性的感受比国内学者和企业更为明显和深刻。这是因为，进入中国之前，他们都认为中国是一个巨大的市场；但是进入中国之后，他们却发现中国市场实际上又很小。

第三，将中国市场分割性作为中国情境特征对中国企业战略行为具有相当强的解释力，并为至今仍然难以解释的一些企业战略行为提供合理的情境动因。例如：①中国出口加工企业转到国内市场非常困难；②中国实施跨区域横向整合企业很难发挥整合效益；③有效实施跨区域整合战略需要中国企业采取"假子公司真分公司"管理体制；④有效实施跨区域整合需要借助国际化战略思维；⑤实施高度地方化和行业多元化战略的企业经济效益并不低，相反实施高度全国化和行业集中战略的企业经济效益却不高。中国市场分割性与中国企业上述战略选择行为之间的关系，不仅可从经济学、政治学而且也可从社会学方面得到解释，不仅可采用市场基础观、制度基础观而且也可从资源基础观的视角进行分析。

第四，将中国市场分割性作为中国情境特征可以直接对情境效应进行观察和分析。作为市场结构的主要特征，市场分割性对中国企业战略行为的影响是直接的、多重的和可观察的。如果在国内市场上实施横向整合战略的企业认为中国市场具有分割性的特点，那么它们在下列决策或者行为方面可能存在差异：①区域进入战略，包括进入区域、进入方式；②管理模式，包括管理体制、组织结构、集分权程度、控制机制等等；③区域管理团队的选择、评价和激励方式等。虽然一个具体企业做出上述选择并非完全依赖于自身对市场分割性的判断（还包括企业自身特征与管理传统），但是我们仍然可以通过对大量企业战略行为的直接观察来对中国市场分割性的情境效应进行实证分析。

五、结语

在中国企业战略管理学科的发展过程中，无论是从事引进性理论创新还是探索性理论创新，其关键的突破口都在于把握中国情境的关键特征，并在此基础上实现情境理论化。为了实现中国情境的理论化，企业战略管理学者必须摆脱实践导向与研究导向之间非此即彼的取舍，增强实践与理论的对话；必须拓展社会科学的学科基础，强化与其他社会科学之间的对话；必须加强国内外的学术交流，强化中外情境之间的对话；必须加强学科之间的协作，突破"老死不相往来"的局限（Leung，2009），因为任何中国情境理论化上的突破都将推动整个社会学科的理论创新。

（原载《管理学报》2012年第1期，第12～16页。本文由蓝海林、宋铁波、曾萍合撰）

动态竞争：
竞争动态化的战略新思维

在手机实现商用 20 多年后的今天，手机行业已经变得"面目全非"。半路杀出的苹果成为行业的龙头，曾经的行业巨头摩托罗拉已经消失，看似毫不相干的 Google 通过收购摩托罗拉参与博弈。微软也没有闲着，致力于开发 Windows 手机操作系统，并与另一巨头诺基亚公司结成战略联盟。手机行业传统竞争格局的巨变，以及苹果、Google 和微软在智能手机领域的持续博弈和竞争，为我们展现了一种企业竞争的新趋势——动态战略，即动态竞争与动态整合战略。

一、趋势：竞争动态化

（一）企业经营环境的动态化

企业的经营环境本来就是动态的，但是企业经营环境的动态化则是一个特定的概念。它是竞争动态化的逻辑起点，专指企业经营环境的变化速度越来越快、变化的方向越来越难以预测的趋势。这种趋势在电脑市场、手机市场以及互联网市场都得到充分体现。即使行业的专家，也很少有人在三年前预测到苹果手机的崛起，今天还有一些专家忽视 iPad 对个人电脑的冲击，而团购网站和各种电商模式的起起落落，也令业界目不暇接。产业竞争环境的动态化往往是由技术进步加快引起的。但现在，在网络时代，技术革命的同时也引起需求的互动革命，从而导致经营环境更大的动荡。这一点在与互联网相关的产业中表现最为明显。而在未来，极少有产业能够避免互联网的渗透和改造，因此环境动态化成为一个常态。

中国虽然是一个发展中国家，市场和需求相对不成熟，但中国的经济发展过程，同时也包括市场的对外开放和经济体制的改革过程。这种特点导致中国的经营环境比其他处于此阶段的国家更为复杂多变，中国企业经营环境动态化趋势相对更加明显。

企业竞争环境的动态化可能从根本上动摇企业竞争优势可保持性的外部基础，包括行业边界、市场边界、技术基础和制度基础。也就是说，企业在现有行业、市场、技术和制度基础上的任何竞争优势，都可能因为行业、市场边界变化、技术进步和体制改革而丧失可保持性。

在过去一个时期里，家电零售连锁企业的主要竞争优势，来源于连锁店面的数量、质量和整合的程度。因此，家电连锁销售行业的两大巨头——苏宁集团和国美电器，它们的竞争重点是连锁销售网点的扩张与整合。苏宁经过20年的努力，目前的连锁店数量已经超过国美。但是，中国电子商务发展的速度实在是超出苏宁的预期，线上商店正在逐步取代线下商店，网上销售的增长速度远远超过了实体店。这就导致苏宁在刚刚追赶成功的一刻，就不得不重新思考自己的战略：行业边界、竞争对手以及竞争领域和手段。

在经营环境越来越动态的条件下，企业的战略管理者必须高度重视企业外部经营环境的变化，善于把握各种环境变化对企业可能产生的影响。苏宁在2011年确定自己未来十年的发展战略时，将网上销售放在最为突出的位置。新战略确立苏宁易购高速增长期、行业领先期、跨越转型期的三阶段发展规划，是苏宁为应对企业经营环境变化所做出的动态竞争反应和战略更新。

（二）企业竞争互动的动态化

企业间的竞争本质上就是互动的，但是竞争互动的动态化则是特指企业间竞争越来越明显地表现出来的对抗性、连续性和动态博弈的特点，是竞争动态化的核心内容。

在这种竞争环境下，竞争战略越来越明显地表现出动态互动和博弈的特点，即战略的有效性并不完全取决于自身优势的发挥，更主要的是取决于竞争对手的反应。

经过二十几年的发展，苏宁集团与国美电器已经在全国各个地区的1500多个营业网点上形成了明显和直接的多区域、多产品竞争互动的格局。苏宁非常清楚地意识到，今后谁在全国的商业网点多，谁就更具有多点竞争的优势；谁的整合能力强，谁就更有可能在多点竞争中有效地抑制竞争对手；谁的控制、信息、物流能力强，谁就更有可能在多点竞争中在速度上超越竞争对手。在准确预测了竞争对手国美电器各种可能反应的基础上，苏宁未来十年新战略的重点将不再是简单增加连锁商店的数量，而是调整商业模式、提升信息能力、发展物流平台，从而在连锁商店的资源共享、竞争协同和动态竞争上超越竞争对手。

（三）竞争内容的变化

竞争内容的变化是指速度和创新正在代替规模成为企业竞争优势的主要来源，这是竞争动态化的内在动力。在相对静态的竞争环境下，质量是企业介入竞争互动的基本前提，规模才是竞争优势的主要来源。而在相对动态的竞争环境下，质量的作用没有改变，速度和创新则成为更重要的制胜因素，规模则因为限制速度和创新表现出更大的负面作用。

例如软件、制药等动态竞争环境非常明显的行业，其领导型企业不仅要看到市场规模的重要性，更应该重视速度和创新的重要性。不能够简单地固守原有的优势和既得利益，应该在关键时点上以"自灭自新"的态度创造性地颠覆自己原有的竞争优势，从而通过一系列的先动和创新甩开现有的竞争对手。

在家电连锁零售行业现有的竞争格局中，苏宁已经取得了相对于国美的竞争优势，在可以预见的未来，这种竞争优势仍然会继续扩大。但是，苏宁未来的战略核心是在以下三个核心领域"创造性颠覆"自己原有的战略和竞争优势，力求以连续先动取得更大的竞争优势：率先改变现有的商业模式，即从做产品批发、零售转向依托渠道做服务、进一步提供增值服务转变，从而提高自己的战略控制能力；率先改变资源配置的重点，提升信息和物流平台；率先发展苏宁易购，对消费方式的变化做出战略性反应。在此基础上，苏宁的竞争对手将会主要转变成天猫和京东商城。这种竞争对手的突然转变，最为考验企业的应对能力。摩托罗拉和诺基亚的衰落就是因为它们没有适时转变自己的竞争内容，忽视快速崛起的全新对手——苹果。

二、竞争动态化的战略管理

在竞争动态化的趋势和环境中，需要一种新的、更加动态的战略思维模式，来更新对战略性质和特点的认识，制定积极、有效的动态战略。一般来说，动态战略包括动态竞争战略和动态整合战略。

(一) 动态竞争战略

1. 动态竞争战略是一种新的战略思维模式

动态环境下，战略不仅是一种事前的主动决策，也是一种事中的反应或者创新性决策；不仅是某个时间点上的一次性静态决策，而且还是竞争互动过程中连续性动态决策；不仅是一种具有充分时间和信息的理性决策，而且也可能表现为时间和信息不充分条件下的非理性决策。事前和主动的战略决策相对比较宏观，主要是企业经营范围、经营定位、投资重点和管理模式，从而给过程和反应性决策留下一定的空间。保证过程和反应性战略的有效性不能完全依靠目标、计划和奖惩管理，还要依靠公司治理、组织结构、管理机制和企业文化的优化。

苏宁的新战略更关注的是解决公司未来发展过程中面临的重大问题，这些问题的回答将决定十年后的苏宁是一个什么样的公司。例如，面对电子商务对家电连锁行业的挑战，苏宁未来的商业模式是线上还是线下？或是两种商业模式兼营？面对现有对手（例如国美电器）和未来对手（例如京东商城），苏宁应该建立什么样的共享平台和商业模式才能够分别创造和扩大自己的竞争优势？在保证推进公司新战略有效性方面，苏宁战略实施的重点是公司治理、组织结构、管理机制和企业文化的改变。这种管理上的改变与创新，才能够保证苏宁在实施新战略的过程中，表现出应有的创新性和速度。

2. 动态竞争战略是一种行业竞争战略转换的模式

在竞争环境动态化的过程中，越来越多的企业战略管理者意识到竞争优势的可保持性越来越低，因此企业实施动态竞争战略的目的不是为了简单地适应变化，而是要通过战略的转变主动地利用变化甚至引领变化。

面对行业竞争阶段的演进和竞争环境的重大变化，企业不仅需要以"自灭自新"的态度去否定或者超越自己现有的竞争优势，实施战略转换升级，更重要的是要能够影响其他同行业企业，包括引导或者误导这些企业的战略选择行为。从这个意义上说，"信号"在企业动态竞争互动中越来越具有战略意义。苏宁高调发布自己未来十年的新战略，不仅向市场表明自己"自灭自新"的决心，更重要的是向自己的竞争对手——国美电器传递一种信号：中国家电连锁零售行业面临重大环境变化的挑战，我与你再进行价格战或者寻求某种意义上的"联盟"都已经没有意义了；苏宁将在应对这些重大环境变化方面实施创新，只有创新才是这个行业的未来；国美电器已经不是苏宁未来的主要竞争对手了，除非国美电器也跟着苏宁实施相同的创新战略。苏宁发出这种信号的目的是什么？有可能因为其在推进新战略方面需要国美电器公司的配合，也有可能是想误导国美电器的战略选择。前提是，苏宁认为国美根本没有能力跟进自己。

3. 动态竞争战略是一种竞争互动的策略

随着行业竞争的演化和企业竞争行为的成熟，很多行业中的竞争企业数量越来越少，有时甚至是两个企业之间的争夺，包括一系列的多点和连续的进攻与反击行为。动态竞争战略就是指导这种动态竞争的行为，包括进攻与反击的策略模型。

中国家电连锁零售行业发展过程中，苏宁集团和国美电器互为竞争对手，围绕着连锁店的发展和经营进行了一系列的互动，但是它们相互竞争的结果没有导致相互削弱，而是消灭了一批中小家电连锁企业，形成了寡头垄断的市场格局。此后，两大连锁家电企业之间的动态竞争并没有进入更高水平的阶段。原因有二：第一，在现有的商业模式下，供应商的制约限制了两大家电连锁企业之间的竞争，仍然是区域性的而不是全国性的，仍然是单一产品竞争而不是多产品竞争。这种简单和针锋相对的竞争，只能导致两个企业甚至整个行业的盈利水平越来越低。第二，即使两大家电企业想在全国范围内进行多点和快速的竞争互动，它们也缺乏有效的信息和物流系统的支撑。当前，中国家电连锁行业面临电子商务迅速发展的替代威胁，销售和盈利的增长都受到严重的影响，京东商城等电子商务企业转眼间就成了苏宁和国美电器公司未来最有威胁的竞争对手。

在这个紧要关头，苏宁比国美更先意识到，继续忽视或者抵制电子商务的发展，将给自己甚至整个行业带来杀身之祸。虽然，率先进入电子商务有可能影响自己线下的销售，但是这种主动地"自杀"远比被动地"他杀"要好。相对于原来的竞争对手国美电器来说，苏宁认为，进入电子商务领域、转换经营模式、大力发展物流都是一种战略性和创新性的进攻行为，其先动优势的大小将取决于国美电器的反应速度和方式。如果国美迅速跟进，那么将极大地提高家电连锁行业对京东商城等电子商务企业的竞争力，而苏宁则成为整个行业的领导型企业；如果国美不迅速跟进，则苏宁所获得的先动优势将非常明显。考虑到国美当前所面临的内部矛盾和资源限制，苏宁并不认为国美能够迅速跟进。相对于新的竞争对手——

电子商务企业，苏宁认为家电连锁企业有资源、网点、采购、品牌方面的竞争优势，高调宣布进入电子商务有利于抑制电子商务企业的增长，改变经营模式和大力发展物流将进一步克服劣势和发挥自己的上述优势。

（二）动态整合战略

竞争动态化，不仅导致越来越多的中国企业掌握和实施动态竞争战略，同时，也导致它们开始关注和实施动态整合战略。所谓动态整合战略，是指企业在实施整合战略的过程中，特别关注企业对外部环境变化的快速反应、竞争互动和创新能力。这种关注在很大程度上影响企业对整合方式和管理模式的选择。

1. 外部整合战略

中国企业经营环境的动态化，实际上反映的是企业外部各种利益相关团体，如股东、顾客、债权人、供应商、政府、竞争对手、社区以及行业协会等团体，对企业利益要求上的动态化。为了更好地应对这种动态化，越来越多的企业开始实施外部整合战略，动态地跟踪和分析其外部相关利益相关团队的需求变化，主动地考虑和整合各种利益相关团体的利益要求。为了提高企业与外部相关利益团体的整合，越来越多的企业开始以各种管理手段，尤其是战略管理、组织重组、预决算管理和文化管理等，推动企业与外部各种利益团体的整合。

长期以来，苏宁和国美两大企业所采取的经营模式更多地考虑自己的利益，尤其是节约流动资金和避免经营风险方面的利益，很少考虑到对生产厂商流动资金的占用和经营风险的增加。这种经营模式不仅使自己的营销策略很难得到有效的实施，而且客观上迫使一些生产厂商开辟自己的销售渠道，或者选择电子商务这种新型销售渠道。在十年新战略中，苏宁率先对自己原有的经营模式进行调整，将加速供应商合作模式的转变，强化"开放资源平台、智慧供应链平台、云服务平台、战略型厂商合作平台"四大平台的建设，不仅是出于提升多点竞争能力的需要，更主要的是主动调整自己与供应商的合作关系。

2. 动态纵向整合战略

所谓纵向整合，就是通过在上下游企业之间建立资产或者非资产联盟关系来降低交易成本。

过去，中国企业更愿意以临时市场交易的方式，处理和上下游企业的关系。在实施纵向整合时，企业一般面临三种整合方式的选择：全资拥有，整合刚性最强；基于长期合同的联盟，整合弹性最强、刚性最弱；资产联盟，兼顾企业对刚性和弹性的需求。

实施纵向整合战略，企业能够通过某种形式的资产纽带和资产控制，提高自己对上下游企业的战略控制。

在相对静态的条件下，凭借强大的购买力，苏宁完全可以基于合同控制一个或者几个大的物流企业。随着竞争环境和竞争互动的动态化，及时、准确和低成本的物流与仓储系统，已经成为苏宁线下和线上业务发展的关键，因此单纯依靠长期合同或者资产联盟来发展物流和仓储业务，已经不能够支撑自己的新战略。在未来十年的发展战略中，苏宁不仅决定进入物流行业，而且决定以自己投资为主去建设和控制自己的物流系统。

3. 动态横向整合战略

为了提高自己在国内外市场上的竞争力，提升自己与国内外企业动态互动的能力，越来越多的中国企业开始对国内同行业企业实施整合，通过规模效益和市场控制获得高盈利。在此基础上，这些企业利用规模效益、范围经济和市场控制所获得的高盈利，在关键环节建立差异优势，力争在一个狭窄的领域中成为世界级企业。在中国家电连锁零售行业里，苏宁与国美就是横向整合战略的有效实施者。其中，国美电器主要通过并购推进横向整合，苏宁则主要通过自我发展方式推进横向整合。

在实施横向整合战略的过程中，企业也面临整合方式和管理模式的选择：选择刚性强的整合方式和高度集权的管理模式，企业能够从横向整合中获得最大的规模经济和范围经济效益，发挥多点竞争的优势，但同时会牺牲被整合企业对当地市场的反应速度和创新能力；选择刚性弱的整合方式和高度分权的管理模式，企业将赋予被整合企业最大的地方反应能力和创新能力，但是牺牲规模经济和范围经济效益，增加多点竞争优势的发挥。

面对差异化和分割化严重的市场结构，中国家电连锁零售企业所表现的困惑尤其明显。例如，苏宁在如何整合全国1600多家门店的营销和采购活动方面，就面对着两难选择：高度统一会失去地方适应和反应能力，高度分权又会失去规模与范围经济效益。但是，苏宁在实施新战略的过程中，以提升信息管理能力和物流能力为突破口，寻求在营销和采购的整合与管理上实现最佳的平衡，这是在市场分割条件下，有效处理上述两难选择的最佳选择。

在竞争动态化趋势影响下，中国企业实施动态横向整合战略主要呈现三个特点：在实施横向整合的过程中，选择更加具有刚性的整合方式；在公司治理、组织结构、管理机制和企业文化选择方面，更关注保持速度和多点竞争能力；根据经营环境的动态程度、竞争互动需要和速度与创新的重要性，企业会及时调整横向整合方式和管理方式。

在实施横向整合战略的初期，苏宁和国美两大企业都对自己分布于全国的网点实施了全资拥有和集权化的管理模式。为了进一步提高自己的动态竞争能力，苏宁在实施横向整合战略的过程中进行了一些战略上的调整。例如，将自己的门店进行了分类，将一部分权力下放给主管不同门店的事业部；对原来的经营模式进行了改造，提高了对产品价格和销售人员的控制力；提高了对物流行业的控制；以加强信息能力和信息管理为手段，提高了对整个企业经营管理活动的有效控制。

经营和竞争环境的高度动态化，已经成为中国企业所特有的情境特点。在这种情境中，动态战略对中国企业来说不仅仅是一种新的企业战略选择和增长方式，更重要的是一种新的战略思维方式。掌握动态竞争和整合战略，需要中国企业战略管理者将自己的思维方式，从相对静态向相对动态做一种根本性的转变。

（原载《清华管理评论》2012 年第 4 期，第 66～72 页）

中国横向整合企业竞争策略组合与组织协调性：转型期制度情境的调节作用

一、前言

自从中国加入 WTO 以后，中国的国内市场就引起众多跨国公司的浓厚兴趣。随着跨国公司纷纷进入中国的国内市场，中国企业对提高国际竞争力的紧迫感就越来越强。不少学者以及优秀的中国企业家都发现，中国企业需要通过横向整合，借助中国市场规模、劳动力成本等国家优势来建立自己在某一行业中的特定优势。（蓝海林，2013）但是，在企业实施横向整合的过程中，却遭遇到转型期中国市场分割制度情境的严重干扰。（Yong, 2000）市场分割不仅干扰了企业横向整合过程中对跨区域（省/市）资源的整合能力，也决定了相当一部分区域企业的战略导向。这些区域企业不仅将自己的市场规模局限于区域市场，而且较强地依靠区域制度与政策建立竞争优势。这些区域企业往往结合市场与非市场的竞争方式，在一定的行政区域范围内开展（包括多元化的）业务（蓝海林、皮圣雷，2011）并占据一定的市场份额。因此，当有企业进入该区域市场时，它们也会对横向进入的企业构成长期和稳定的竞争威胁。所以，中国横向整合企业实质上是要处于一种"两线作战"的竞争格局：一面要与跨国公司展开市场化的竞争，一面还要应对区域企业非市场化的进攻。

中国横向整合企业的"两线作战"格局取决于市场分割制度情境。如果没有市场分割，区域企业、横向整合企业以及跨国公司就将在同一个市场范围内竞争，差别只在于企业规模，并不影响其竞争战略，但市场分割制度情境导致横向整合企业必须对区域企业和跨国公司采取不同的竞争战略。因此，企业需要发动一系列的竞争行为，即竞争策略组合，来同时进行"两线作战"。这一竞争策略组合需要包含两种不同的竞争意图和策略，因而在资源准备、具体竞争行为的实施等环节，需要一个更具灵活性和协调能力的组织作为支撑，且该组织及其竞争策略组合还必须是能够适应市场分割制度情境的。研究动态竞争的学者们更多地关注企业组织中高管及高管团队对企业竞争行为及其竞争策略组合的影响（Ferrier and Lyon, 2004），而较少有学者讨论组织机构与机制方面的问题。Chen 和 Hambrick（1995）认为，企业组织结构的扁平化程度以及组织规模的大小也对企业发动竞争行为的速度构成影响。Lamberg, Tikkanen, Nokelainen 和 Suur-Inkeroinen（2009）曾建立理论框架表明，企业在动态竞争中，组织模式与架构等组织资源（Organizational Resources）对各个市场的进攻与反击行为将构成影响。但是，Lamberg 等人并没有深入讨论组织结构等组织资源是如何影响企业竞争行为以及策略组合的。另外，将制度环境作为外生变量讨论企业动态竞争的问题是学者目前的惯常逻辑（Porter and Kramer, 2006; Deng, Tian, Fan, et al., 2010），少有学者用实证方法分析制度情境对企业竞争行为的直接与间接影响。

本文试图探讨企业横向整合后组织的协调性对竞争策略组合的影响，并讨论市场分割制度情境对企业竞争策略组合、组织的协调性以及他们共同作用的调节作用。本文的研究不仅可以在理论上有助于完善竞争行为的分析框架，以及深化制度情境对竞争行为影响机理的认识，而且可以帮助中国企业在横向整合之后寻找到组织协调性与竞争策略组合之间有效的匹配或者组合关系，以应对"两线作战"的竞争格局。

二、文献背景

（一）动态竞争

1. 动态竞争行为

竞争行为被定义为"有可能从对手处获得市场份额或减少对手的预期收益（回报）的可视的行为"（Venkataraman, Chen and MacMillan, 1997）。对企业是否发动竞争行为、发动什么样的竞争行为的分析与预测是竞争行为研究试图回答的重要问题。Chen（1996）在总结前人的基础上提出资源相似性和市场共通性两个要素。这两个指标都可以看作分析焦点企业（Focal Firm）的外部因素，因为它们都是焦点企业与竞争对手之间就市场和资源的对比情况，都是用于描述企业与特定竞争对手之间实力对比的指标。

SCP范式认为,企业任何行为都是在一定的组织结构之下进行的。因此,企业组织结构等机制对竞争行为的实施效果必然存在基础性的作用。Chen和Hambrick(1995)提出,组织规模对企业发动竞争行为的速度构成影响,却没涉及组织结构或组织资源的集中共享程度对企业实施竞争行为的影响。Lamberg等(2009)建立的理论框架表明,企业在动态竞争中,其组织模式与架构等组织资源对各个市场的进攻与反击行为将构成影响。但是,他们并没有通过实证分析验证组织结构等组织资源是如何影响企业竞争行为以及竞争策略组合的。企业竞争行为的实施需要一系列资源和能力的调配作为基础(Mathew,2000)。因此,企业组织运营内部资源的效率和系统性水平将影响企业竞争行为,然而这一机理却少有学者揭示。

2. 竞争策略组合

当人们尝试分析企业面对多个竞争对手而采取的竞争策略时,企业针对某特定竞争对手的进攻或防御行为分析就逐渐失去其意义。学者发现,在高度动态的环境下,企业某一行为是进攻或是反击的含义就逐渐模糊和含混。因此,学者们往往将企业一段时期所发动的竞争行为集合,也即是竞争策略组合("the Set of Actions Pursued by an Organization to Attract, Serve, and Keep Customers". Miller and Chen,1996a),进行整体研究。在关于竞争策略组合的研究中,较受到关注的问题是竞争策略组合的复杂性(Complexity)(Ferrier, Smith and Grimm, 1999; Sambamurthy, Bharadwaj and Grover, 2003; Gnyawali, He and Madhavan, 2006)。竞争性策略组合的复杂性是指企业实施的行动差异化的范围(Ferrier, Swith and Gvimm, 1999; Nayyar and Bantel, 1994)以及竞争行为的领域(Gnyawali, He and Mad havan, 2006)。Nayyar和Bantel(1994)认为,企业的竞争策略组合中包含多种不同的竞争行为,当这些行为是从多个维度(如研发、市场、生产和渠道等)实施时,其竞争复杂性就会提高。

学者们一直都强调竞争复杂性对绩效的作用(Ferrier, Smith and Grimm, 1999),但是,竞争策略来自于多个维度,也就意味着资源与能力要分散到不同的价值链环节中。因此,竞争复杂性在某种程度上要求企业资源和能力的多样化、分散配置,而非单一化、集中优化配置。而什么样的组织模式能够保障其实施的竞争策略组合具有高度的复杂性,则是一个重要的问题。

（二）横向整合企业的组织协调性

企业横向整合的过程会导致组织边界不断扩大，从而引出一个重要的管理问题：如何在新的组织边界内使资源有效率地配置，提升运营效率（Ensign，1998；Podobnik and Dolinsek，2008）。不少学者将协调性（或者是行动协调，即 Activities Coordination）作为组织模式的关键要素之一（Birkinshaw and Goddard，2009；Alonso, Dessien and Matouschek，2008），或者是评价组织资源的重要特征之一（Lamberg, Tikkanen, Nokelainen, et al.，2009）。协调性强调内部资源的合理配置、组织运营管理中各部门以及分（子）公司之间的协作与信息沟通（Paterson and Brock，2002）。组织协调性表现在组织运营的模式上：高度协调性的企业往往具备统一采购、统一营销、统一产品或服务的质量标准等特征；反之，低协调性的组织则具有分散采购、分散营销等特征。因此，提高组织的协调性有利于优化企业运营流程体系（Adler，1995），也便于提高企业组织学习能力、沟通能力（Chen, Li and Lin，2013）。另外，提高组织协调性的前提包括建立统一、科学的管理供应链网络，以及合理有效管理销售和服务渠道体系。（Benito，2003）

企业横向整合后的组织协调性既然反映了企业资源配置的情况以及运营的效率，则必然对竞争策略组合的实施构成影响。组织协调性的高低决定了企业调动各种资源的能力，自然就对企业发动和实施竞争行为起到桥梁或转换的作用。另一方面，横向整合企业组织协调性的选择也受到制度环境的影响。

（三）市场分割

中国经济转型一个重要的制度安排是"放权搞活"：中央向地方放权，并鼓励地方政府根据本地区具体情况自主推动面向市场化和全球化的经济发展与转型，同时中央对各个地方政府促进经济增长的成效进行考核，并鼓励地方政府之间"竞争"。这种转型的模式直接导致区域竞争和地方保护（白重恩等，2004）。在各个（省级）区域，地方政府对本辖区内的企业经营行为有较大的行政干预权力。地方政府为了自身政绩，常常通过地方性政策要求在辖区内经营的企业必须将总部建立在当地（以便获得 GDP 贡献和税收收入），甚至必须优先选择本地供应商、经销商网络以及物流服务商等（宋铁波、曾萍，2011）。有学者认为，这是一种带有市场分割的市场经济，或者说"小市场经济"（Young，2000），不同地方政府政策的差异与保护就构成了市场分割。

虽然从长期和整体上看市场分割对中国企业的影响具有稳定性，但在局部和短期上看，市场分割的环境及其对企业经济行为的影响存在动态性。这主要是源于各级政府制度和政策是变化发展的：不同省、直辖市、自治区地区发展阶段、区域特色不同，现有经济政策与规定也不尽相同。因此，在不同的发展时期，由于各个省、直辖市、自治区政府推进行政体制和经济体制改革的着力点不一，其主要扶持和重点发展的行业也不尽相同，这就造成了不同省、直辖市、自治区地区市场化建设发展的速度不一。这最终导致两个结果：一是同一个地区在不同时期地方保护的重点内容和程度不一，二是在不同时期全国各个省份之间制度差异的程度不同。由于市场分割情境的动态性，就导致了其对企业影响的多样性。其中，横向整合企业更是直接受到市场分割情境的影响，这种影响不仅存在于企业横向整合之前，也存在于横向整合后企业动态竞争的过程中。

三、假设的提出

（一）竞争策略组合与组织协调性

1. 竞争策略组合与绩效

一些学者相信，竞争策略组合的复杂性会对绩效有促进作用（Ferrie and Lyon，2004）。因为提高竞争策略组合的复杂性程度也有利于在竞争互动中把握竞争主动性，防止竞争对手模仿与反击（Chen, Smith and Grimm，1992；Quasney，2003；Chen, Venkataraman, Black, et al., 2002）。根据这一观点，企业须针对某一竞争对手的情况在特定的价值链环节上发动竞争行动，以便形成某种制衡。

在转型期的中国，横向整合企业同时面对两类竞争对手。这两类竞争对手的优势资源不同，因此横向整合企业必须集中两类不同类型的优势资源，才能同时与两类竞争对手在资源相似性上形成制衡与威慑。（Chen，1996）所以，横向整合企业必须采取快速灵活的竞争行动，才能通过速度和创新；同时，建立针对不同类型竞争对手的优势，并防止它们的模仿与反击。因此，转型期横向整合企业在"两线作战"中必须提高竞争的复杂性，通过多样和重叠的竞争策略同时与区域企业和跨国公司展开互动。

H1：企业竞争复杂性对绩效有正向影响。

2. 竞争复杂性与组织协调性

企业竞争复杂性能够将企业技术性资源较有效地转化为绩效（Ndofor, Sirmon and He, 2011），而组织协调性是获取并培育技术性资源的重要条件。因为协调越高组织内部资源配置越有效率（Ensign, 1998; Podobnik and Dolinsek, 2008），就越容易降低管理和学习成本，并提高组织的创新能力（Chen, Li and Lin, 2013）。因此，人们惯常的认识是组织协调性越高的时候越有利于提高竞争复杂性。

但是，西方学者认识中的竞争复杂性存在一个前提——竞争对手只有一个或一类。在这样的前提下，焦点企业与竞争对手的竞争互动虽然在行为上复杂多样，但是其竞争战略是一致的。但是，如果企业在双重甚至多重竞争战略的导向下实施竞争策略组合，那么企业内部资源的协调配置就可能阻碍这种复杂的策略组合。当企业面对两个类型的竞争对手时，企业不能够集中依靠某一种核心资源，必须集中并运用不同的优势资源，试图同时对不同类型的企业在竞争互动上形成的压制与威慑（Chen, 1996），并实施多样和复杂的竞争策略组合。因此，从支撑竞争行为的机制角度看，企业在整合后适当降低协调性有利于提高竞争复杂性。

H2a：组织协调性在竞争复杂性与绩效之间存在负向调节作用。

（二）市场分割的作用

1. 市场分割与竞争复杂性

市场分割将中国的市场渠道按照行政区域和层级分化。从宏观上看，市场分割将中国市场主要割裂为两种市场范围：①单个省级区域市场，企业在这一范围内的经营及竞争行为必须依靠该区域内的供应链或市场渠道（广告、促销、经销商、零售商甚至物流等），并主要受到区域地方政府的管制；②全国绝大多数省份构成的全国市场，企业在这种范围的竞争行为可能依靠全国各区域自身内部的供应商及市场渠道，也可以依靠同样进行了横向整合的全国性供应商及渠道商，并主要受到中央各部委的直接管制（例如市场准入审批等）。

由于市场渠道的分割，企业发动的任何竞争行为也作用于不同的市场范围，有的竞争行为在全国整个市场上执行，而有的则仅在某一个或若干个区域市场上执行。这一情况无疑增加了横向整合企业实施手段多样的、复杂的竞争策略组合的难度。从另一角度看，这样的情况也增加了竞争行为的针对性，使横向整合企业在采用不同的资源和能力同时与两类竞争对手互动时更有效率：通过全国市场的竞争行为挤压区域企业的市场空间，通过区域范围的行动构筑区域市场壁垒从而阻挡跨国公司进入。因此，单单从焦点企业一个角度看，难以判定市场分割对竞争复杂性的影响是促进还是削弱。

从竞争对手的角度看，市场分割的影响还直接决定了横向整合企业竞争对手的竞争威胁程度。当市场分割的影响提高时，中国区域市场之间的制度差异扩大且凸显，因而区域企业对横向整合企业的竞争威胁更大。此时，横向整合企业需要在不同的区域市场中同时面对多家区域竞争对手。因此，基于不同资源直接发动的复杂的竞争策略组合并不一定构成优势，相反还会增加管理成本。而当市场分割的影响降低时，中国区域市场之间的制度差异缩小且被抑制，因此跨国公司对横向整合企业的竞争威胁更大。此时，横向整合企业在单一环节上未必能够构筑优势，却可以通过复杂多样的竞争手段在不同的区域市场同时发动，使跨国公司疲于应付。

综上，本文认为市场分割在总体上对企业竞争复杂性对绩效的作用机理构成削弱影响。

H2b：市场分割在竞争复杂性与绩效之间存在负向调节作用。

2. 市场分割、竞争复杂性与组织协调性

如前所述，市场分割会削弱竞争复杂性对绩效的促进作用。但另一方面，市场分割却可能通过影响组织协调性间接支持竞争复杂性。由于地方保护和区域间政绩竞争，市场分割对企业整合资源构成障碍，这种障碍导致企业在跨区域进入每一个区域市场时都不得不牺牲资源整合的效率。因此，横向整合企业往往在不影响整体规模效应的前提下尽可能满足地方政府的要求，包括在不同省、直辖市、自治区设立多个分部，以及在统一质量管理的前提下分散采购、经销渠道甚至生产运营等。这些"妥协"行为都导致企业牺牲整合后组织的协调性。如H2b，对于中国横向整合企业而言，降低组织的协调性恰好可以帮助提高竞争的复杂性。所以，市场分割对组织协调性与竞争复杂性之间的关联构成影响。

当市场分割的影响增加时，区域企业对横向整合企业的竞争威胁较大。此时，企业的竞争战略是发动跨区域整合优势。因此，企业需要提高组织的协调性，以便通过跨区域资源共享发挥整合优势来挤压区域企业的市场份额。而这样的资源整合模式就并不那么有效支撑企业实施复杂性的竞争策略组合。当市场分割的影响降低时，跨国公司对横向整合企业的竞

争威胁较大，此时企业需要发动区域灵活性与特殊性来抵御跨国公司的进入。因此，企业适合将资源分散在各区域以及各个部门，也即降低协调性。

H3：市场分割对组织协调性与竞争复杂性对绩效的交叉作用存在调节效应。

四、研究设计

（一）研究方法与样本选择

Chen 和 MacMillan（1992）开始将内容分析法引入到动态竞争的研究中，从新闻媒体报道的文字内容中获取有关企业的"客观描述与信息"。这样采集到的竞争行为数据被认为最能符合关于竞争行为概念中"可视"的特征。由于内容分析法已经成为竞争行为以及竞争策略组合研究的主要方法，本文借鉴也采取以内容分析为主的数据采集方法。

本文选择在空调、房地产和汽车三个行业搜集样本。因为上市公司的数据公开其受到政府和公众监督且具有权威性，本研究选择上市公司作为研究样本。为了研究在中国实施横向整合的企业，本研究从上述三个行业中挑选了 26 家上海或深圳证券交易所的上市公司 2001 年到 2012 年的数据作为样本。

（二）竞争行为的界定

为了便于研究，学者们往往在前人研究的基础上，结合所研究的行业特点，划分竞争行为的类型。谢洪明（2003）在研究中国彩电企业竞争网络的过程中，将竞争行为划分为十二类，即推出新产品、扩大生产、进入新市场、进入新行业、合作联盟、银企合作、收购兼并、降低价格、提高价格、重要促销、对外投资和其他。刁昳（2009）分析中国啤酒行业企业竞争行为时将竞争行为划分为十类，即推出新产品、重要促销、对外投资、扩大生产、进入新市场、合作联盟、收购兼并、涨价、降价和其他。考虑到三个不同行业的特殊性，本研究将在前人研究的基础上将企业竞争行为分为八类，即投资或并购、联盟或合作、开发新技术、推出新产品、开设新店或者进行新区域市场、调整变动组织架构或营销网络、变动价格、开展公共关系性活动等。

（三）变量

1. 因变量

本文借鉴陈明哲等人的研究，选择企业 ROA 值作为企业绩效的测度。为了克服行业差异，本研究将所有因变量都进行了标准化值处理。

2. 自变量

竞争性策略组合的复杂性。本文借鉴 Ferrier 等（1999）测算竞争行为单一性（Simplicity）的算法，求单一性的倒数为复杂性：

$$\text{Com} = 1 / \sum_{a} (N_a / NT_L)^2$$

其中，N_a 表示某一年某企业第 a 种竞争行为的频次，NT_L 表示当年企业所有竞争行为的总数。这一计算公式所反映的是企业全年竞争行为在类型上的跨度。举一个极端的例子，如果 A、B 两企业全年都发动了三种竞争行为，但是 A 全年的竞争行为中 80% 都是其中一种（变动价格），而 B 则三种竞争行为发动的频次相对平均，那么 B 的竞争复杂性也比 A 高。

3. 调节变量

（1）组织协调性。本研究借鉴一些学者的研究成果，以企业关联交易额的比重（Westney and Zaheer, 2003; Moon and Kim, 2008）、前 5 位供应商采购额和经销商销售额的比重（Birkinshaw and Goddard, 2009）作为协调性的代表性变量。本研究以这三个变量求熵权值，得到测度组织协调性的综合性指标。

（2）市场分割情境。当前，学者们通过许多经济指标来反映或表现中国市场分割的特征。樊纲（2011）用各省、直辖市及自治区的市场化指数反映不同区域市场化制度建设的情况。本文采用樊纲（2011）的中国市场化指标数据表明市场分割的本质，及区域间市场制度与市场化发展水平存在的差异。但是，仅仅直接使用市场化指数并不能表现企业受到市场分割情境的具体影响。前人的研究表明，不同的企业因总部所在地制度环境（宋铁波、曾萍，2011）的原因而会对区域市场制度差异产生不同的感受。因此，本文市场分割情境变量 MF_t 的计算方法为：将企业 i 总部所在省 t 年的市场化指数 m_{tH} 与当年其余省、直辖市、自治区市场化指数 m_{ti} 之差的平方求均值[①]：

[①] 由于自 2012 年以后，樊纲等人不再出版《中国市场化指数》，为了保证本研究所有数据的权威性，2011 年和 2012 年各省、直辖市、自治区市场化指数的数据是由前 5 年数据的变化趋势估算而出的。

$$MF_t = \frac{\sum_i^{31}(m_{tH} - m_{ti})^2}{31}$$

如上所述，通过对中国空调、房地产和汽车三个行业主要上市公司 2001 年至 2012 年相关数据的计算，得到各个企业每一年的竞争复杂性、组织协调性以及市场分割的影响程度等指标；然后，以均值为标杆，转换为类型变量（低于均值的赋值为 1，高于均值的赋值为 2）。

4. 控制变量

由于竞争行为都与企业的资源和成长积累有莫大关联（Miller and Chen, 1994），因此将企业成立时间和资源冗余（Slack）作为主要的控制变量。其中，资本禀赋由两个主要指标表现，即企业规模（Size）、企业当年流动资产与流动负债之比（也称流动比率）。为了克服行业差异，本研究将所有控制变量都进行了标准化值处理。

五、分析结果与讨论

（一）实证分析结果

本文建立包含双重交叉项的多元线性回归模型（Lin and Germain, 2003），应用 SPSS 16.0 对搜集到的数据进行多元统计分析。（见表 1、表 2、表 3）为了更好地揭示横向整合企业的竞争复杂性与组织协调性之间的匹配关系，所有自变量都以均值为标杆转化成了类型变量。为了确保类型变量数据的信度和效度，对各类型变量数据做方差分析，汇总得表 2。根据表 2 得知，所有类型变量组间均方值都大于组内均方值，且组间 F 值的显著性都很高（都在 0.001 以下）。因此，所有类型变量的分类都是具有效度的。

如表 3 所示，Model1、Model2a、Model2b、Model3 等四个模型的 F 值都通过显著性检验，说明模型的拟合程度较好。并且，Model2a 和 Model2b 相对于 Model1 的 R^2 方调整值都有所增加，而 Model3 相对于 Model2a 的 R^2 调整值也有所增加，说明所有的调节效应模型都成立。

表1 变量描述统计与Spearman相关分析汇总

变量	样本量	均值	标准差	1	2	3	4	5	6
1. 人数（RS）	265	1.3485E4	17486.63	1.000					
2. 年份（NF）	265	12.8830	5.25104	0.165**	1.000				
3. 流动比率（LD）	265	1.5354	0.66297	-0.349**	0.133*	1.000			
4. 绩效（ROA）	265	3.9965	5.10867	0.080	0.180**	0.116	1.000		
5. 竞争复杂性（FZ）	265	2.3208	0.94895	0.157*	0.006	-0.028	0.193**	1.000	
6. 市场分割（SF）	265	1.8226	0.98601	0.049	0.003	0.030	0.230**	-0.031	1.000
7. 协调性（XT）	265	1.4981	0.50094	-0.119	-0.061	0.160**	-0.060	-0.062	-0.206**

注："**"表示相关性指数的显著性在0.01水平（双尾），"*"表示相关性指数的显著性在0.05水平（双尾）。

表2 类型变量方差分析

方差分析	平方和	标准差	均方	F值	显著性
竞争复杂性					
组间	3.139	1	3.139	206.229	0.000
组内	4.004	263	0.015	—	—
组织协调性					
组间	31.808	1	31.808	6.893	0.009
组内	1213.675	263	4.615	—	—
市场分割					
组间	5840.564	1	5840.564	338.335	0.000
组内	4540.083	263	17.263	—	—

表3 回归分析结果

模型	Model1	Model-moder	Model2a	Model-interaction	Model2b	Model3
(Constant)	(-1.394)	(1.258)	(1.107)	(-2.976)**	(-1.261)	(-3.117)**	(-2.039)*
控制变量						
RS	-0.024	-0.018	0.045	-0.003	-0.057	-0.063	-0.081
	(-.388)	(-0.223)	(0.701)	(-0.043)	(-0.882)	(-1.017)	(-1.259)
NF	0.175**	0.166**	0.128**	0.172**	0.188**	0.188**	0.203**
	(2.857)	(2.647)	(2.941)	(2.837)	(3.062)	(3.142)	(3.343)
LD	0.069	0.094	0.073	0.059	0.083	0.051	0.062
	(1.122)	(1.482)	(1.173)	(0.950)	(1.331)	(0.845)	(1.011)
自变量						
FZ	0.229***			0.715***		0.435**	1.329**
	(3.859)			(3.565)		(3.515)	(3.206)
调节变量						
XT		-0.072		0.431**	0.094		0.329*
		(-1.160)		(2.626)	(1.335)		(1.206)
MF			0.173**		0.307***	0.439**	0.437**
			(2.824)		(3.852)	(2.872)	(2.719)

续表 3

模型	Model1	Model-moder	Model2a	Model-interaction	Model2b	Model3
交叉项						
$XT \times FZ$			−0.559* (−2.481)			0.314* (2.154)
$MF \times XT$				−0.222* (−2.595)		−0.212* (−2.520)
$MF \times FZ$					−0.327† (−1.784)	0.208 (0.985)
双重交叉项						
$MF \times XT \times FZ$						−0.388† (−1.891)
R^2	0.090	0.042	0.113	0.090	0.134	0.141
R^2 调整值	0.076	0.028	0.093	0.069	0.114	0.107
ΔR^2 调整值		0.066	0.017	0.041	0.062	0.090
F 值	6.397***	2.870*	6.498***	4.171***	6.653***	4.246***

注:"***"表示回归系数的显著性在 0.001 水平（双尾），"**"表示回归系数的显著性在 0.01 水平（双尾），"*"表示回归系数的显著性在 0.05 水平（双尾），"†"表示回归系数的显著性在 0.1 水平（双尾）。

Model1 中，竞争复杂性（FZ）对绩效构成显著（$p<0.001$）的正向作用，H1 获得支持。Model2a 中，组织协调性（XT）与竞争复杂性（FZ）的交叉项对绩效构成显著（$p<0.05$）的负向作用，H2a 获得支持。Model2b 中，市场分割（MF）与竞争复杂性（FZ）的交叉项对绩效构成比较显著（$p<0.1$）的负向作用，H2b 获得支持。Model3 中，市场分割（MF）、组织协调性（XT）与竞争复杂性（FZ）的三项交叉项对绩效构成比较显著（$p<0.1$）的负向作用，H3 获得支持。

（二）对结果的讨论

1. 竞争复杂性与组织协调性

西方学者认为，竞争复杂性对绩效有一种正向的促进作用。Miller 和 Chen（1996a）认为，如果一个企业竞争行为种类不够多样的话，那么可能会不足以对其竞争对手构成一种均势。Ndofor 等（2011）认为，一个企业在竞争行为种类上的局限不仅不能应对来自竞争对手各种各样的进攻，同时也不足以满足消费者的各种需求。本文 Model1 的实证结果不仅验证了 Ndofor 等（2011）、Miller 和 Chen（1996b）等人的研究，并且将他们的研究推向新的竞争状态，即当企业面对多个不同类型（资源特征、战略导向等）的企业竞争时，竞争策略组合的复杂性对绩效的正向作用仍然有效。

有学者认为，企业内部信息的共享和资源的优化配置，有利于其他发动各种竞争行动（Tian and Fan, 2008）。同时，Ndofor 等（2011）的研究也表明，企业竞争复杂性在技术性资源与绩效之间起到中介的作用。因此，尽管没有直接探讨组织协调性与竞争复杂性关系的研究报道，但从逻辑上讲它们应该是互相促进的、对绩效存在正向交叉作用的关系。但是，本研究的 Model2a 的结果并没有支持这种观点。Ndofor 等人的观点并没有考虑企业同时面对不同类型竞争对手的竞争环境。在转型期中国，横向整合企业面对两类竞争对手。由于针对不同的对手需要采取不同的竞争策略，并相应地集中和使用不同类型的资源与能力，所以中国横向整合企业的竞争策略组合相比西方企业可能更具有复杂性。这样，企业内部资源共享与协同并不一定促进这种情况下的竞争策略复杂性。在面对两种竞争对手时，适当地降低协调性有助于企业同时发动两种或多种截然不同（甚至是互相冲突的）的竞争行为。

2. 市场分割对竞争复杂性的影响

市场分割对市场配置资源的干预受到多数学者的认同（陆铭等，2004；方军雄，2009）。Model2b 的结果进一步说明市场分割对中国企业竞争复杂性的作用和效果存在颠覆性的影响。分析结果表明，受到市场分割影响越强，企业越需要降低竞争策略组合的复杂性，才可能适应市场分割的制度情境与实现绩效的增长。造成这一影响的主要原因是，市场分割对焦点企业竞争行为的范围构成影响，同时也对其竞争对手构成影响。市场分割割裂了市场范围，并使其行政层级化，这就致使企业在不同的市场范围中提高竞争复杂性面临更高的难度，并造成更高的管理成本。因此，当市场分割的影响加重时，企业实施复杂性竞争策略组合的难度就加大了。另外，当市场分割的影响加重时，会削弱跨国公司进入中国市场的能力，而同时增强区域企业利用区域制度与政策优势控制区域市场的能力。因此，随着市场分割影响的加重，横向整合企业需要将主要的精力集中于应对区域企业。面对区域企业时，企业应该尽量发挥整合的优势，而不是将资源与能力分散使用。所以，此时提高竞争复杂性也就没有必要性。

不仅如此，市场分割对企业竞争行为的影响还可能通过组织机制传达。Model2a 表明，在没有考虑市场分割调节作用时，横向整合企业组织的协调性与竞争复杂性对绩效构成负的交叉作用。如图 1 所示，当它们两

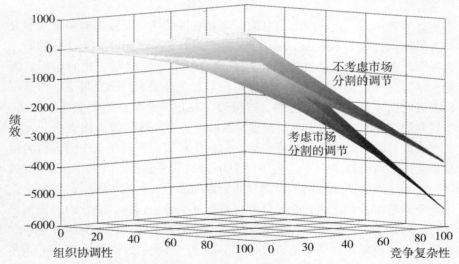

图 1　市场分割对横向整合后组织协调性与竞争复杂性交叉项的调节作用

者同时发挥作用时,反映绩效的影响曲面向下凹,说明组织协调性与竞争复杂性对绩效的交叉作用是负的,高竞争复杂性应与低协调性相匹配。而在考虑了市场分割的调节影响之后,反映绩效的曲面向下凹的程度更甚,且衰减下行的曲率更大。这说明,市场分割的制度情境加重了横向整合企业组织协调性同竞争策略组合复杂性对绩效的负向交叉作用。随着市场分割的影响加剧,企业整合资源的效率将受到越来越大的打击,因此企业对组织协调性的牺牲也越来越大,从而间接导致企业竞争复杂性受到影响。

六、结论

本文通过内容的实证分析,得到如下结论:

在市场分割的制度情境下,中国横向整合企业面临"两线作战"的特殊竞争格局。这一格局下,横向整合企业竞争复杂性对绩效具有较强的促进作用,但是组织协调性却对竞争复杂性的这一作用造成削弱。市场分割的制度情境,不但在竞争复杂性与绩效之间具有削弱的调节作用,并且对竞争复杂性与组织协调性之间的交叉作用也构成削弱影响。上述研究结论表明,转型期中国横向整合企业应该适度降低整合后的组织协调性,通过分散运营管理等方式提高竞争复杂性,并促使高度复杂的竞争策略组合发挥效用。而受到市场分割的影响越大时,横向整合企业低组织协调性高竞争复杂性的匹配组合对绩效的作用将进一步被弱化。因此,为了发挥竞争复杂性对绩效的正面作用,市场分割的影响程度越高时,企业在组织协调性方面所做出的"牺牲"就需要越大,企业横向整合后在资源整合方面做出的让步也就会越大。

本文的研究贡献如下:

(1)完善动态竞争行为分析框架。动态竞争研究的主要任务就是找到竞争行为动态变化的特征以及规律。在动态竞争环境中,企业竞争行为决策需要考虑"哪些竞争行为能够有效地、快速地、有力地执行"。围绕这一问题,动态竞争理论研究者们将焦点集中于四个方面,即代表企业与竞争对手市场状态的市场共通性、代表企业与竞争对手实力对比的资源相似性、代表企业认知与决策能力的高管团队特征等(Chen, 1996; Ferrier and Lyon, 2004; Hambrick, Cho and Chen, 1996),以及企业组织机制与指挥系统等。其中,围绕组织机制与指挥系统方面的因素讨论中,学者现有的研究仅仅揭示了企业规模、组织结构等对企业发动单次竞争行为的影响。本文在前人研究的基础上，进一步分析企业组织协调性与竞争策略组合的关联，并将组织协调性等组织资源方面的要素纳入到企业竞争行为分析的理论框架中。企业组织对资源运营的效率与协调性水平，需要与适当的竞争行为或竞争策略组合相匹配，如此才能有效发挥竞争策略的效果，甚至起到事半功倍的作用。

（2）探讨市场分割对横向整合企业竞争行为的影响机理。根据以上的讨论，本文将市场分割的制度情境纳入竞争行为与企业组织模式对中国企业绩效的实证研究中，揭示了市场分割的制度情境不仅仅是一种单纯的制度环境。在这种特殊的制度情境下，中国横向整合企业还落到一个特殊的竞争格局之中，即"两线作战"的竞争格局。这一特殊的竞争格局表明市场分割将横向整合企业的主要竞争对手分为两个不同的类型，并基于不同的优势资源和能力、通过不同的市场途径对横向整合企业构成竞争威胁。这一结论深化了我们对市场分割制度情境影响企业行为的认识，有助于推动市场分割的情境理论化。

本文尚有如下不足：①本研究虽然搜集了样本企业12年的数据，但忽略了对竞争行为进行时间纵向的分析。②样本的行业都属于传统行业，研究结论在例如IT、文化传媒等战略性新兴产业中的适用性需要进一步验证。③在考量企业竞争绩效时仅仅测量了企业竞争行为短期的、显性的财务绩效，而对企业竞争行为长期的或者阴性的收益则并没有测度到。

本文后续的研究方向有：①搜集并分析包括战略新兴产业在内更多行业的样本，才能完全反映转型期中国企业整体上在整合战略行为与动态竞争互动之间的关系。②从时间纵向的视角，进一步刻画改革开放以来市场分割或者地方行政分权在不同历史阶段对企业行为的不同影响，以便探讨当前中国经济体制改革的发展方向与建议。

（原载《管理世界》2014第4期，第81~89、116页。本文由皮圣雷、蓝海林合撰）

中国企业战略行为的解释：
一个整合情境—企业特征的概念框架

中国企业战略管理学的发展是在运用西方企业战略管理理论研究中国企业战略行为的过程中发展起来的，其核心目的就是要对中国企业的战略行为做出符合中国情境的解释和指导。在这个学科发展的过程中，一些学者基于市场基础的观点，更偏向于从中国企业所处环境的情境特征出发，研究中国企业的战略行为，包括解释中西方企业战略行为的差异性。（陈信元、黄俊，2007；贾良定、张君君等，2005）另一些学者则基于资源基础的观点，从中国企业所具有的自身特征出发，研究中国企业战略行为，解释中国企业之间在战略行为上的差异性。（贾良定、张君君、钱海燕等，2005）本研究以国内外相关文献为基础，引入制度理论，揭示了中国企业的制度环境与企业特征之间的交互作用，整合了上述两种视角对中国企业战略行为的研究成果，构建了一个能够更全面解释中国企业战略行为的概念框架，从而为在经济全球化和现行经济体制交互作用下优化中国企业的战略行为，以及发展中国的世界级企业，提供更有效的理论指导。

一、影响中国企业战略行为的主要情境特征

在研究中国企业战略管理行为的过程中，学者们遇到的第一个问题是：为什么中国企业在战略行为上不同于西方企业？在中国企业战略管理学科发展的"情境钝感"阶段上，国内外企业战略行为上的差异主要被归因于中外企业特性的差异。在中国企业战略管理学科发展逐步从"情境钝感"向"情境敏感"转变以后，这种差异被逐步归因于中西方企业所处情境的差异，包括制度环境和社会文化上的差异。对中国企业战略行为所进行的情境嵌入式研究越来越清楚地表明，中国企业在战略行为上的独特性主要源于所处制度环境的独特性，源于中国经济转型在内容和方式上的特殊性。与其他经济转型国家相比，中国所实施的经济转型在内容上

是一种双重转型（徐睁、权衡，2003），既包括从相对落后的农业社会转向较为发达的工业社会的所谓经济发展转型，也包括从封闭的计划经济体制转向开放的市场经济体制的所谓经济体制转型。中国所实施的经济转型的推进方式是渐进、放权和试验式的（郭俊华、卫玲，2011）。这就在根本上决定了中国企业所嵌入的制度环境具有不同于西方的情境特征。中西方学者对中国企业所处制度环境特征的表述很多，其中使用频率最高的表述主要有三种。

（一）转型经济

多数国内外学者对中国企业战略行为的研究均将"转型经济"视为中国独特的情境特征，即中国企业战略行为既受市场经济体制也受计划经济体制的影响（王成、蓝海林，2010）。受渐进式经济体制转型的影响，中国至今仍然没有完成从计划经济向市场经济的转型，计划经济和行政干预仍然广泛和频繁地困扰着经济、市场和企业的正常运行。其主要表现在：①各级政府手中仍然掌握着大量的资源，致使这些资源无法完全按照市场机制进行有效和有效率的配置；②各级政府仍然在经济运行中发挥相当重要的作用；③国有经济的比重偏高、效率低下，而非国有经济的地位和作用仍然需要进一步提升；④市场经济体制所需要的政治体制和法制环境仍然存在严重缺失或不健全。中国加入WTO以后，中国市场经济体制的不完善集中表现在区域竞争和地方保护对国内市场的分割。（蓝海林、李铁瑛、黄嫚丽，2011）支撑区域竞争和地方保护制度的机制源于以下三种机制的相互作用，即对地方政府的放权式管理、地方官员的任命制和以经济增长为核心的评价机制。

（二）新兴市场经济国家

相对于成熟的市场经济国家来说，新兴市场经济国家一般兼具高增长和市场机制不健全的特点。（陈卓勇、吴晓波，2006）多数学者认为，中国仍然具有明显的"新兴市场经济国家"的情境特征。改革开放以来，中国经济的持续高增长通过以下两个途径给中国企业带来大量的发展机会：①中国的国际比较优势，尤其是中国巨大的国内市场为中国外向和内向企业带来大量的增长机会；②各级政府对经济运行的过多干预不正常地扩大着行业平均利润率的差异。由此，机会带动增长至今仍然是中国企业主要的战略导向（陈卓勇、吴晓波，2006）。更为重要的是，中国的市场经济体系，包括各种制度、规则和各种参与者及其行为都还不完善，因此相当一部分中国企业完全有可能在并不具备相应竞争优势条件下，利用体制不健全、市场不完善、信息不对称而获得更好的发展机遇。（Zeng and Williamson，2007）

（三）制度环境差异化

在渐进、放权和实验式的经济转型中，中国各级政府一直通过差异化的制度和政策的办法分别或者轮流地推动着不同所有制、不同地区、不同行业，甚至不同隶属关系企业的改革与发展；一直给予不同行业、不同所有制，甚至不同资源和实力的企业以不同的优惠或者保护政策。与西方比较成熟的市场经济国家相比较，中国市场经济缺乏统一性和公平性。不同类型或者不同区域的企业所嵌入的制度环境存在着明显的差异性，或者说中国企业所面临的制度影响在内容和程度上存在着严重的"因企业而异"的情况。在区域竞争和地方保护日趋激烈的情况下，中国企业制度环境的差异化特征在地方政府的区域经济竞赛中得到了进一步的强化。

二、中国企业战略行为的情境特征解释

受上述独特情境特征的影响，中国企业在战略行为上表现了哪些不同于西方的特点？这是中西方战略管理学者们试图回答的第二个问题。从表面上看，中西方企业在战略行为上的差异主要表现在增长方向和增长方式上，如对行业多元化增长战略的偏好；从根本上看，这种差异主要表现在基本管理导向、战略思维模式以及如何应对制度影响上。对于中外企业战略行为上的这些更深层次上的差异，需要根据中国企业所处的情境特征，分别从制度基础和资源基础观的视角做出合理解释。

（一）政府导向或市场导向

由于中国"转型经济"情境特征的影响，中国企业在基本经营理念的选择上不同程度地陷入了第一个"两难困境"，即无论是选择"以政府为导向"还是选择"以市场为导向"，都面临"难以取舍"的局面。计划经济和市场经济两种体制的并存一直被认为是转型期中国经济体制

的主要特征（靳涛、张建辉、褚敏，2011）。在无法准确判断或者预测政府还是市场更重要的情况下，一些企业选择了完全"以市场为导向"的经营理念，但是往往会忽视来自于政府的各种机会和威胁；另一些企业选择完全"以政府为导向"的经营理念，但是往往又会忽视来自市场的各种机会和威胁。多数企业曾经试图在具体的战略决策中采取"两手抓而又两手都硬"的方式去应对这种"两难困境"，即"一手抓市场，一手抓政府"。（石柏青，2010）然而，越来越多的企业已经意识到上述两种管理导向在根本上是难以兼容的，因为支撑这两种管理导向所需要的资源与能力，尤其是价值观是完全不同和难以整合的。从长期或者战略上看，因为缺乏支撑政府导向所需要的资源和能力优势，长期坚持"以市场为导向"的企业往往无法有效把握来自政府的机会或者化解来自政府的威胁；因为缺乏支撑市场导向所需要的资源与能力优势，长期坚持"以政府为导向"的企业往往难以有效把握来自市场的机会或者化解来自市场的威胁。

（二）市场基础或资源基础

由于中国"新兴市场"情境特征的影响，中国企业在战略决策模式的选择上不同程度地陷入了第二个"两难困境"，即无论是选择"市场基础模式"还是选择"资源基础模式"，都面临"难以取舍"的局面。随着经济全球化的影响和中国经济转型的不断深入，中国企业所面临的各种增长机会呈现下降趋势，但是迄今为止中国仍然被认为是一个充满发展机遇和投资机会的新兴市场国家。（Anwar and Syed，2012）在这种情况下，一些企业过早或者过于执着地采取"资源基础"的战略思维模式，因此错失大量通过行业多元化而获得高收益的机会；另一些企业则过晚或者过于顽固地坚持"市场基础"的战略思维模式，因此失去在主业上建立和发挥核心专长的机会。多数企业曾经试图在具体的战略决策中通过整合上述两种战略思维模式（Legewie，2006）去应对这种"两难困境"，即同时重视对外部机会的把握和对核心专长的建立。其实，上述两种战略决策模式被证明是难以兼容的，因为支撑两种战略行为模式的核心价值观和资源配置是根本对立的。从长期或者战略上看，采取市场基础模式的企业往往会将有限的精力和资源用于把握外部机会，而采取资源基础模式的企业则往往会将有限的精力和资源用于优势的建立和发挥上。

(三)制度地位与制度影响

由于中国制度环境差异化特征的影响,中国企业在如何对待制度影响的问题上陷入了第三个"两难困境",即无论是否按照自身地位接受相应的制度影响,企业都将面临"难以取舍"的局面。在经济转型的过程中,一方面,政府赋予不同类型的企业不同的社会责任和制度地位,要求企业按照各自的制度地位接受制度影响,并且给予满足相应的制度要求的企业以对等的制度合法性收益;另一方面,政府逐级放权,搞活企业,推动各种类型的企业大胆试验和创新,不失时机地突破制度藩篱,享受市场和制度创新的收益。(叶广宇、刘美珍,2013;叶广宇、蓝海林、李铁瑛,2012)鉴于此,中国企业如果完全根据自身制度地位而默许、接受和认同相应制度影响就会面临牺牲市场和制度创新收益的危险,如果完全不根据自身制度地位而拒绝相应制度影响就会面临失去制度合法性收益的危险。深入分析中国企业的发展历程可以发现,在各个历史阶段都完全认同自己的制度地位和接受制度影响的企业(即所谓"完全循规蹈矩"的企业)与完全不认同制度地位和接受制度影响的企业(即所谓"完全不循规蹈矩"的企业)都很难在中国经济转型过程中得到持续和稳定的发展。值得特别强调的是,能够在整个中国的经济转型过程中持续、适时和恰当地掌握这种"艺术"的企业家极其罕见。情境特征与中国企业战略行为之间的关系如图1所示。

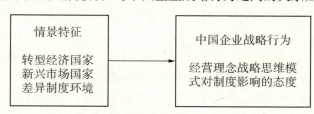

图1 中国企业战略行为的情境特征解释

三、中国企业战略行为的企业特征解释

研究中国企业战略管理行为的国内外学者需要回答的第三个问题是:为什么在相同情境下中国企业的战略行为会表现出巨大的差异?为了揭示中国企业战略行为的共性和中西方企业战略行为上的差异性,已有研究都

选择将企业自身特征,如制度地位、资源能力和管理传统等变量作为控制变量来处理。然而,为了探求在相同情境下中国企业之间在战略行为上的差异,现在学者们开始选择将企业自身特征相关的变量作为调节变量,甚至是自变量,研究企业情境特征与自身特征的交互作用对中国企业战略行为的影响。大量研究证实,正是这些变量的影响导致相同情境下的中国企业在战略行为上表现了不同的特点。

(一) 企业的制度地位

为了在稳定的前提下促进中国经济转型和经济发展,中国各级政府在经济转型的不同阶段上对不同类型的企业有不同的制度安排和要求。其中,国有企业需要更多地承担稳定的责任,而非国有企业则需要更多地承担发展的责任,即不同类型的企业实际上被赋予了不同的制度地位。(蓝海林、皮圣雷,2011)由此,制度地位相同的企业在"两难困境"下的战略行为具有明显的共性,而制度地位不同的企业在"两难困境"下的战略行为则具有明显的差异性。影响企业制度地位的主要因素包括三点。

1. 行业特征

在渐进、放权和试验式的经济转型过程中,为了平衡稳定与发展的关系,中国各级政府将所有行业划分成竞争性和非竞争性两种,并且对上述两种行业企业的准入、经营与管理模式给予了不同的制度安排和要求,从而导致在不同类型行业中经营的企业面临性质与方式都不同的制度影响。

2. 所有制特征

在促进多种所有制并存和发展的过程中,中国各级政府在不同的发展阶段对不同所有制的企业制定了不同的发展政策和管理制度。中国政府可以通过所有权、任免权和软预算等方式严格管制国有企业的战略行为,但是却无法以同样的方式或者力度去管制非国有企业的战略行为。

3. 国有企业的隶属关系

考虑到所有制与所处行业特征的交互作用,隶属不同层级政府的国有企业具有不同的制度地位,也面临性质和方式不同的制度影响。这种制度地位差异对国有企业跨区域整合国内市场的战略行为具有明显的影响。研究表明,隶属中央的国有企业比隶属地方的国有企业更容易实施跨区域整合战略,并且更容易获得跨区域整合的整合效益。(张志宏、费贵贤,2010)值得注意的是,企业制度地位的高低不仅与企业的所有制和国有隶属关系特性有关，而且还与企业所有者或高管人员同何种层次的政府保持关系有着相当明显的关联。

（二）企业的资源能力

在放权式管理、官员任免制和经济考核的多重影响下，各级地方政府不同程度地参与了区域竞争和地方保护。在这种制度情境下，中国企业与政府，尤其是与地方政府的关系已经逐步演变成为一种利益共同体的关系。为了促进区域经济的发展和提升地方政府的政绩，各级政府尤其是地方政府一般都愿意给资源能力强的企业以相应的政策优惠和扶持、提供"贴身服务"，以及为其保驾护航。鉴于此，在各级政府执行制度的过程中，几乎所有的制度尤其是强制性制度的制定和执行都因此存在着大量的"例外"和"打折"的可能性。这种情况绝对不是个别和偶然，应该可以视为转型期中国所特有的一种制度选择和安排。

（三）企业的管理传统

面对相同的中国情境，制度地位与资源能力相同的企业在战略行为上仍然表现出一定的差异性。导致这种差异性的根本原因是在经济转型不同阶段上以不同路径或者方式发展起来的企业已经形成了不同的管理传统包括企业的核心价值观、企业的战略思维模式和企业的管理模式等。企业管理传统对企业在"两难困境"下的选择具有重要影响，这不仅是因为企业管理者很难判断是否需要改变管理传统以适应环境的变化，更重要的是企业战略管理者并不一定能够迅速改变管理传统。企业管理传统对企业战略管理行为的影响潜移默化，具有很强的惯性或者惰性。企业特征与中国企业战略行为之间的关系如图2所示。

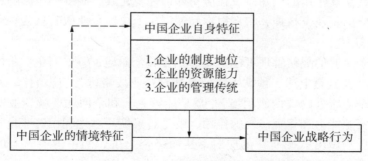

图2　中国企业战略行为的情境和企业特征的解释

四、中国企业的战略行为：一种超越情境和企业特征的解释

国内外学者对于中国杰出企业的案例研究表明，少数中国企业的战略行为已经在一定程度上超越了上述中国情境和企业特征的制约，从而使自己成为少数中国的"世界级企业"。例如，创建于1980年的中国国际海运集装箱（集团）股份有限公司（下文简称"中集"）曾经是濒临破产的国有控股企业。经过30多年的发展，已经成为国内外公认的中国"世界级企业"的代表。（蓝海林，2008）相关学者对于中集战略行为的研究表明，该企业一直坚持以市场为基础的经营理念，但同时把握了一些来自政府的机会；一直坚持以资源为基础模式，但抓住了相关多元化发展的市场机会；一直重视发挥中央国企的优势，但是又能够有效地规避中央国有企业的制度约束；一直保持了重制造、重成本、重质量的管理传统，又能够在资本运营、国际化经营和技术创新方面进行实时和大胆地创新，在一系列"两难取舍"中表现出难以想象的"艺术"。认真和深入地分析中国杰出企业的战略实践可以发现，这些企业之所以能够在应对"两难困境"和制度影响方面表现了一些超出情境特征和企业特征的行为，与这些企业战略管理者的特征及其背后的治理结构和机制密切相关。

（一）企业战略管理者

企业战略管理者，尤其是企业的董事会和企业高层管理者，不仅是企业战略的制定者，而且是企业战略实施的主导者。他们对中国情境、企业特征及其交互作用的认知以及在应对外部环境尤其是制度环境影响过程中所表现出的企业家精神，将在根本和深层次上决定企业战略行为特点。

1. 认知

一个企业的战略管理者越是能够充分和全面地了解中国企业所处的经营环境（尤其是上述三种情境特征及其对企业战略行为的影响），就越能够把握企业所处的"两难困境"；越是能够充分和全面地了解企业的制度地位、资源能力和管理传统的作用，就越有可能巧妙地利用这些自身特性对制度影响做出"变通"的应对，从而将企业在"两难困境"下的战略行为"拿捏"得恰到好处。

2. 企业家精神

能否在"两难困境"中系统和连续地做出一系列对企业长期发展有利的战略决策，企业战略管理者需要的不仅是审时度势的能力，更需要敢于担当和执着坚持的企业家精神。对中国世界级企业的案例研究表明，如果主导企业战略管理者团队的是一位具有企业家精神的所有者或者职业经理，他们才有可能凭借过人的胆识、担当和执着在"两难困境"下做出一系列既取舍恰当又另辟蹊径的战略行为。

（二）公司治理结构与机制

在欣赏杰出企业战略管理者的认知和企业家精神的同时，一定要知道选择、激励和控制企业战略管理者的是公司的治理结构和机制。没有合理的公司治理结构和机制的保证，杰出的企业战略管理者的出现和存在只是制度上的巧合而不是制度上的必然；反之，亦然。在研究少数中国世界级企业的战略行为中发现，与企业"顶层设计"有关的四个因素及其相互作用的细小差异都将在很大程度上决定一个企业是否能够发现、造就和持续地拥有"杰出的企业战略管理者"。这四个因素分别为企业的股权结构、董事会、高层管理者和高层管理者的激励方法。

1. 企业的股权结构

无论是对国有企业、民营企业及其控股的企业来说，一股独大的股权结构都不是有效应对"两难困境"及其制度影响的治理结构。至少是在竞争性行业中，如果国有股权过大，则不利于战略管理者防止政府和制度的干扰；如果是家族股权过大，则不利于战略管理者防止非理性因素的干扰。正是在这个意义上，适度分散股权结构和规范治理机制应该是优化中国企业战略行为的重要手段。

2. 董事会

由于股权结构的调整相对较难，许多中国企业都是通过调整董事会人员的构成和规范董事会决策机制来提高企业战略决策的有效性和效率的。引进外部独立董事和规范董事会决策方式可以在一定程度上帮助企业战略管理者排除来自政府和所有者家族的干扰，理性地分析企业所面临的制度影响，准确把握企业的资源能力和管理传统，从而保证战略管理者在应对"两难困境"和制度影响上做出更有效的战略行为。

3. 企业高层管理者

企业高层管理者是企业战略的制定者和执行者,企业高层管理者的经历、年龄、知识和来源等特征(Finkelstein and Hambrick,1996)会在很大程度上决定其对外部机会、制度地位、资源能力和管理传统的认知,并决定企业的战略行为。因此,根据对未来企业内部和外部经营环境变化趋势的判断,企业董事会应该通过调整高层管理者的构成来提高企业战略决策的有效性和效率。(张平、蓝海林,2005)

4. 企业高层管理者的激励方法

嵌入在中国特有的情境之中,面对多种"两难困境",中国企业战略管理者需要足够的胆识和担当,才能够做出最利于企业利益相关者的战略行为。如果企业的所有者、董事会希望获得与拥有这样的高层管理者并有效发挥其才能,就必须给予他们相应的授权、管控和激励。一般来说,企业董事会采取基于长期绩效的激励方法更有利于企业战略管理者有效应对转型期中国企业所面临的特殊情境及其影响。管理者及治理结构与中国企业战略行为之间的关系如图3所示。

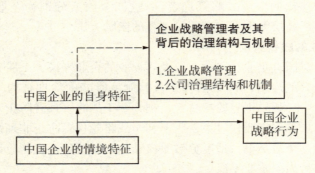

图3 中国企业战略行为:超越情境和企业特征

五、结论:一个整合情境—企业特征的概念框架

凡是存在的都是合理的。嵌入在中国情境之中,中国企业战略行为上的共性和差异性都应该视为一种"情境效应",均可以通过中国企业的情境特征和企业特征的交互作用而得到合理解释。在整合上述关于中国情境特征、企业特征以及战略行为相关研究成果的基础上,本研究基于情境和

企业特征的交互影响，构建了一个解释转型期中国企业战略行为的概念框架（见图1）。有效地利用这个框架不仅可以为基于中国情境的理论创新提供指引，更重要的是可以为在现行经济体制下优化中国企业战略行为，特别是提升企业的国际竞争力提供理论指导：①可以基于中国企业所嵌入的若干情境特征回答关于中国企业战略行为的第一个问题。揭示中国情境的独特性和推进中国情境理论化工作对推动中国企业战略管理学科实现理论创新具有重要意义。②可以基于中国企业所嵌入的若干情境特征与企业自身特征的交互作用回答关于中国企业战略行为的第二个问题。企业特征对中国企业选择行为的调节作用可以分别从市场基础、资源基础和制度基础理论上做出进一步的解释。（蓝海林、宋铁波、曾萍，2012）。具体和深入地研究中国情境和企业特征交互作用对中国企业战略行为的影响，将有效启发基于中国情境的理论创新。③可以在考虑中国情境特征和企业特征交互作用的基础上，引入企业高层管理团队、企业家精神和公司治理理论，进一步解释关于中国企业战略行为的第三个问题。在中国经济转型的特定历史阶段上，少数中国企业之所以能够发展成为世界级企业主要不应该归功于企业外部的制度安排，而应该归功于企业内部治理和企业战略管理者的贡献。由此可见，大力发展中国世界级企业不能够只依靠良好的公司治理和企业战略管理者，更需要进行新一轮更全面和深化的改革。

（原载《管理学报》2014年第5期，第653～658页）

用国际化战略思维开拓国内市场

在建立和提升国际竞争力方面，中国企业具有三大国家特定优势：一是要素条件优势，二是相关和配套产业优势，三是国内市场优势。其中，国内市场优势的重要性正在迅速提升。考虑到中国国内市场在全球市场中的地位和中国国内市场的国际化程度，越来越多的学者认为中国竞争性行业的企业有可能利用国内市场建立和提升国际竞争力，发展出一批像中国国际海运集装箱（集团）股份有限公司、中国振华港口机械设备股份有限公司一样的"世界级企业"。

少数中国世界级企业的战略实践表明，中国在越来越多的产品上既是全球最大的消费国也是全球最大的出口国，有效地开拓和整合某个产品或者行业的国内市场或者国内制造企业，就完全有可能先建立和发挥成本优势再建立和发挥差异优势，先成为中国第一再成为世界第一。正是从这个意义上说，有效开拓和整合国内市场已经成为全球化条件下中国企业建立和提升国际竞争力的最佳战略选择。

令人遗憾的是，目前国内多数行业存在着企业数量多、行业集中度低、行业结构恶化和行业竞争强度过高的问题，究其原因就在于这个看似巨大的中国市场不像一个单一国家市场，倒好像是由多个分割市场所"拼凑"起来的国际市场，例如欧洲共同体市场。受制于国内市场结构特殊性的影响，多数中国内向型企业难以通过横向开拓和整合国内市场而做强自己的主业，只好走上高度行业多元化之路；多数中国外向型企业难以通过横向并购和开拓国内市场提升营销和研发能力，只好徘徊于全球价值链的最低端。

在开拓和整合国内市场的过程中，中国企业面临"有所得必有所失"的格局：过于重视市场差异性和分割性的存在和影响，就会在战略上忽视或者牺牲开拓和整合国内市场所应有的整合效益，尤其是规模与范围经济效益；完全忽视市场差异性和分割性的存在和影响，就会在制定和实施国内市场开拓和整合的过程中丧失地方响应能力。考虑到国内市场结构的特殊性，我们认为只有借鉴一些国际化思维，中国企业才能够处理好整合效率与地方响应的矛盾，有效实施国内市场开拓和整合战略。本文就是想通过对这个观点的解释，为新形势下中国企业有效利用国内市场、提升国际竞争力提供帮助。

一、中国国内市场究竟是"大"还是"小"

国外学者或者企业家对这个问题的回答可能更典型和深刻一些。在进入中国市场之前，他们都认为中国国内市场一定是一个很大的市场，因为中国毕竟有13亿人口，中国消费者需要什么产品，那么中国在这个产品上就会成为全球增长最快和规模最大的单一国家市场。但是，在进入中国国内市场多年之后，他们都越来越清楚地认识到中国国内市场实际上"很小"，认识到任何国外企业都很难在中国市场上获得很高的市场占有率。国外学者和企业家越来越倾向于将中国国内市场在结构上看成一个"联邦制国家的市场"。越来越多的研究表明，上述看法是有文献依据的，因为转型期中国国内市场的确具有两个不同于一般国家国内市场的特点，一个是市场同一性低，另外一个是市场分割性高，正是这"一低一高"的重叠和交互影响使中国国内市场呈现相当独特的结构特点。

（一）低度同一性市场

一个国家国内市场同一性的高低主要是指国内各个区域市场需求和消费方式差异的大小。从中国各个区域的自然气候、地理环境、人口社会、文化传统、经济发展和居民收入水平的差异程度及其影响来看，中国国内市场总体上是个低度同一市场。1996年，笔者在对广东华宝空调股份有限公司提供战略咨询的过程中发现，中国家用空调市场的顾客需求和消费行为存在着巨大的横向和纵向差异。从横向来看，这种差异明显存在于东南、中部和其余边远区域之间，从纵向来看这种差异同样存在于省会城市、地级城市和县镇之间，以至于任何希望开拓和整合国内家用空调市场的企业都难以漠视这种差异。如果以上述两个变量作为横轴和纵轴，就可以将国内家用空调市场划分为一个九方格矩阵，其中东南沿海地区的上海与西南边远地区的黔西县县城市场之间的差异可能大过欧洲国家市场之间的差异。

尽管不同行业的国内市场之间存在着同一性高低的区别，大多数中国企业都应该了解国内不同的区域市场的市场需求和消费方式等存在着很大的差异,以至于我们不同区域市场可以被放在产品生命周期的不同阶段。例如,当东南地区省会城市家用空调市场已经进入后期增长阶段的时候,边远地区县镇空调市场才刚刚进入市场进入阶段。为此,国内企业需要根据不同区域市场在产品生命周期所处阶段上的特点制定和实施不同的营销组合战略。例如,在上海使用有奖促销的方法可能根本无人问津,但是在西南边陲的小县城则可能取得万人空巷的效果。

(二) 高度分割性市场

在渐进、放权和试验式经济转型过程中,中国国内市场在制度上逐步从高度统一演变为高度分割的市场,并且表现出一种所谓"联邦制"的结构特点。也就是说,中国市场在国家层面上是统一的,但在区域层次上则表现出很强的分割性。从表面上看,国内市场分割好像是国内各个地方政府积极推动区域竞争和地方保护的结果;从根本上看,国内市场分割以及区域竞争和地方保护都是中国经济转型特殊历史阶段上的一种制度选择和制度安排,其积极作用曾经远大于消极作用。

中国"入世"以后,国内市场分割性的消极作用,尤其是对有效实施国内市场开拓和整合的制约作用才逐步凸现出来。

(1) 正如樊纲教授所从事的中国市场化指数研究所示,国内各个行政区域的市场化程度或者制度环境存在着很大的差异,这种区域制度环境上的巨大差异为中国企业有效地实施跨区域开拓和整合战略增加了进入障碍、投资风险、运营成本和管理难度。

(2) 国内各个行政区域之间的区域竞争和地方保护导致各个区域产业结构趋同现象严重,增加了中国企业有效开拓和整合国内市场的难度,也使地方政府有理由保护本地企业和歧视跨区域投资企业,造成了市场的低效率和不公平。

(3) 各个行政区域政府纷纷动用自己的资源和权力换取本地和外地在本地投资企业为地方 GDP 和财政收入做贡献,制约了本地企业的跨区域投资,限制了横向整合企业发挥整合效益。

二、开拓和整合中国市场：市场开拓战略还是国际化战略

在横向开拓和整合国内市场的过程中，如果一个国家的市场被认为是高度统一和同一的市场，那么企业就应该采取国内市场开发战略和全国统一的营销组合战略。相反，如果这个国家的市场被认为是高度分割和差异化的市场，那么企业就应该采取国际化战略和区域化的营销组合战略。然而，面对具有"联邦制"特点的中国国内市场，实施国内市场开拓和整合战略的企业究竟应该采取何种战略思维制定和实施国内市场开拓和整合战略呢？杰出企业的战略实践表明，这些企业应该选择的战略可能是介于上述两种战略之间的战略选择，而制定和实施这种"中间战略"在一定程度上需要借鉴国际化战略思维解决好以下三个问题；至于需要在多大程度上借鉴，则取决于该企业所在行业全国整合潜力或者市场分割性的高低。

（一）平衡整合效益与地方响应能力

在技术进步和全球化的影响下，国际市场正在表现出越来越明显的同一性或者趋同性。如果一个企业在国际化过程中选择了所谓全球化战略，则可以充分利用这种特性并最大限度地获得全球整合效益，但是这个企业会同时失去地方响应能力；另一方面，世界各个国家市场不仅存在着差异性，而且也存在着贸易保护不断强化的趋势，实施多国化战略可以充分地适应和利用这种低同一性和贸易保护的影响，最大限度地获得地方响应能力，但是这个企业也同时会失去全球整合效益。随着技术进步和企业国际化水平的提高，少数企业开始尝试实施一种同时追求全球整合和地方响应的所谓跨国化战略来解决上述"有所得必有所失"的矛盾。与企业国际化相似，中国企业同样需要在低同一性和高分割性的国内市场中实施横向开拓和整合战略，实施国内市场开拓和整合战略的企业同样面对着全国整合与地方响应之间的矛盾。因此，中国企业可以根据对所在行业全国化潜力和企业管理传统的分析，在基本战略选择上借鉴全球化战略、多国化或者跨国化战略思维来解决开拓和整合国内市场中面临的矛盾。例如，国内水性油墨行业就是一个全国化潜力居中的行业，而在这个行业中有的企业

实施了区域化战略，有的企业实施了全国化战略，而其中有效实施了横向整合战略的广东天龙油墨股份有限公司则基于自己放权的管理传统有效地实施了所谓跨区域化战略。该企业在全国8个区域投资建立了自己的全资子公司，在产品的制造和采购方面实施高度集权以追求全国整合效率，而在营销、服务方面实施放权管理以追求地方响应。

（二）平衡外部合法性和内部合法性

对于国家之间的制度差异，国际化企业往往需要通过调整战略来应对，这就导致企业在国际化战略选择上遇到了另一个"两难问题"：在国际化的过程中，如果企业调整战略以适应母国和东道国之间的制度差异，则可以最大限度地在东道国获得外部合法性收益，但是要承受牺牲企业内部合法性的代价；相反，如果企业不调整原有战略，那么就可以最大限度地获得内部合法性收益，但是同时要承受在东道国失去外部合法性的损失。为了应对这个"两难问题"，国际化企业往往会对本企业跨国经营中所面临的制度差异进行分析，区分哪些是强制性的、规范性和认知性的，基于对外部和内部合法性收益的评价，以不同的方式应对不同性质的制度差异。与国际化相似，中国企业同样面对一个具有巨大区域制度差异的市场环境，这就需要企业重视国内各个区域市场之间的制度差异。国内凹版油墨是一个全国化潜力比较大的行业，这个行业不仅有全国化的顾客和全国化的竞争对手，而且顾客对产品和服务具有高度标准化的要求。在国内跨区域投资的过程中，有的企业愿意牺牲企业对厂址和厂房建设的内部合法性要求而换取地方政府的廉价土地和税收优惠；而另一些企业，例如珠海市乐通化工股份有限公司则会在对当地政府制度要求进行分析的基础上，愿意满足地方政府对跨区域投资企业强制性的要求，包括执行当地的法律和法规，但是并不愿意为了换取地方政府的廉价土地和税收优惠而牺牲企业对厂址和厂房建设的内部合法性要求。

（三）根据区域"制度距离"选择目标市场和进入方式

在国际化进程中，如果美国的跨国企业开拓和整合欧洲国家市场，考虑到两个国家和地区之间的制度距离比较小，更偏好采取单独和直接投资的进入方式，而且可以采取一步到位战略；如果美国的跨国企业开拓和整合的是中国或者其他发展中国家的市场，考虑到两个国家和地区之间的制度距离比较大，它们则更喜欢先贸易后投资、先合作后独资，以循序渐进的方式推进战略。在跨区域开拓和整合国内市场，尤其是跨区域投资过程中，中国企业的区域选择、进入方式、投资大小等方面同样会受到区域之间制度距离大小的影响，因此需要借鉴企业国际化思维做出一系列的战略选择。首先，中国企业需要在选择投资区域的时候认真考虑和评价企业所在区域和目标区域之间的制度差异，并且根据自己的需要（发挥优势还是获取优惠）决定自己的区域选择。一般来说，在目标区域所享受的待遇越是特殊，说明这个区域的市场化程度就越低，开拓和整合当地市场的难度就越大。其次，中国企业需要根据企业总部所在区域和目标区域之间的制度差异决定采取何种进入方式和投资策略。一般来说，越是进入区域市场化程度低的地区，越是需要通过战略联盟和循序渐进的方式。假如中国企业不是把跨区域开拓和整合国内市场看成"国内游"而是看成"出国游"，那么它们就会在区域选择、进入方式、投资方式选择上更加谨慎，更关注适应和学习，而不至于"兵败异乡"。

三、开拓和整合中国市场："必要的变通"

在开拓和整合国内市场的过程中，借鉴国际化思维是战略思维上的创新，但是善于做出"必要的变通"则是战略实施中的策略性应对。

面对中国市场存在的所谓高差异性，中国企业所需要做出的"必要的变通"则相对不多，只需将国内市场看成多个差异化市场的集合，并且分别采取不同的营销组合战略。正如前面所述，国内家用空调市场在消费能力、产品需求、购买方式和经销商规模上存在巨大差异：东南区域的消费者可能主要需要单冷空调，而其他区域则需要冷暖空调；东南区域的消费者对性能质量敏感，而其他区域则对价格促销敏感；东南区域市场的季节性不明显，而其他区域市场的季节性非常明显；东南区域的经销商资金实力雄厚，例如南京市场的苏宁公司可以一次打款1亿元，而其他区域的经销商则囊中羞涩，流动资金最多也就是100万元。1996年初，已经严重资不抵债的广东华宝空调器厂发现、分析和重视了国内空调市场所存在的上述差异性，在国内市场开拓战略上尝试了一种"必要的变通"，即对一个国家市场分别实施了两种截然不同的营销组合战略。具体来说，就是以京广线为界将国内市场划分为两大不同的区域，由两个负责营销的副总经理分别实施不同的营销组合战略。结果，当年华宝空调器厂的总销售额从9亿元一跃而上升到21亿元。其中，京广线以东以南区域的销售比上一年增长了30%多，而京广线以西以北地区的销售则比上一年增长了700%。

面对中国市场存在的所谓高分割性，中国企业所需要做出的"必要的变通"则难度相当大，甚至面临很大的制度压力和风险。能否做出有效和必要的变通在很大程度上取决于企业战略管理者对中国情境特征的深入理解和对制度影响恰到好处的拿捏。

第一，一般来说，开拓和整合一个国家的市场应该采取的是所谓"以撇脂为主"的营销战略，并不一定需要采取跨区域投资（包括新建和并购）战略。但是，为了排除和利用国内市场分割的影响，实施国内市场开拓和整合战略的企业有可能需要做出"必要的变通"，实施"以投资换市场"和"以投资换优惠"的战略。例如，国内节能环保行业就是一个深受市场分割性影响的行业。从一个方面来说，各个区域市场深受地方政府的保护而难以进入，所以我们经常可以看到一些具有技术专利的节能环保企业找不到市场；从另一个方面来说，各地政府又竞相以优惠政策大力发展本地节能环保产业，即使这些企业并没有什么高新技术。如果那些具有技术专利的企业能够"变通"一下，不是出于内部经营而是出于突破市场分割性的需要，大胆实施跨区域投资战略，就有可能迅速将自己从"外地企业"变成"本地企业"。

第二，在跨区域开拓和整合国内市场的过程中，有的企业设立了若干独立法人企业，采取母子公司的管理体制；有的企业则设立了若干非法人的分公司，采取总部—分部的管理体制。但是，为了排除和利用国内市场分割性的影响，实施国内市场开拓和整合战略的企业有可能需要做出"必要的变通"。有的企业需要按照分公司的方式运作独立法人企业，这样既可以享受地方政府的优惠又可以少牺牲全国整合效益；而另一些企业则偏偏要按照独立法人企业运作分公司，目的是在突破市场进入障碍的同时有效地规避跨区域经营中的风险。例如，为了满足跨区域开拓市场过程中所需要的资质，建筑设计、安装企业只能在异地设立分公司，但是为了排除跨区域经营中可能面临的进入障碍和制度风险，建筑设计、安装企业有必须按照独立法人或者子公司的方式运营管理这些分公司。

中国企业"出生"并成长于具有特殊结构特点的市场。被动接受和憎恨市场分割的制度影响，会使企业在增长战略的选择上陷入徘徊或者放弃国内市场；主动接受和享受市场分割的制度影响，会使企业采取区域集中与行业多元化战略，变成"胸无大志"的"坐地虎"。案例研究表明，只有积极应对市场分割性及其制度影响，创造性地借鉴国际化战略思维开拓国内市场，才可能巧妙地将市场分割性变威胁为机遇，在整合国内市场的过程中提升自己国际化的能力，最终发展成为中国的世界级企业。

（本文修改自蓝海林《以国际思维谋区域营销——应对高度分割的国内市场》，载《北大商业评论》2014年第6期，第110～116页）

参考文献

[1] （冰岛）思拉恩·埃格特森. 经济行为与制度 [M]. 中译本. 吴经邦，等，译. 北京：商务印书馆，2004.
[2] 白重恩，杜颖娟，陶志刚，仝月婷. 地方保护主义及产业地区集中度的决定因素和变动趋势 [J]. 经济研究，2004（4）：29－40.
[3] 陈芳，赵彦云. 中国汽车制造企业群的国际竞争力评价与分析 [J]. 统计研究，2007（5）：83－89.
[4] 陈信元，黄俊. 政府干预、多元化经营与公司业绩 [J]. 管理世界，2007（1）：92－97.
[5] 陈颖慧，赵海洋. 大鹏一日同风起，扶摇直上九万里——中箱集团的发展战略分析 [J]. 集装箱化，2001（11）：6－7，23.
[6] 陈卓勇，吴晓波. 新兴市场中的中小企业的动态能力研究 [J]. 科学学研究，2006（2）：261－267.
[7] 刁昳. 中国啤酒行业竞争态势和企业的动态竞争研究 [D]. 北京：对外经济贸易大学，2007.
[8] 樊纲，王小鲁，朱恒鹏. 中国市场化指数：各省区市场化相对进程2011年度报告 [S]. 北京：经济科学出版社，2011.
[9] 方军雄. 市场分割与资源配置效率的损害——来自企业并购的证据 [J]. 财经研究，2009（9）：36－47.
[10] 郭俊华，卫玲. 中国经济转型问题若干研究观点的述评 [J]. 江苏社会科学，2011（2）：69－74.
[11] 黄山，蓝海林. 中国行业机会诱导下企业集团的多元化行为研究 [M]. 北京：经济科学出版社，2007.
[12] 黄山，宗其俊，蓝海林. 我国企业集团行业多元化动因的分析 [J]. 科学学与科学技术管理，2006（8）：108－116.
[13] 贾良定，张君君，钱海燕，等. 企业多元化的动机、时机和产业选择——西方理论和中国企业认识的异同研究 [J]. 管理世界，2005（8）：94－104，172.
[14] 靳涛，张建辉，褚敏. 从中国60年两次制度变迁再反思计划经济与市场经济的迥异 [J]. 江苏社会科学，2011（1）：81－89.
[15] 蓝海林. 企业集团的多元化发展战略 [J]. 技术经济与现代管理，1996（1）：16－18.

[16] 蓝海林. 诠释"世界级企业"[J]. 21世纪总裁, 2000 (2): 62-63.

[17] 蓝海林. 迈向世界级企业——中国企业战略管理研究[M]. 北京: 企业管理出版社, 2001.

[18] 蓝海林. 转型中的中国企业战略行为研究[M]. 广州: 华南理工大学出版社, 2007a.

[19] 蓝海林. 中国企业集团概念的演化: 背离与回归[J]. 管理学报, 2007, b (3): 306-311.

[20] 蓝海林. 建立"世界级企业": 优势、路径与战略选择[J]. 管理学报, 2008 (1): 9-13.

[21] 蓝海林, 等. 中国企业集团成长与重组研究[M]. 北京: 经济科学出版社, 2013.

[22] 蓝海林, 李铁瑛, 黄嫚丽. 中国经济改革的下一个目标: 做强企业与统一市场[J]. 管理学家, 2011 (1): 99-101.

[23] 蓝海林, 皮圣雷. 经济全球化与市场分割性双重条件下中国企业的战略选择研究[J]. 管理学报, 2011 (8): 1107-1114.

[24] 林毅夫, 刘培林. 地方保护和市场分割: 从发展战略的角度考察[R]. 北京: 北京大学中国经济研究中心, 2004.

[25] 刘运, 余东华. 地方保护和市场分割的测度方法与指标体系研究[J]. 东岳论丛, 2009 (1): 87-91.

[26] 陆铭, 陈钊, 严冀. 收益递增、发展战略与区域经济的分割[J]. 经济研究, 2004 (1): 54-63.

[27] 毛蕴诗. 跨国公司战略竞争与国际直接投资[M]. 广州: 中山大学出版社, 2001.

[28] (美) 迈克尔·波特. 竞争优势[M]. 陈小悦, 译. 北京: 华夏出版社, 1997.

[29] (美) 迈克尔·波特. 竞争战略[M]. 陈小悦, 译. 北京: 华夏出版社, 1997.

[30] 沈立人, 戴园晨. 我国"诸侯经济"的形成及其弊端和根源[J]. 经济研究, 1990 (3): 12-19, 67.

[31] 石柏青. 企业竞争优势构建: 制度环境约束与企业能力演进[J]. 中国招标, 2010 (12): 48-52.

[32] 宋铁波, 曾萍. 多重制度压力与企业合法性倾向选择: 一个理论模型[J]. 软科学, 2011 (4): 112-116.

[33] 汪秀琼. 转型期制度环境对企业跨区域市场进入模式的影响机制研究[D]. 广州: 华南理工大学, 2011.

[34] 王成, 蓝海林. 新形势下中国企业培育国际竞争力分析[J]. 科学学与科学技术管理, 2010 (2): 137-142.

[35] 王东, 彭胜文, 王凯华. 企业国际竞争力单项指标评价法研究——以美国、日本两国500强跨国公司为例的分析 [J]. 经济评论, 2006 (3): 112–118.

[36] 王梦奎. 中国: 加入WTO与经济改革 [M]. 北京: 外文出版社, 2002.

[37] 王晓健. 中国企业地域多元化的控制机制研究: 信息技术能力的视角 [M]. 北京: 经济科学出版社, 2012.

[38] 魏后凯, 贺灿飞, 王新. 外商在华直接投资动机与区位因素分析——对秦皇岛市外商直接投资的实证研究 [J]. 经济研究, 2001 (2): 67–76, 94.

[39] 吴敬琏. 关于改革战略选择的若干思考 [J]. 经济研究, 1987 (2): 3–14.

[40] 吴敬琏. 中国改革的回顾与前瞻 [J]. 经济社会体制比较, 2000 (2): 1–5.

[41] 谢洪明. 战略网络中的动态竞争研究 [D]. 广州: 华南理工大学, 2003.

[42] 徐康宁, 王剑. 要素禀赋、地理因素与新国际分工 [J]. 中国社会科学, 2006 (6): 65–75.

[43] 徐淑英, 张志学. 管理问题与理论建立: 开展中国本土管理研究的策略 [J]. 南大商学评论, 2005 (4): 1–18.

[44] 徐现祥, 李郇, 王美今. 区域一体化、经济增长与政治晋升 [J]. 经济学, 2007 (4): 1075–1096.

[45] 徐峥, 权衡. 中国转型经济及其政治经济学意义——中国转型的经验与理论分析 [J]. 学术月刊, 2003 (3): 44–49.

[46] 杨灿明. 地方政府行为与区域市场结构 [J]. 经济研究, 2000 (11): 58–64.

[47] 叶广宇, 蓝海林, 李铁瑛. 中国企业横向整合管理模式研究及其理论模型 [J]. 管理学报, 2012 (4): 499–505.

[48] 叶广宇, 刘美珍. 制度地位与企业横向整合管理模式多案例研究 [J]. 管理学报, 2013 (4): 494–501.

[49] 银温泉, 才婉茹. 我国地方市场分割的成因和治理 [J]. 经济研究, 2001 (6): 3–12, 95.

[50] 尹义省. 适度多角化 [M]. 北京: 生活·读书·新知三联书店, 1999.

[51] 余明桂, 潘红波. 政治关系、制度环境与民营企业银行贷款 [J]. 管理世界, 2008 (8): 9–21, 39, 187.

[52] 张金昌. 国际竞争力评价的理论和方法 [M]. 北京: 经济科学出版社, 2002.

[53] 张平, 蓝海林. 我国上市公司高层管理团队异质性与企业绩效的关系研究 [M]. 北京: 经济科学出版社, 2005.

[54] 张志宏, 费贵贤. 控股权性质、市场化进程与企业并购模式选择 [J]. 中南财经政法大学学报, 2010 (5): 122–128.

[55] 郑毓盛, 李崇高. 中国地方分割的效率损失 [J]. 中国社会科学, 2003 (1): 64–72.

[56] 周黎安. 晋升博弈中政府官员的激励与合作 [J]. 经济研究, 2004 (6): 33–40.
[57] Adler P. Interdepartmental interdependence and coordination: the case of the design/manufacturing interface [J]. Organizational Science, 1995 (6): 147–167.
[58] Alonso R Dessien W, Matouschek N. When dose coordination require centralization? [J]. American Economic Review, 2008, 98 (1): 145–179.
[59] Andrews K R. Replaying the board's role in formulating strategy [J]. Harvard Business Review, 1981, 59 (3): 18–27.
[60] Anwar S T. FDI Regimes, Investment screening process, and institutional frameworks: China Versus Others in Global Business [J]. Journal of World Trade, 2012, 2 (46): 213–248.
[61] Benito G R G. Divestment seen through the lens of international business strategy [R] // Keynote lecture at the international conference on divestment: corporate strategies. the Regions and Policy Responses, Lisbon, 2003.
[62] Birkinshaw J, Goddard J. What is your management model [J]. MIT Sloan Management Review, 2009, 50 (2): 80–91.
[63] Chen M J, MacMillan I. Nonresponse and delayed response to competitive moves [J]. Academy of Management Journal, 1992, 35 (3): 539–570.
[64] Chen M J. Competitor Analysis and interfirm rivalry: toward a theoretical integration [J]. Academy of Management Review, 1996, 21 (1): 100–134.
[65] Chen M J, Hambrick D C. Speed, stealth, and selective attack: how small firms differ from large firms in competitive behavior [J]. Academy of Management Journal, 1995, 38 (2): 453–482.
[66] Chen M J Smith K G, Grimm, C. Action characteristics as predictors of competitive responses [J]. Management Science, 1992, 38 (3): 439–455.
[67] Chen M J, Venkataraman S, MacMillan I C. The role of irreversibilities in competitive interaction: behavioral consideration from organizational theory [J]. Managerial and Decision Economics, 2002, 23 (4/5): 187–207.
[68] Chen Y C, Li P C, Lin Y H. How inter and intra-organizational coordination affect product development performance: the role of slack resources [J]. Journal of Business & Industrial Marketing, 2013, 28 (2): 125–136.
[69] Cheng J L C. On the concept of iniversal knowledge in organizational science: implications for cross-national research [J]. Management Science, 1994, 40 (1): 162–168.
[70] Child J. Strategic choice in the analysis of action, structure, organizations and

environment: retrospect and prospect [J]. Organization Studies, 1997, 18: 43 – 76.

[71] Child J. Theorizing about organization cross-nationality [J] // Cheng J L and Peterson R B. Advances in International Comparative Management, 2000 (13): 27 – 75, Greenwich, CT: JAI Press.

[72] Child J. Context, comparison, and methodology in chinese management research [J]. Management and Organization Review, 2009, 5 (1): 57 – 73.

[73] Christensen C R, Andrews K R, Bower J L, et al. Business Policy: Text and Cases [M]. (5th edition). IL: Irwin, 1982.

[74] Chung C N. Markets, culture and institutions: the emergence of large business Groups in taiwan, 1950 – 1970s [J]. Journal of Management Studies, 2001, 38 (5): 719 – 745.

[75] Coase R H. The nature of the firm [J]. Economica, 1937, 4 (16): 386 – 405.

[76] Deng X, Tian Z L, Fan S, et al.. The prediction of firm's competitive response from non-market and market perspective: evidence from China [J]. Nankai Business Review International, 2010, 1 (4): 416 – 443.

[77] Dunning J H. Location and the multinational enterprise: a neglected factor? [J]. Journal of International Business Studies, 1998, 29 (1): 45 – 67.

[78] Ensign P C. Interralationships and horizontal strategy to achieve synergy and competitive advantage in the diversified firm [J]. Management Decision, 1998, 36 (10): 657 – 668.

[79] Fauver L Houston J, Naranjo A. Capital market development, international integration, legal systems, and the value of corporate diversification: a cross-country analysis [J]. Journal of Financial & Quantitative Analysis, 2003, 38 (1): 135 – 157.

[80] Ferrier W J, Lyon D W. Competitive repertoire simplicity and firm performance: the moderating role of top management team heterogeneity [J]. Managerial and Decision Economics, 2004, 25 (6/7): 317 – 327.

[81] Ferrier W J, Smith K G, Grimm C M. The role of competitive action in market share erosion and industry dethronement: a study of Industry leaders and challengers [J]. Academy of Management Journal, 1999, 42 (4): 372 – 388.

[82] Finkelstein S, Hambrick D C. Strategic leadership: top executives and their effects on organizations [M]. St. Paul, MN: West Publishing Company, 1996.

[83] Gnyawali D R, He J, Madhavan R. Impact of competition on firm competitive Behavior: an empirical examination [J]. Journal of Management, 2006, 32 (4): 507 – 530.

[84] Granovetter M. Economic action and social structure: the problem of embeddedness [J]. American Journal of Sociology, 1985, 91 (11): 481−510.

[85] Granovetter M. Business groups [M]// Smelser N J and Swedberg R. handbook of economic sociology. NJ: Princeton University Press, New York: Russell Sage Foundation, 1994.

[86] Hambrick D C, Cho T S, Chen M J. The Influence of top management team heterogeneity on firms' competitive moves [J]. Administrative Science Quarterly, 1996, 41 (4): 659−684.

[87] Hayek F. The economic conditions of interstate federalism. reprinted in hayek F. individualism and the economic Order (chap. 12) [M]. Chicago: University of Chicago Press, 1948.

[88] Hitt M A, Ireland R D, Hoskisson R E. Strategic management: competitiveness and globalization (concepts) [M]. Cincinnati, Ohio: South-Western College Publishing, 2001.

[89] Hoskisson R E, Eden L, Lau C M, et al. Strategy in emerging economies [J]. Academy of Management Journal, 2000, 43 (3): 249−267.

[90] Hummels D. Towards a geography of trade costs [M]. Chicago: University of Chicago Mimeograph, 1999.

[91] Keister L. Chinese business groups: the structure and impact of interfirm relations during economic development [M]. New York: Oxford university press, 2000.

[92] Khanna T and Palepu K. Why focused strategies may be wrong for emerging markets [J]. Harvard Business Review, 1997, 7 (8): 41−51.

[93] Khanna T and Palepu K. Is group affiliation profitable in emerging markets? An analysis of diversified Indian business groups [J]. Journal of Finance, 2000, 55 (2): 867−891.

[94] Lamberg J A, Tikkanen H, Nokelainen T, et al. Competitive dynamics, strategic consistency, and organizational survival [J]. Strategic Management Journal, 2009, 30 (1): 45−60.

[95] Legewie J. Control and coordination of Japanese subsidiaries in China: problems of an expatriate-based management system [J]. Journal of International Management, 2006, 12 (1): 23−45.

[96] Leung K. Never the twain shall meet? Integrating Chinese and western management research [J]. Management and Organization Review, 2009, 5 (1): 121−129.

[97] Lewin A Y, Volberda H W. Prolegomena on coevolution: a framework for research on strategy and new organization forms [J]. Organization Science, 1999, 10 (5): 519−

534.

[98] Lin X, Germain R. Organizational structure, context, customer orientation, and performances: lessons from chinese state-owned enterprises [J]. Strategic Management Journal, 2003, 11 (24): 1131 – 1151.

[99] Lorange P. Corporate planning: an executive viewpoint [M]. NJ: Prentice Hall, 1980.

[100] Lu Y, Bruton G D, Lan H L. Firm diversification in Asia [M] // Leung K and White S. Handbook of Asian Management. New York: Kluwer Academic Publishers, 2004: 129 – 154.

[101] Mathews J A. Competitive dynamics and economic learning: An extended resource-based view. DRUID Summer Conference [R]. Rebild, Denmark, 2000.

[102] McKelvey B. Quasi-natural organization science [J]. Organization Science, 1997, 8 (4): 352 – 380.

[103] Meyer M W. Notes on China's second economic transition [M]. Beijing: China Institute for Policy Studies, 2007.

[104] Meyer M W. China's second economic transition: building national markets [J]. Management and Organization Review, 2008, 4: 13 – 15.

[105] Miller D and Chen M J. Sources and consequences of competitive inertia: a study of the US airline industry [J]. Administrative Science Quarterly, 1994, 39 (1): 1 – 23.

[106] Miller D, Chen M J. The simplicity of competitive repertoires: an empirical analysis [J]. Strategic Management Journal, 1996a, 17 (6): 419 – 439.

[107] Miller D, Chen M J. Nonconformity in competitive repertoires: a sociological view of markets [J]. Social Forces, 1996b, 74 (4): 1209 – 1234.

[108] Mintzberg H, Ahlstrand B, Lampel J. Strategy safari [M]. New York: Free Press, 1998.

[109] Montinola G, Qian Y, Weingast B. Federalism, Chinese style: the political basis for economic success in China [J]. World Politics, 1996, 48 (1): 50 – 81.

[110] Moon H C and Kim M Y. A new framework for global expansion: a dynamic diversification-coordination (DDC) Model [J]. Management Decision, 2008, 46 (1): 131 – 151.

[111] Naughton B. How much can regional integration do to unify China's markets? [R]. Conference for Research on Economic Development and Policy Research, Stanford University, 1999.

[112] Nayyar P R, Bantel K A. Competitive agility: a source of competitive advantage based on speed and variety [J]. Advance Strategic Management, 1994 (10A):

193-222.

[113] Ndofor H A, Sirmon D G and He X. Firm resources, competitive actions and performance-investigating a mediated model with evidence from the *in-vitro* diagnostics industry [J]. Strategic Management Journal, 2011, 31 (6): 640-657.

[114] North D. Institutions, Institutional change and economic performance [M]. Cambridge, MA: Harvard University Press, 1990.

[115] Oliver C. Sustainable competitive advantage: combining institutional and resource-based views [J]. Strategic Management Journal, 1997, 18 (9): 679-713.

[116] Paterson S L, Brock D M. The development of subsidiary-management research: review and theoretical analysis [J]. International Business Review, 2002 (11): 139-163.

[117] Peng M W. Firm growth in transition economies: three longitudinal cases from China [J]. Organization Studies, 1997, 18 (3): 385-413.

[118] Peng M W. Towards an institution-based view of business strategy [J]. Asia Pacific Journal of Management, 2002 (19): 251-267.

[119] Podobnik D, Dolinsek S. Competitiveness and performance development: an integrated management model [J]. Journal of Organizational Change Management, 2008, 21 (2): 213-229.

[120] Polanyi K, Arensberg C M, Pearson H W. Trade and market in the early empires [M]. Glencoe Ⅲ: Free Press, 1957.

[121] Poncet S. A Fragmented China: measure and determinants of Chinese domestic market disintegration [J]. Review of International Economics, 2005, 13 (3): 409-430.

[122] Porter M, Kramer M. Strategy and Society: the link between competitive advantage and corporate social responsibility [J]. Harvard Business Review, 2006 (12): 1-15.

[123] Porter M E. Competitive strategy: techniques for analyzing industries and competitors [M]. New York: Free Press, 1980.

[124] Quasney T J. Competitive interaction: A study of market, non-market and integrated competitive behavior [M]. New York: Sage, 2003.

[125] Rousseau D M, Fried Y. Location, Location, Location: Contextualizing organizational research [J]. Journal of Organizational Behavior, 2001, 22 (1): 1-13.

[126] Sambamurthy V, Bharadwaj A, Grover V. Shaping agility through digital options: reconceptualizing the role of information technology in contemporary firms [J]. MIS Quart., 2003, 27 (2): 237-263.

[127] Sheehan N T, Foss N J. Enhancing the prescriptiveness of the resource based view through porterian activity analysis [J]. Management Decision, 2007, 45 (3): 450 – 462.

[128] Steiner G A. Top management planning [M]. New York: Mac Millan, 1969.

[129] Tian Z, Fan S. Competitive Interaction: A study of corporate market and non-market behaviors in Chinese transitional environment [J]. Journal of Chinese Economic and Foreign Trade Studies, 2008, 1 (1): 36 – 48.

[130] Tiebout C. A pure theory of local expenditures [J]. The Journal of Political Economy, 1956, 64 (5): 416 – 424.

[131] Venkataraman S, Chen M J, MacMillan I C. Anticipating Reactions: factors that shape competitor responses [M] // Day G S and Reibstein D J. Wharton on dynamic competitive strategy. New York: John Wiley and Sons Inc, 1997.

[132] Weber M. The theory of social and economic organization (trans. by Henderson A M and Parsons T.) [M]. New York: Free Press, 1964.

[133] Wernerfelt B. A resource based view of the firm [J]. Strategic Management Journal, 1984, 5 (2): 171 – 180.

[134] Westney D E, Zaheer S. The multinational enterprise as an organization [M] // Rugman A M and Brewer T L. The oxford handbook of international business. New York: Oxford University Press, 2003.

[135] Whetten D A. An examination of the interface between context and theory applied to the study of chinese organizations [J]. Management and Organization Review, 2009, 5 (1): 29 – 55.

[136] Whitley R. Divergent capitalisms [M]. Oxford: Oxford University Press, 1999.

[137] Williamson O. Markets and hierarchies: analysis and antitrust implications [M]. New York: Free Press, 1975.

[138] Young A. The Razor's edge: distortions and incremental reform in the people's republic of China [J]. Quarterly Journal of Economics, 2000, 115 (4): 1091 – 1135.

[139] Zeng M, Williamson P J. Dragons at your door: how Chinese cost innovation is disrupting global competition [M]. Boston: Harvard Business School Press, 2007.

附录

蓝海林主要著述目录

一、专著

[1] 蓝海林著：《迈向世界级企业——中国企业战略管理研究》，企业管理出版社 2001 年版。

[2] 蓝海林编著：《技术创新与广东工业技术发展的战略研究》，广东经济出版社 2001 年版。

[3] 蓝海林、吕源主编：《中国企业战略管理研究丛书》，经济科学出版社 2004—2014 年版。【该套丛书共 22 本，即，谢洪明、蓝海林：《动态竞争与战略网络》（2004），李兴华、蓝海林：《高新技术企业集群自组织机制与条件研究》（2004），蓝海林：《经济转型中国有企业集团行为的研究》（2004），蒋峦、蓝海林：《基于动态环境的企业竞争优势研究》（2004），马洪伟、蓝海林：《企业多元化与绩效研究》（2004），谢卫红、蓝海林：《结构视角的组织柔性化研究》（2004），姚俊、吕源、蓝海林：《转型时期企业集团多元化、结构与绩效的实证研究》（2005），张平、蓝海林：《我国上市公司高层管理团队异质性与企业绩效的关系研究》（2005），林山、黄培伦、蓝海林：《组织结构特性与组织知识创新的关系研究》（2005），林梅、蓝海林：《转型经济时期中国企业集团战略学习、能力与战略选择研究》（2006），黄嫚丽、蓝海林：《特定优势视角的我国企业国际化程度与企业绩效的关系研究》（2006），黄山、蓝海林：《中国行业机会诱导下企业集团的多元化行为研究》（2007），范容慧、蓝海林：《中国民营上市公司大股东对公司治理有效性的影响研究》（2007），宋旭琴、蓝海林：《我国多元化企业组织结构与绩效的关系研究》（2008），崔世娟、蓝海林：《我国企业集团重组规模及范围与绩效的关系研究》（2008），蓝海林：《中国多元化企业的战略管理研究》（2008），乐琦、蓝海林：《基于合法性视角的并购后控制与并购绩效关系的实证研究》（校优秀博士论文）（2010），李卫宁、周连喜、

蓝海林：《中小企业高管团队网络资源和政府资源对国际化能力和绩效影响的研究》（2010），尚航标、蓝海林、黄培伦：《动态环境下管理认知对战略竞争优势的效应研究》（2012），汪秀琼、蓝海林：《转型期制度环境对企业跨区域市场进入模式的影响机制研究》（2012），王晓健、蓝海林：《中国企业地域多元化的控制机制研究：信息技术能力的视角》（2012），皮圣雷、蓝海林：《转型期中国横向整合企业动态竞争与管理模式研究》（2014）】。

［4］蓝海林等著：《转型中的中国企业战略行为研究》，华南理工大学出版社2007年版。

［5］蓝海林、张平著：《战略管理：中国情景下的企业战略行为》，机械工业出版社2012年版。

［6］蓝海林著：《从中国第一到世界第一：中国世界级企业的战略》，华南理工大学出版社2012年版。

［7］蓝海林等著：《中国企业集团成长与重组研究》，经济科学出版社2013年版。

二、论文

［1］蓝海林：《发挥大规模的优势是搞好大中型企业的有效战略》，载《技术经济与现代管理》1994年第2期，第4～8页。

［2］蓝海林：《地方国有商业集团的出路：调整、改造、重组》，载《经济体制改革》1996年第3期，第38～42页。

［3］蓝海林、黄德宏：《竞争性行业大型国有企业的改革向何处去》，载《世界经济与政治论坛》1999年专刊，第105～111页。

［4］蓝海林：《走进核心竞争力》，载《中外管理》2000年第2期，第25～27页。

［5］蓝海林、黄志峰：《进攻与反击：从彩电"价格战"看动态竞争》，载《企业管理》2000年第6期，第27～29页。

［6］蓝海林：《多点竞争战略》，载《企业管理》2000年第7期，第28～30页。

［7］蓝海林、蓝华钢：《渠道——特色种植业发展之本》，载《销售与市场》2000年第9期，第6～7页。

［8］蓝海林：《旅游业：换种玩法怎么样》，载《销售与市场》2000年第

10 期，第 6～8 页。

[9] 蓝海林：《民航业：真正的竞争对手是谁》，载《销售与市场》2000 年第 11 期，第 6～7 页。

[10] 马洪伟、蓝海林：《我国工业企业多元化程度与绩效研究》，载《南方经济》2001 年第 9 期，第 25～28 页。

[11] 蓝海林、黄嫚丽：《降低竞争强度的多点竞争协作战略》，载《南开管理评论》2002 年第 6 期，第 32～38 页。

[12] 蓝海林：《经济转型期中国有企业集团公司行为的政治学解读》，载《南方经济》2004 年第 6 期，第 29～32 页。

[13] 蓝海林：《中国企业集团概念的演化：背离与回归》，载《管理学报》2007 年第 3 期，第 306～311 页。

[14] 蓝海林：《企业战略管理："静态模式"与"动态模式"》，载《南开管理评论》2007 年第 5 期，第 31～35、60 页。

[15] 蓝海林：《案例分析：毕马威公司 20 世纪 90 年代的战略转变》，载《管理学报》2007 年第 6 期，第 788～828 页。

[16] 蓝海林：《建立"世界级企业"：优势、路径与战略选择》，载《管理学报》2008 年第 1 期，第 9～13 页。

[17] 蓝海林、李铁瑛、王成：《中国企业战略管理行为的情景嵌入式研究》，载《管理学报》2009 年第 1 期，第 78～83 页。

[18] 蓝海林：《基于整合视角的中国企业国际竞争力》，载《战略管理评论》2009 年第 1 辑，第 115～124 页

[19] 蓝海林、李铁瑛、黄嫚丽：《中国经济改革的下一个目标：做强企业与统一市场》，载《经济学家》2011 年第 1 期，第 99～101 页。

[20] 蓝海林、皮圣雷：《经济全球化与市场分割性双重条件下中国企业战略选择研究》，载《管理学报》2011 年第 8 期，第 1107～1114 页。

[21] 蓝海林：《企业根基之道》，载《清华管理评论》2011 年第 3 期，第 42～50 页。

[22] 蓝海林、宋铁波、曾萍：《情境理论化：基于中国企业战略管理实践的探讨》，载《管理学报》2012 年第 1 期，第 12～16 页。

[23] 蓝海林：《动态竞争——竞争动态化的战略新思维》，载《清华管理评论》2012 年第 4 期，第 66～72 页。

［24］皮圣雷、蓝海林：《中国横向整合企业竞争策略组合与组织协调性：转型期制度情境的调节作用》，载《管理世界》2014 第 4 期，第 81～89、116 页。

［25］蓝海林：《中国企业战略行为的解释：一个整合情境—企业特征的概念框架》，载《管理学报》2014 年第 5 期，第 653～658 页。

［26］蓝海林：《以国际思维谋区域营销——应对高度分割的国内市场》，载《北大商业评论》2014 年第 6 期，第 110～116 页。